LA PUCE
ET
LES GÉANTS

Du même auteur

LE PÉTROLE À L'HEURE ARABE, en collaboration avec Nicolas Sarkis (Stock).

VODKA-COLA, en collaboration avec Charles Levinson (Stock).

ERIC LAURENT

LA PUCE
ET
LES GÉANTS

De la révolution informatique à la guerre du renseignement

Fayard

Pour Anne-Marie sans qui ce livre n'aurait pas existé et à Samuel pour qui ce livre existe.

I

Le vieil homme et la mer

Silhouette orgueilleuse et austère, le vieil homme se tient debout face au Pacifique. Il paraît fragile devant la puissance des vagues dont l'écume verte vient mourir à quelques mètres en contrebas. Un soleil incandescent illumine la surface de la mer tandis qu'au Nord, les contours de San Francisco s'estompent dans la brume.

Un long cortège de limousines noires quitte l'autoroute à huit voies, franchit l'entrée où s'inscrit en lettres capitales STANFORD, puis serpente le long des allées ombragées avant de s'immobiliser devant un bâtiment blanc de plusieurs étages. En face, les drapeaux d'une soixantaine de pays flottent au vent. Le regard du vieil homme se détourne pour contempler la brève agitation : les portières claquent, des talkies-walkies grésillent et une nuée d'agents du « Secret Service » entourent les véhicules, se déploient autour de personnages qui s'engouffrent rapidement à l'intérieur des locaux.

« Voilà le pouvoir... » La voix sourde et cassée murmure cette ébauche de confidence. Soudain le bras se tend et désigne sur la plage plusieurs groupes d'adolescents. Joyeux, propres et bronzés, ils marchent sur fond de musique pop, d'un pas souple, plongent dans l'océan au milieu des pélicans. « ... Et voilà l'avenir ». Cette fois, le ton est ferme, comme si, en insistant sur ce dernier mot, Frederick Terman, quatre-vingt-deux ans, livrait la clé de toute sa vie.

Un prophète, Terman? Certainement, mais, plus encore, un homme dont l'opiniâtreté à préparer l'avenir permet aujourd'hui à notre monde de se forger des armes à la mesure des défis qu'il doit affronter.

L'université de Stanford, 20 000 étudiants, 90 centres d'études, 12 000 chercheurs explorant tous les secteurs de pointe, c'est Terman qui l'a créée. « L'action, confiait-il, c'est pour moi la volonté appliquée à la résistance des faits ». Or, Terman s'est toujours révélé plus têtu que les faits.

Dès 1925, son objectif est de fonder une république californienne des savants, d'instaurer une « loi du retour » qui stoppe cette hémorragie des meilleurs cerveaux vers New York, Boston, les prestigieuses universités de l'Est. Pari en apparence irréaliste, mais qui sera gagné. Leçon d'une brûlante actualité, son audace niant à la fois qu'il y ait une fatalité du sous-développement et une logique de la domination.

Un million d'hectares de vergers, c'est à cette époque la seule ressource que la Californie peut opposer à la puissance industrielle triomphante de l'Est et du Nord du pays : la physionomie d'une économie du tiers monde. Pourtant, condamnée au développement ou à l'inexistence, c'est du manque que va naître sa force, du défi qu'elle tirera son prestige, de la misère qu'émergera son luxe.

Pays étrange dont la géographie explique pour une large part l'instinct de survie. Une mince bordure de terre entre l'océan Pacifique et cet autre océan qu'est le désert, plus grand et moins franchissable que la Méditerranée. Un territoire tout en longueur comme celui du Chili, aussi dépourvu de ressources, adossé aux montagnes avec lesquelles commence l'immense vide qui sépare cette frange du reste des États-Unis. Pour les Californiens, l'Est c'est déjà l'Europe : à leurs yeux, la vraie division interne de l'Occident n'est plus l'Atlantique, mais les Rocheuses et ses déserts. Ce choix anticipé d'un nouveau centre de gravité précède de près de quarante ans le glissement vers l'Ouest de l'économie mondiale.

Autre force : les influences ne doivent pas grand-chose aux courants d'idées dominants. Il s'agit moins de forger des concepts que des méthodes d'action. A l'aube des années 20, deux pôles d'inspiration dominent du côté de Los Angeles et San Francisco : l'Europe, encore ; l'Asie, déjà. Double symbole d'un déclin imperceptiblement entamé et d'un essor à peine amorcé.

Terman incarne cette dualité. Né en 1900, il est le fils du psychologue Lewis Terman, l'homme qui inventa en 1910 les fameux tests Standford-Binet sur l'évaluation des quotients intellectuels. Travaux au parti-pris élitiste qui n'empêchent pas le professeur Terman de nourrir une passion pour Rousseau et ses théories sur l'éducation naturelle. Son fils, qui va façonner un monde reposant sur la connaissance... ne découvrira l'école qu'à l'âge de dix ans.

Vingt années plus tard, Frederick Terman participe à un mouvement d'inspiration anarchiste, curieusement baptisé *Technocratie*. L'« objectif » : la prise du pouvoir par un « soviet de scientifiques » qui guideraient la classe ouvrière vers une société nouvelle et plus humaine (quoique toujours hautement technologique). Le mouvement, à la recherche d'une harmonie entre l'homme et la machine, s'inspire de la symbolique chinoise du Ying et du Yang, l'entente entre un élément et son contraire.

Une analyse radicale pour une situation de désespoir. L'Amérique vit alors la Grande Dépression. La Californie est celle des *Raisins de la colère* où des colonnes de chômeurs affamés, accompagnés de leurs familles, errent à travers l'État, cherchant à se louer pour quelques heures, quelques jours, le temps d'une récolte. Humiliation de l'homme, faillite du système.

Le 23 novembre 1929, la tempête de neige qui frappait depuis une semaine l'Est de l'Amérique vient de cesser. Elle a bloqué des régions entières, paralysé le trafic ferroviaire et aérien, fait sombrer plusieurs navires. Pour un bref moment, les éléments ont eu raison de la formidable activité d'un pays dont la production se développait quatre fois plus vite que sa population, grâce à l'introduction de la force motrice dans les usines et à la rationalisation des fabrications. On crie au triomphe de la raison. « Le doute, écrit Fernand Gigon, le pessimisme, la peur : autant de mots bannis des conversations, effacés des dictionnaires. Fasciné par l'éclat de l'argent et par la facilité avec laquelle Wall Street le fait fructifier, le peuple américain retourne ses poches. A chaque seconde de chaque jour ouvrable, affirme un banquier, mille dollars prennent le chemin de New York et s'investissent dans les actions des grandes sociétés industrielles ou dans les obligations des villes et des États. En vingt-quatre heures, chaque jour, ce sont 8 à 9 millions de dollars qu'une masse de 15 millions d'hommes ou de femmes confient à la Bourse. Un Américain sur trois, grâce à son épargne, est directement intéressé aux victoires et aux ascensions du Stock Exchange. »

Le 24 novembre 1929, il faut cent quatre minutes à la Bourse de New York pour s'effondrer et perdre en une seule séance 9 milliards de dollars. Le début d'une course à l'abîme : 15 millions de chômeurs, 50 millions de miséreux. Le monde ébranlé glisse vers la guerre : 40 millions de victimes.

Toute civilisation possède son code, un ensemble de principes autour desquels s'ordonnent ses activités et qui laissent entrevoir leurs insuffisances en cas de crise. Pour Terman et le petit groupe d'hommes qui l'entourent, trois tares expliquent le drame de l'Occident : laxisme, aveuglement, déshumanisation.

Laxisme d'abord : le krach de 1929, comme l'explique Philippe Lefournier, « a mis fin à un extraordinaire boom spéculatif. La hausse nourrit la hausse. Les gens empruntent pour spéculer. Les agents de change prêtent à leurs clients en prenant les titres achetés en garantie ; les courtiers empruntent à leur tour à court terme auprès des banques : les prêts aux courtiers gonflent d'un milliard de dollars en 1923 à 7 milliards à la veille du krach. Les banques elles-mêmes drainent les capitaux des entreprises américaines et du reste du monde. Ainsi s'est constituée une pyramide de crédit qui favorisera la propagation internationale de la crise. »

Aveuglement ensuite : cette spéculation « marquait la contradiction entre une suraccumulation mondiale de capitaux et une économie qui végétait, faute de débouchés ». Les signes avant-coureurs se multipliaient ; pourtant, pas un seul instant ne se manifesta l'effort de lucidité nécessaire pour tenter d'échapper à l'engrenage. 1929 est la première crise de désinformation à l'échelle planétaire. La sphère du politique paraît totalement coupée de celle de l'économie, elle-même sans relations avec la sphère financière. Tandis que l'économie se mondialise et obéit à sa logique propre, les intérêts comme les sensibilités restent frappés de particularisme, d'étanchéité, en un mot, sectaires.

Ford, General Motors : des groupes gigantesques. En apparence, le triomphe le plus achevé de la société industrielle. En fait, des monstres déjà obsolètes dont l'organisation pyramidale, autoritaire, vise à répercuter du haut en bas de la hiérarchie l'ordre même le plus erroné, non à le discuter. Là encore, refus de l'information, donc vulnérabilité. Spécialisation et standardisation : les principes de ces grandes firmes aboutissent à la déshumanisation. C'est le troisième et peut-être le plus grave des constats d'échec. Quand, en 1908, Henry Ford commença à construire le Modèle T, ce n'étaient pas 18 opérations qui étaient requises pour construire une voiture, mais 7 882. Il précise dans son autobiographie que sur ces 7 882 opérations, 949 exigeaient « des hommes vigoureux, robustes et pratiquement parfaits du point de vue physique », 3 338 requéraient des hommes d'une force physique « simplement ordinaire », presque tout le reste pouvant être confié à « des femmes ou de grands enfants ». Ford ajoute froidement : « Nous avons constaté que 670 opérations pouvaient être accomplies par des culs-de-jatte, 2 637 par des unijambistes, 2 par des hommes amputés des deux bras, 715 par des manchots et 10 par des aveugles. » Autrement dit, le travail spécialisé n'exigeait pas un homme entier : un fragment d'homme pouvait suffire. Un constat aussi cynique permettait de pousser la spécialisation jusqu'à ses limites ultimes, mais condamnait d'avance un système disposé à faire une telle impasse sur l'homme.

Palo Alto, à 20 kilomètres de San Francisco, somnole, écrasé de soleil; les arbres fruitiers fleurissent aux portes des amphithéâtres de l'université Stanford. Pourtant, cette somnolence est trompeuse. C'est là que Frederick Terman, qui a longuement réfléchi sur la crise de 1929 et les limites du machinisme, s'apprête à proposer la plus imparable des alliances : celle du pouvoir et du savoir.

Dans sa minuscule maison de bois au bord de l'océan, au milieu de son salon décoré de bibelots japonais, le vieil homme, pantalon de toile, chemise bleue, paraît découragé. Il tient à la main un morceau de papier sur lequel sont tapées quelques lignes : les prévisions d'un institut qui évalue à entre 35 et 37 millions le nombre des chômeurs occidentaux pour 1983. Chiffre angoissant qui illustre l'impasse des sociétés industrielles. « Partout, quelle absence de lucidité! confie Terman à ses visiteurs. Tout le monde vient me voir, Japonais, Français, Allemands, comme en pèlerinage. Tous me demandent la recette miracle. Le secret en est simple : c'est le mariage de la Science et de l'Économie. »

Car il y a eu miracle, même si l'Europe semble ne l'avoir découvert que tardivement. Il repose sur la plus fascinante des conquêtes pacifiques : la prise du pouvoir économique par l'intelligence scientifique. Un pari sur la créativité et la mobilité de l'individu, totalement gagné. Tout autour, concentrées dans un rayon de 60 kilomètres, plus de 1000 usines travaillent dans des activités de pointe et préparent le troisième millénaire. La plus forte concentration de millionnaires en dollars au kilomètre carré. La majorité d'entre eux – plus de 500 – ont moins de quarante ans. A San Francisco, dans la fraîcheur des bureaux de « Venture Capital », lieu du capitalisme à haut risque, des milliards de dollars sont prêts à s'investir dans des projets, de simples idées. Une entreprise nouvelle se crée chaque semaine. Le capitalisme, qui ne paraît pas encore disposé, comme l'espérait Lénine, à vendre la corde avec laquelle on le pendra, parie au contraire sur sa pérennité en investissant massivement dans l'aventure.

Eric, vingt-huit ans, français, vient d'obtenir 2 millions de dollars pour créer une société d'informatique, quinze jours après avoir déposé un projet de 30 pages. Diplômé de Stanford, une voix presque timide : « Ici, chacun peut se dire avec raison : demain j'aurai une idée et je serai millionnaire. »

Cette terre promise dont Terman est le patriarche vénéré : Silicon Valley. Cette « vallée du silicium » doit son nom à un métalloïde gris et cristallin répandu à l'infini et dont on fait les « puces », ces minuscules plaquettes sur lesquelles est gravée l'intelligence des ordinateurs. Pas plus grosses que l'ongle d'un nourrisson, elles se sont taillé ici un empire dont les conquêtes bouleversent l'univers, réduisant à néant ce qui fut à la fois le credo et la dépendance suprême des sociétés industrielles classiques : l'énergie. Le rail, le textile, l'acier, l'automobile : des industries dévoreuses d'énergie, rejetant d'énormes quantités de déchets, exigeant de longues séries de fabrication. Or, qu'est-ce que la Silicon Valley : simplement, « du sable et des cerveaux ». Fait capital qui permet désormais d'écarter du champ du développement caprices géologiques, chantages politiques, sous-paiement scandaleux des matières premières.

Le progrès n'est plus un danger que pour ceux qui se révèlent incapables de maîtriser la transition actuelle d'industries en déclin vers des nouveaux secteurs d'activité. La crise énergétique, si mal vécue, accélère de manière décisive l'essor des industries de pointe dont beaucoup ouvriront la voie à des procédés de fabrication et à des produits n'exigeant qu'un infime apport d'énergie. Jusqu'ici, le système téléphonique nécessitait de véritables gisements de cuivre sous les rues des villes, avec des kilomètres et des kilomètres de câbles enchevêtrés, de gaines, de relais, de sélecteurs. Or, bientôt, des fibres optiques moins grosses qu'un cheveu véhiculeront les messages. Conversion totale du point de vue énergétique : fabriquer une fibre optique consomme à peu près mille fois moins d'énergie que l'extraction, le raffinage et le tréfilage du cuivre d'un câble de longueur équivalente. La tonne de charbon brûlée pour obtenir 150 kilomètres de câble de cuivre pourra servir à fabriquer 130 000 kilomètres de fibres.

Quatre-vingt-dix pour cent de tous les hommes de science ayant travaillé depuis les débuts de l'humanité vivent au XXe siècle. 60 % d'entre eux se trouvent en Californie. Un prix Nobel sur trois vit sur l'axe Los Angeles-San Francisco-San Diego. Crédits importants, excellence des conditions de recherche, prise en considération de leurs travaux? Certainement. Mais là n'est pas la raison essentielle d'un ralliement si massif. Un homme fournit à Elisabeth Antebi la véritable explication : Regis MacKenna, quarante-trois ans, chargé des relations publiques de la plupart des compagnies de la Valley :

« Nous avons élaboré ici une structure modèle. Avec des universités prestigieuses (Stanford, Berkeley, Caltecch), des compagnies ciblées, une population inventive, des diplômés de science et de management, des investisseurs qui ont le goût du risque. Notre système de " réseaux " permet à la centaine de gens concernés par de nouvelles inventions de s'alerter. On peut aussi pratiquer la synergie entre entreprises dont les produits se complètent. En trente ans, nous avons assisté à la revitalisation de la région. » Et, confiera-t-il plus tard, nous vivons une formidable épopée.

Épopée : c'est probablement le sentiment de pouvoir, en ce lieu privilégié et à un moment-clé de l'histoire, vivre une nouvelle aventure, qui explique cette exceptionnelle concentration de cerveaux. Pourtant, autour de ce paradis de l'innovation où les taux de croissance constituent un défi aux règles classiques de l'industrie, l'économie mondiale s'effondre par pans entiers, les politiques nationales se révèlent stériles, sécrétant chômage, inflation, crises de production, chaos.

La Silicon Valley n'est-elle qu'une survivance, une « réserve » éminemment active du capitalisme, ou bien constitue-t-elle sa partie la plus évolutive, celle qui préfigure l'avenir?

Coïncidence : c'est un octogénaire, comme Terman, qui porte le jugement le plus fin et le plus lucide sur ce phénomène; un Français, père d'une prestigieuse école historique : Fernand Braudel. Sa vision, confrontant sans cesse présent et passé, bouscule nos préjugés de témoins trop immédiats : « Je ne pense pas, confie-t-il, que la crise affecte le capitalisme qui est, lui, une vieille aventure. Le capitalisme, c'est une toute petite partie de la société; c'est la pointe extrême de l'économie, et en même temps sa partie la plus alerte. Il n'est pas lié étroitement aux contextes nationaux, mais vit aux dimensions du monde. Je donnerais deux définitions du capitaliste : c'est un homme qui traverse la conjoncture et qui a le choix. »

Terman répétait inlassablement à ses étudiants : « Vous avez *le choix*, vous ne devez pas douter de vous. » Chaleureux, attentif à chacun, il insistait sur le fait « qu'il n'est pas plus difficile de rencontrer une personnalité importante qu'un homme ordinaire ». « Parlez à ces gens, disait-il, ils ont besoin de vos idées; vous verrez, ils financeront vos projets. » Un éclat de rire ponctue ces derniers mots tandis que les deux larges mains frappent les rebords du fauteuil. David Packard, soixante-dix ans, silhouette de colosse, est la première réussite du professeur de Stanford. En 1938, Terman convainc « Dave », fraîchement embauché à General Electric, de quitter sa place et le met en rapport avec un autre de ses élèves, Bill Hewlett. Un budget de 1 000 dollars et un laboratoire installé dans le garage de Packard : les deux hommes y inventent un appareil de mesure électrique, l'oscilloscope. En 1939, ils fondent leur société avec 480 dollars en poche.

« Lorsque je vis la Ford de la femme de Dave dans le garage, se souvient Terman, je compris que leurs affaires tournaient. » Les 480 dollars d'avant-guerre sont devenus des milliards. En 1981, Hewlett-Packard employait 18 000 personnes dans la Vallée et 60 000 de par le monde. La firme est une des plus puissantes du globe. Bill Hewlett pèse à lui seul 650 millions de dollars. David Packard, plus d'un milliard : ce qui lui donne accès à ce « saint des saints » que constitue la réunion qui va s'ouvrir dans quelques minutes à Stanford.

Des hélicoptères tournoient autour du campus, tandis que des gardes armés filtrent les entrées, contrôlent les points-clés. Un déploiement de force inhabituel, ostentatoire, destiné à protéger les 150 personnalités assises dans l'amphitéâtre de l'université. Stanford, pour trente-six heures, est devenu l'O.N.U. du monde des affaires : les hommes réunis là représentent l'élite du pouvoir économique et financier mondial. Leurs jets privés se sont posés quelques heures auparavant sur l'aéroport de San Francisco, venant de la côte Est, mais aussi d'Europe, d'Asie, d'Amérique du Sud.

Au premier rang, venu en voisin de San Francisco, Stephen Bechtel, la soixantaine élégante. Sa firme, Bechtel Company, est la plus grande entreprise mondiale de travaux publics : villes en Arabie Saoudite, pipelines en Alaska et en U.R.S.S., comme autrefois les gigantesques bases américaines au Vietnam. Bechtel est un homme puissant, mais aussi politiquement influent : pour présider son groupe, il avait engagé George Shultz, aujourd'hui Secrétaire d'État, et comme directeur, Caspar Weinberger, l'actuel Secrétaire à la Défense. Aux côtés de Bechtel, Armand Hammer, quatre-vingt-cinq ans, propriétaire et président d'Occidental Petroleum Company. En 1920, Hammer commerçait avec Lénine; en 1970, il imposa la politique de détente avec l'Est, finançant avec Howard Hughes les campagnes électorales de Richard Nixon. On trouve aussi John Opel, président d'I.B.M., Irving Shapiro, ancien président de Dupont De Nemours et dirigeant du « Business Roundtable », le plus puissant des lobbies américains puisqu'il réunit les 170 P.D.G. des plus grandes firmes multinationales, en vue d'influer sur la politique gouvernementale.

Un ordre du jour assez informel, semble-t-il, puisqu'il prévoit une « réflexion sur l'avenir de la société industrielle ». En réalité, domine un sentiment d'urgence et de désarroi. Ces hommes dirigent de gigantesques empires répartis sur quatre ou cinq continents, et prennent pourtant chaque jour un peu plus la mesure de leur fragilité et de leurs limites. Ils comprennent mal pourquoi leur horizon s'obscurcit, pourquoi les systèmes de décision se paralysent. Ils sentent que ce qui constituait jusqu'alors leur force apparente – gigantisme, centralisme, production de masse – devient une faiblesse mortelle dans un monde qu'ils ne maîtrisent plus, qui ne leur appartient plus, marqué par la rapidité des mutations technologiques et par l'apparition en force de pays rivaux sur la scène économique. Ainsi s'explique le choix du lieu : Stanford, et d'une région : la Californie ; les seuls à avoir su répliquer à ces nouveaux défis.

Paul Volcker, président du tout puissant Federal Reserve Board, à l'origine de ces taux d'intérêts élevés qui touchent si sévèrement l'industrie mondiale, côtoie le cheikh Yamani, ministre saoudien du pétrole, leader d'une O.P.E.P. en crise, dont le monopole semble toucher à son terme. Un double symbole. Plus loin, Alden Clausen, ancien président de la Bank of America, successeur de Robert McNamara à la tête de la Banque mondiale où il se trouve confronté à la faillite de pays comme le Mexique, le Brésil, la Pologne, et aux 686 milliards de dollars de dettes contractées par l'ensemble du tiers monde. Walter Wriston, cheveux gris coupés en brosse, visage aigu, président de la City Corp., première banque du monde, reste silencieux. Son établissement a été durement ébranlé par des pertes dues à des faillites imprévues, des investissements malheureux auprès d'États et de grandes firmes. A ses côtés, le président de la Dresdner, première banque allemande. Elle est le plus gros créancier de la Pologne : 27 milliards de dollars de dettes, mais également le principal actionnaire du géant industriel A.E.G.-Telefunken, quasiment en faillite. Tous écoutent attentivement celui qui, par son seul nom, symbolisait le prestige d'un capitalisme jusqu'alors triomphant : David Rockefeller, ancien président de la Chase Manhattan, qualifiée par ses pairs de « leader du monde bancaire ». « David est toujours en train de déjeuner avec un empereur, un roi ou un président », confiait Sydney J. Weinberg, autrefois président de la banque Goldman Sachs. « Si j'allais à toutes les réceptions qu'il donne pour ces gens, je n'aurais jamais un moment pour travailler ».

Dans ce rallye du « super-business » organisé par l'ancien président de la Chase s'entremêlent conversations d'affaires et considérations géopolitiques. Donald Kendall, cheveux blancs, visage poupin, ancien représentant de commerce devenu président de Pepsi Cola, ajoute une touche insolite au portrait : « J'ai voyagé en U.R.S.S. avec David Rockefeller. Il était traité comme une célébrité, aussi somptueusement que nous le traitons chez nous. Je pense que les capitalistes américains en U.R.S.S. bénéficient d'un statut spécial, sur la base d'une curieuse inversion de principes, tout comme dans notre société démocratique des foules s'assemblent pour saluer des altesses. Curieuse contorsion psychologique... »

Le cheveu blond et rare, les joues lisses et légèrement rosies, il se dégage de David Rockefeller un souci quasi maniaque de la mesure. Pourtant ses propos formulés d'un ton neutre, presque monocorde, recèlent d'étonnants aveux : « Je m'interroge sur l'existence d'un establishment de la côte Est qui gouvernerait l'Amérique et que nous serions quelques-uns à incarner. Tout est parti de cette zone, c'est vrai; mais, progressivement, ces réalités se sont déplacées à travers d'autres régions de l'Amérique. Philadelphie fut le premier centre financier du pays, puis s'effaça au profit de New York dont l'influence n'a cessé à son tour de décliner en termes relatifs depuis la fin de la Seconde Guerre mondiale. Aujourd'hui, où est la plus grande banque du pays? A quelques kilomètres de nous, en plein cœur de San Francisco : je veux parler de la Bank of America. De même, lorsque vous regardez des centres comme Stanford, il est certain que la prééminence intellectuelle et universitaire du Nord-Est n'est plus qu'un mythe. Je le dis avec d'autant plus de tristesse que je suis un pur produit de Harvard. Mais il ne faut pas sombrer dans la nostalgie. Nous devons seulement nous attacher à la réalité des faits. Or, ces faits nous imposent un constat des plus simples : l'avenir de l'Amérique et le maintien de son leadership se joueront ici, dans cette région. »

Étonnante leçon de réalisme quand on sait combien, à travers le monde, les élites dirigeantes sont peu disposées à admettre leur déclin, même relatif. Preuve aussi de l'infinie souplesse du système américain : ses responsables savent à quel point les pensées infaillibles aboutissent à des systèmes clos qui condamnent à une agonie rapide.

« L'Histoire ne suit pas un seul cours, et l'essentiel n'est jamais conclu. » A la tribune, William Simon, ancien Secrétaire au Trésor de Nixon; il fut aussi à la tête de Salomon Brothers, le plus gros cabinet mondial d'investissements et de transactions financières, installé dans un immeuble ultra-moderne de 8 millions de dollars, au 1, New York Plazza. Le volume des transactions réalisées l'an dernier par la firme s'élevait à 496 milliards de dollars. Centre nerveux du marché monétaire mondial, Salomon traite chaque jour des milliards de dollars d'obligations pour les gouvernements, les grandes firmes, les institutions comme le Fonds monétaire international. Zurich, Londres, Hong Kong, Francfort : les impulsions et les dépressions des centres boursiers de la planète convergent immédiatement vers les quarante-six étages de l'établissement new-yorkais où se traitent en une seule journée plus d'opérations qu'à la Bourse de Paris en une semaine. Or, que dit Simon?

« Une analyse souligne que nous bénéficions de l'invention du téléphone depuis cent ans, de la radio depuis cinquante, des premiers ordinateurs depuis vingt-cinq ans, de l'utilisation commerciale des satellites depuis dix ans, et que nous n'en sommes qu'à la deuxième année pour l'usage des fibres optiques et de l'ordinateur individuel. Chacune de ces technologies a radicalement modifié la vie quotidienne des individus, mais aussi les orientations et les méthodes de travail du monde des affaires. Or, aujourd'hui, nous ne sommes pas encore tout à fait prêts à intégrer ces nouvelles mutations. Le retard pris peut être mortel. »

Des interventions précises, claires, dépourvues de la moindre complaisance. L'ampleur des chocs à venir est parfaitement analysée. Les moyens de les maîtriser, lucidement évalués.

Une jeune fille blonde et hâlée s'avance en souriant vers Frederick Terman. D'un geste affectueux, elle se penche pour l'aider à quitter son fauteuil et à gagner l'estrade sous les applaudissements. Terman l'enchanteur, inventeur d'une nouvelle alchimie, parle posément, sans notes, les deux mains appuyées au pupitre. L'éclairage accentue encore la minceur des traits. Étrange présence que celle de ce sobre vieillard qui ne détient aucun pouvoir et suscite pourtant le respect et l'attention d'un auditoire formé des gens probablement les plus puissants de la terre :

« Si cette région est devenue la capitale mondiale de la haute technologie, c'est avant tout parce que nous avons été des pionniers en créant un type nouveau de communauté que j'ai appelé " communauté d'étudiants techniciens ". L'alliance entre des firmes utilisant des technologies hautement sophistiquées et une université intellectuellement orientée vers les facultés créatrices qu'exigent ces activités de pointe, représente à mes yeux la vague du futur. »

Terman parle maintenant avec passion. Les yeux mi-clos, il confie la genèse de sa démarche : « Université vient d'un mot latin qui désignait aussi l'entreprise, et longtemps le monde du travail et celui de la connaissance coopérèrent étroitement. Puis le monde de l'éducation chercha à prendre de plus en plus nettement ses distances vis-à-vis de celui de l'industrie. La Sorbonne et Oxford furent durant des siècles les refuges de ce credo : on ne voulait s'intéresser qu'à l'univers de la Science et on ne professait que dédain pour celui du travail et de la création technique, oubliant qu'ainsi nous arrachions les racines mêmes de notre vitalité et de notre réussite. Après une longue et préjudiciable période d'obscurantisme, les deux cercles commencèrent de nouveau à se rapprocher de plus en plus étroitement. Aujourd'hui, ils semblent enfin s'être rejoints au point d'origine où industrie et connaissance n'étaient qu'un, où entreprise et université poursuivaient le même but. Peut-être sommes-nous en train de forger une renaissance. »

Frederick Terman [1] s'interrompt et fixe l'assistance : « Au terme de ma vie, je m'efforce d'être encore plus lucide. Notre réussite n'est pas totale, mais nous avons ébauché une magnifique aventure qui tend à transformer l'homme de spectateur en acteur. Comme tout est encore à venir, je crois qu'il ne serait pas logique que je tente de conclure mon intervention. »

1. F.Terman est mort le 19 décembre 1982 à Stanford.

II

LOS ANGELES SUR UNE TÊTE D'ÉPINGLE

L'avion survole la ville et, brusquement, la ville happe l'avion. Sous les ailes, des millions de réseaux denses et lumineux s'étirent, perçant l'obscurité de trajectoires régulières. L'appareil perd de l'altitude et les détails deviennent plus précis. Extraordinaire mouvement brownien de solitudes entrecroisées : le ballet nocturne sur les autoroutes de Los Angeles fait irrésistiblement penser à celui des électrons dans les « puces » d'un ordinateur. A première vue, tout paraît opposer la démesure de la capitale californienne, sa prolifération sur un axe de 200 kilomètres, et cet univers incroyablement précis de plusieurs centaines de milliers d'éléments implantés, gravés, scellés sur une surface de 16 millimètres carrés. Pourtant, Los Angeles et le « chip » ont beaucoup en commun. L'une et l'autre sont des inventions, des produits de l'imagination des hommes, de leur volonté, mais aussi de leur âpreté. Dans les deux cas, une rupture radicale avec l'ordre ancien.

L'homme avait toujours cherché, par quelque repère fixe, à donner un sens au monde. Le village et son totem, la ville et sa cathédrale. Une symbolique verticale qui constitue, selon l'historien des religions Mircea Eliade, une ouverture vers le haut, et assure la communication entre le monde et les dieux.

Los Angeles rompt avec ce mode de civilisation : c'est moins une ville qu'une manière de vivre. Chicago, New York s'essoufflent, s'engorgent; un tissu urbain serré y impose des limites. Loin de ces villes closes, assiégées, Los Angeles paraît littéralement flotter à la surface plane et indifférenciée de la Californie. Tout y commence, rien ne finit.

Dix millions d'habitants, plus de 80 municipalités qui s'étirent en un demi-cercle de 100 kilomètres de rayon au bord de l'océan. « Dans un pays prospère, confie un Californien à Alain-Marie Carron, nous sommes plus prospères que la plupart; dans un pays caractérisé par sa mobilité, nous sommes plus mobiles; dans un pays où l'on n'a pas de goût, notre goût est plus mauvais qu'ailleurs; dans un pays créateur, nous sommes plus énergiquement créateurs; dans un pays optimiste, plus optimistes encore. Contribution régionale à la culture nationale? Nous sommes la culture nationale, à son extrême pointe. »

Une trajectoire qui part pourtant de l'infiniment petit : 1820, Los Angeles n'est qu'une communauté d'Espagnols mystiques. Quarante âmes. 1872 : une bourgade sale et endormie de 5 000 habitants où les événements qui s'offrent au journal local sont, d'un jour à l'autre, désespérément semblables : « Un attelage de chevaux emballés a renversé son chargement dans la rue principale. » A cette époque, l'avenir de la ville n'apparaît pas particulièrement brillant. Dépourvue de port, limitée en eau, elle n'est encore reliée au reste de l'Amérique par aucun moyen de transport.

Mais, en 1883, la Southern Pacific termine sa ligne Sud et c'est le boom. Los Angeles offre le soleil, des terrains et de la main-d'œuvre à bon marché. La bataille du rail s'est déclarée. Les lignes rivales pratiquent une publicité agressive dans l'Est pour attirer les passagers. Cinq trains par jour les déversent à Los Angeles. Ils viennent pour vivre, pour posséder, pour exploiter – et pour être dupés. Ils achètent des terrains qu'ils n'ont jamais vus et qui peut-être n'existent même pas. En 1884, la population était de 12 000 personnes; en 1886, de 100 000. Les marchandises transportées annuellement par Wells Fargo passèrent, durant la même période, de 135 tonnes à plus de 200 000. Les transactions immobilières officiellement enregistrées – et qui ne représentent que la moitié du total – bondirent de zéro à 8 millions de dollars par mois, avec une pointe à 13 millions en juillet 1887.

C'est la fortune pour un jeune homme de vingt-sept ans, industrieux et économe, qui a mis de côté 3 000 dollars en l'espace de deux ans en allant vendre des oranges aux ouvriers mexicains, plus au Nord : Harry Chandler et sa famille vont détenir en Californie du Sud une puissance et une influence dont l'ampleur passe alors l'entendement des gens de l'Est. Pour l'historien David Halberstam :« Aucune famille n'a dominé une région du pays comme ils l'ont fait. Il faudrait dans l'Est combiner les Rockefeller et les Sulzberger pour arriver au même résultat!

« Chandler ne favorise pas le développement de la Californie du Sud : il l'invente et il l'incarne. Au centre de son empire, la propriété foncière. Des terrains achetés au prix du désert et revendus au prix de l'oasis. Car si l'eau existe à Los Angeles, c'est que Chandler est allé s'en emparer. Au début du siècle, il détourne l'eau de l'Owens Valley, à 350 km, transformant ainsi des contrées arides en étendues luxuriantes. Il décide que la ville se développera horizontalement, parce que ce mode de croissance est avantageux pour la promotion immobilière. Au cours des années 20, un des rêves de la classe moyenne américaine, celui de la petite maison familiale, devient réalité en Californie où plus de 250 000 nouveaux terrains à bâtir sont délimités et vendus.

« Chandler interdit les transports en commun : il croit à l'avenir de l'automobile et possède des intérêts dans la vente de l'essence, des pneus, des voitures, ainsi que dans la construction des grands axes routiers. Il construit un port parce qu'il possède une flotte de navires. Il favorise l'éclosion de nouveaux quartiers, tel Hollywood, parce qu'il pressent l'extraordinaire essor du cinéma. L'industrie aéronautique s'installe en Californie parce que le constructeur Joe Douglas a plu à Harry Chandler qui lui a donné un chèque de 1 500 dollars et une liste de neuf autres hommes d'affaires dont il pouvait attendre les mêmes subsides. »

Maître absolu, Chandler est à la source d'un pouvoir qu'il exerce parfois avec arrogance, toujours de façon implacable. Car il ne se satisfait pas de dessiner, tel un architecte, la physionomie à venir d'une région. Il veut aussi modeler les hommes qui la peupleront : « Pas de gens qui n'ont rien et qui s'en remettent à la chance. Nous avons besoin ici de travailleurs avec un petit capital et beaucoup de courage. »

Les patrons de l'industrie et du commerce s'engagent à ne tolérer aucun syndicat et à briser toute organisation de ce type. L'objectif : rendre la ville infiniment plus séduisante aux investisseurs et aux capitaux que San Francisco, l'un des centres les plus syndicalisés du pays. Grèves sanglantes, impitoyablement réprimées : de 1907 à 1910, Los Angeles vit pratiquement en état de guerre, au point qu'au paroxysme de la crise, Chandler ne circule plus qu'à bord d'une énorme limousine surmontée d'un canon. Il jubile : la ville est devenue un banc d'essai qui va déterminer tout ce qui se passera ailleurs.

Soixante ans plus tard, Los Angeles a échappé au pouvoir de ses fondateurs... La stratégie qu'ils élaborèrent s'est retournée contre eux. Trop étendue pour être maîtrisée, la ville a perdu toute identité à force de les regrouper toutes : Chinois, Noirs, Hispano-Américains. Lieu d'une croissance sans logique, c'est aussi l'espace d'un peuplement sans racines, on ne peut plus hétérogène. Plus de la moitié de la population n'est pas née dans ce pays. L'autoroute est le seul fil conducteur dans un univers urbain toujours semblable, aux limites de plus en plus imprécises. Los Angeles est le résultat incohérent d'une débauche d'énergie sauvage. La ville, l'agglomération, la région tentent encore de s'adapter aux exigences de la société post-industrielle en perpétuant les gestes et méthodes de l'industrialisme triomphant.

A 600 kilomètres au nord, San Francisco est un monde plus mesuré, moins échevelé, qui a surmonté le handicap fondamental de sa rivale du Sud : la logistique. Les universités et les firmes, les sociétés et leurs financiers s'emboîtent comme un gigantesque circuit intégré. Un jeu de cubes argentés, garnis de parkings, séparés par des allées de bitume vert. Densité et proximité des firmes rivales. 225 000 personnes, un tiers des habitants du comté de Santa Clara, y travaillent et gagnent des salaires que le reste de l'Amérique leur envie. Un paradis de l'innovation où la mobilité est la règle. Chaque dimanche, le *San Jose Mercury*, principal journal de la Silicon Valley, publie 52 pages d'offres d'emploi. Un choix que même l'influent *New York Times* serait incapable d'offrir. Une chasse aux meilleurs cerveaux, incessante, avivée par le principe : « les droits de l'employeur s'arrêtent là où commencent vos idées; tout ce qui est dans votre tête vous appartient ». Changer de compagnie? « Très simple, confie un ingénieur. Il suffit, le lundi matin, de traverser la rue et de changer de parking. Inutile de vendre votre maison, ni même d'annoncer à votre femme que vous avez changé de travail. »

L'histoire de la région est un pari constant sur l'audace. Des hommes abandonnent les postes-clés qu'ils occupaient dans des firmes pour fonder leur propre société avant d'être un jour quittés à leur tour par leurs collaborateurs les plus ambitieux et inventifs. A aucun moment, ni sentiment d'une trahison, ni trace d'amertume. Mais une rivalité permanente qui oblige à une vigilance de tous les instants. Il n'existe pas de situations acquises pour des firmes dont l'impératif de survie passe par un formidable effort de mobilité dans le secteur de la recherche et des stratégies commerciales.

Considérons l'arbre généalogique d'une famille aujourd'hui multi milliardaire. Au départ était Intel. Chiffre d'affaires : 0 en 1968, année de la création; 960 millions de dollars en 1981. Un rôle historique : l'invention du micro-processeur, ce rectangle en silicium de quelques millimètres carrés, sur lequel sont disposés près d'un demi-million de composants électroniques. Des « géants minuscules » à la puissance hallucinante, puisqu'ils peuvent traiter un million d'instructions à la seconde : 200 fois plus que le premier des ordinateurs, l' « Eniac », construit en 1946 et qui pesait, lui, 35 tonnes. Cerveaux démesurés, ces « puces » ne modifient pas seulement quelques habitudes de travail : elles bouleversent le monde, la perception que nous en avons, la fabrication des objets, les méthodes de production, le secteur des services. Fonctionnement des gouvernements, diagnostics médicaux, vie domestique, il n'est plus un champ de l'activité humaine qui échappe à cette révolution micro-électronique. En 1969, le micro-processeur n'existait pas; en 1975, 750 000 étaient en activité, essentiellement dans le domaine des applications industrielles. Aujourd'hui, plus de 100 millions de « chips » sont utilisés et les estimations les plus modérées prévoient que ce chiffre dépassera le milliard en 1990.

Ce passage de l'ère des dinosaures à celle des insectes est une mutation si radicale qu'elle dépasse le cadre de la science moderne pour interpeller toute notre culture. Dans la Silicon, mieux que partout ailleurs, on a su concilier nature et technique la plus avancée, corps et esprit, geste et pensée. Les créateurs scientifiques ont retrouvé les valeurs artisanales. Et il ne paraît pas du tout surprenant que le plus dangereux concurrent soit le Japon : « Ce vieux pays – écrit un de nos plus brillants experts en informatique, Bruno Lussato – n'a jamais cessé de cultiver le raffinement dans le geste et la méditation : zen, calligraphie, arts martiaux y sont des activités requérant les mêmes aptitudes que la création d'une " puce ". On concevra celle-ci, on la fignolera comme un joyau unique. Mais on la reproduira à des millions d'exemplaires. »

Un bref regard sur l'histoire permet de constater que les révolutions technologiques ne pénétrèrent les consciences qu'au moment où les instruments qui rendirent possible leur essor devinrent familiers. En 1533, *Les Ambassadeurs*, le fameux tableau de Holbein, consacre ce phénomène. Pourpre et drapé, et, au milieu, divers instruments scientifiques : ceux-ci symbolisent l'ouverture des routes océaniques, l'intensification du négoce, la proche éclosion de la révolution industrielle; sextant, mappemonde, lettres de change deviennent les figures d'une œuvre d'art tout en révélant l'ingéniosité et une vision volontariste du monde. En 1983, moins ostentatoire, la naissance d'une « puce » constitue un spectacle non moins fascinant.

Dans la pièce immaculée, chaque visiteur échange ses vêtements contre une combinaison de nylon blanc, un bonnet qui lui enserre la tête, des plastiques qui enveloppent ses chaussures, des gants qui lui recouvrent les mains. A quelques mètres, la chaleur de l'automne californien, les rumeurs de la vie; pourtant, tout ce qui émane du monde extérieur est ici éminemment suspect. Un apport invisible de cuivre, de sodium, ou de quelques atomes de carbone, peut déclencher des catastrophes. Pour accéder au cœur de la « forge », il faut glisser, momie blanche et docile, à travers un sas, avant d'accéder à un bloc opératoire plus stérile que celui d'un hôpital. Dans un air filtré, renouvelé en permanence, une dizaine de silhouettes, face à des ordinateurs, l'œil rivé sur des microscopes. Au fond de la salle, le rougoiement de fours cylindriques d'où sortent en permanence des disques de cristal transportés sur coussin d'air. Un ordinateur commande la scie qui découpe le cylindre de silicium en ces lamelles extraordinairement fines sur lesquelles seront gravés et imprimés les circuits intégrés.

Ici commence la course à la miniaturisation. Le matériau est d'abord traité dans ces fours à 1 000° afin d'être enduit d'une couche d'oxyde qui confère à chaque disque une superbe teinte bleu-nuit. Le revêtement protégera de la contamination, car la moindre impureté peut corrompre le produit. Sur chaque disque sont ensuite imprimées des grilles microscopiques : 150 carrés de 4 millimètres de côté, qui deviendront autant de « puces ». Des bombardements d'ions permettent d'y pratiquer les perforations nécessaires. Puis chaque disque est imprimé d'un réseau de points microscopiques : 200 000 transistors et condensateurs en moyenne pour chaque petit carré, soit environ 30 millions par disque. Entre chaque élément sont disposées des résistances et des connexions métalliques extrêmement ténues. Une scie diamantée découpe chaque future pièce. Le processus complet aura duré six semaines, mais les exigences de perfection sont telles que seuls 10 à 20 de ces composants, après contrôle, seront reconnus aptes à fonctionner. Le personnel chargé de surveiller sans relâche toutes les opérations semble harassé. L'homme paraît singulièrement inadapté dans cette surenchère à l'infini où les microbes passent pour des géants.

Ted Hoff tient le « chip » au creux de sa main, qu'il bouge légèrement pour mieux capter les reflets gris de l'objet, si minuscule qu'il se perdrait entre les lames d'un parquet. Sur cette surface dérisoire sont concentrés 450 000 transistors reliés par des réseaux de tungstène, un prodige technologique.

Pour comprendre l'ampleur de la performance, il faudrait imaginer Los Angeles, avec chacune de ses rues et de ses autoroutes, tenant sur la pointe d'un clocher. Désormais, les chercheurs sont capables de doubler chaque année le nombre de composants placés sur un « chip », alors que dans le même temps les coûts de production baissent de plus de 30 %. Un phénomène semblable, dans le secteur de l'automobile, permettrait aujourd'hui l'achat, pour 2,85 dollars, d'une Rolls Royce qui parcourrait 20 000 kilomètres avec 2 litres d'essence.

A l'origine de cette invention vertigineuse, un homme de quarante-trois ans, grand, mince, gauche, d'un classicisme presque suranné avec ses cheveux noirs plaqués en arrière, des lunettes à grosse monture, une cravate impeccablement nouée. La même sévérité apparente qu'un Robert McNamara auquel il ressemble, mais démentie dès qu'il se met à parler : chaleureux, enthousiaste, Ted Hoff, ancien diplômé de Stanford, décida un jour de « plonger dans le privé pour voir si [mes] idées avaient une quelconque valeur commerciale ».

Délicieux euphémisme. Entré chez Intel, il accélère de façon décisive la révolution post-industrielle en inventant le micro-processeur. Il résout ce pari en apparence impossible sur lequel s'étaient épuisées en vain des générations d'ingénieurs électroniciens : regrouper sur le même élément les circuits de calcul arithmétique et ceux permettant les opérations de logique. Une puissance décuplée, un prodigieux gain d'espace qui modifient radicalement les potentialités et l'essor de l'informatique. Pourtant, Hoff confie, presque embarrassé : « En fait, au début, nous ne savions même pas s'il existerait un marché ».

Aveu désarmant puisque de la montre à quartz au jeu vidéo, en passant par les liens forgés entre le téléphone, l'ordinateur et la télévision, on dénombre actuellement plus de 25 000 utilisations courantes du micro-processeur. Une industrie dont le développement repose paradoxalement sur la réduction régulière de la taille du « chip » et l'augmentation simultanée de sa puissance et de sa vitesse.

Le premier micro-processeur conçu par Hoff réunissait 2 250 éléments. Il fallut douze courtes années pour aboutir aux 450 000 transistors maintenant nichés à l'intérieur de sa main.

La pièce où il s'installe est plongée dans l'obscurité. Quelques touches frappées sur un clavier et, brusquement, des milliers de carrés, de rectangles, bruns, noirs, verts et bleus, recouvrent toute la surface des murs :

« Ce microfilm représente une seule des sections du micro-processeur.

– Quelle taille?

– 39 millioniėmes d'un pouce... moins que la largeur d'un cheveu. Pour représenter ainsi grossi l'ensemble du « chip », il faudrait une salle aux dimensions d'un gymnase. »

Ted Hoff trace une ligne rouge qui court d'un carré noir à un rectangle vert :

« Plus de 100 calculs sont nécessaires pour placer correctement un seul de ces rectangles. Or, sur chaque " chip ", nous en installons un million. »

La voix est posée. Nul accent triomphant. Son ambition? Il réfute le terme : trop vague et présomptueux. Il préfère parler de ses objectifs immédiats. Et le ton mesuré donne le change.

Car le langage et la vision de Hoff rejoignent ceux de Harry Chandler bâtissant Los Angeles : « Je veux, dans les cinq années à venir, arriver à installer 10 millions de transistors sur un " chip "... ». Le geste se fait ample, audacieux : « C'est-à-dire construire l'équivalent d'une ville gigantesque qui aurait deux fois la taille de l'Alaska. »

Aujourd'hui, Intel partage avec deux autres firmes de la Silicon, National Semi-Conductor et Advance Micro-Devices, 30 % du marché mondial des semi-conducteurs qui se chiffre à 16 milliards de dollars. Mais elle reste la plus prestigieuse, la plus audacieuse aussi.

Pourquoi le nom d'Intel? Éclat de rire : « Parce que le mot *intelligence* était trop long. » A cinquante-quatre ans, Bob Noyce, fondateur, président et deuxième actionnaire d'Intel, continue de s'installer ponctuellement chaque matin à 8 heures dans le même bureau que le plus modeste de ses employés. A quelques cases de là, dans ce labyrinthe gris-bleu, feutré, son associé Gordon Moore. Les deux hommes illustrent parfaitement la stratégie de rupture amorcée dans Silicon Valley vis-à-vis des grandes firmes jusqu'ici en position dominante. En 1970, lassés, ils quittent la direction de Fairchild, une puissante société de la côte Est, et rencontrent Arthur Rock, probablement le financier le plus avisé de la Valley. Derrière une apparence de banquier pondéré, Rock est un joueur. Il investit 3 millions de dollars sur ce qui n'est pas encore un projet, ni même une idée, seulement une fantastique intuition : l'essor des micro-ordinateurs, source d'un pouvoir décentralisé. « Il s'agissait de créer un nouveau type d'environnement – confie Noyce; parole brève, geste concis, regard aigu. Trente ans auparavant, vendre une douzaine d'ordinateurs paraissait une estimation optimiste. Nous avons parié, en créant Intel, qu'il y aurait en 1974 plus de 200 000 ordinateurs en activité à travers le monde. Ce chiffre a été dépassé. Pour 1984, nous évaluons à plus de 20 millions le nombre de computers qui seront utilisés. Or, un tel potentiel informatique modifiera radicalement la physionomie du monde où nous vivons. »

Phrase-clé. Car si cette compagnie est passée de 12 ingénieurs, à ses débuts, à 16 000 employés, avec un chiffre d'affaires annuel frôlant le milliard de dollars, il ne s'agit en aucune façon, pour elle, de reproduire le gigantisme de ces grandes sociétés traditionnelles qui, aujourd'hui, traversent toutes une crise de légitimité et d'adaptation.

Detroit, capitale de l'automobile : General Motors, Ford, Chrysler, les trois premières firmes mondiales, y possèdent usines, siège social, bureaux d'études. Deux millions de salariés, des empires. Plus qu'une industrie : le symbole d'une croissance triomphante. En réalité, l'indice d'un aveuglement mortel face aux fulgurantes accélérations du progrès. Disciplines jusqu'alors inexistantes, l'informatique, la biologie, les sciences spatiales vont, en quelques années, déborder le cadre élémentaire de ces industries déclinantes. L'automobile va mourir de ses privilèges. Depuis 1948, année où fut inventé le changement de vitesse automatique, pas la moindre innovation, si ce n'est dans l'épaisseur des pare-chocs ou la couleur des chromes. Pour General Motors, la différence de coût à la fabrication entre une Chevrolet et une Cadillac n'excède pas 500 dollars. A l'achat, plus de 5 000 dollars séparent les prix des deux modèles. Une rente de situation qui, comme tous les privilèges, fige l'audace, perpétue les conservatismes. Le spectacle qu'offre Detroit est désormais celui d'une ville sinistrée : rues désertes, magasins fermés, couvre feu instauré par la municipalité pour faire face à la délinquance, 20 % de chômeurs – taux supérieur du double à la moyenne nationale – dont la majorité n'ont pour vivre que 85 dollars par mois de « food stamps » (bons d'alimentation). Défendre des emplois condamnés est une erreur d'objectif. Or, c'est encore trop souvent la seule lutte que semblent mener administration, syndicats et patronat rassemblés dans un même aveuglement. Entre-temps, le travail et les richesses se transfèrent massivement vers les nouveaux pôles technologiques. New York est en faillite, comme la sidérurgie en Europe et le textile au Japon.

Les micro-processeurs représenteraient-ils les éléments avancés d'une guérilla économique dont l'objectif serait la colonisation technologique? Bob Noyce hausse les épaules : « D'un point de vue social et culturel, il existera toujours des peurs et des résistances au changement, mais qui seront de plus en plus injustifiées : déjà moins de 40 % de la population active travaille dans le secteur de la production. »

« J'aimerais pouvoir convaincre que l'avenir est un monde

chargé d'espoir... » Cette phrase de Frederick Terman revient en mémoire alors que le crépuscule commence à découper les silhouettes des lieux et des êtres. De son bureau, Noyce semble suivre avec attention la circulation sur l'autoroute d'El Camino Real qui conduit de San Francisco à Los Angeles. Les véhicules traversent lentement le cœur de la Silicon Valley. Deux mondes déroutés l'un par l'autre, à la recherche d'une identité commune.

Les mains plient soigneusement la seule note posée sur le bureau : « En terme d'énergie pure, ce papier est une absurdité. Il serait plus simple et beaucoup moins coûteux de communiquer l'information à travers une simple impulsion. De même, vous pouvez vous interroger sur l'usage et la destination de toutes ces voitures. » Dans la pénombre, la voix de Noyce reprend : « La plupart ne transportent rien d'autre que des informations, sous la forme des cerveaux des conducteurs et de leurs passagers. Pourquoi donc ces trajets et ces dépenses d'énergie? Parce que nous ne disposons pas encore d'un système de communication suffisamment adapté et perfectionné. Bientôt, toute cette circulation ne devrait plus se justifier. Il ne sera plus nécessaire, pour une grande partie de la population, d'avoir à conduire et à travailler du seul fait qu'elle a des renseignements à communiquer ou à recevoir en un autre lieu. »

III

La fin des dinosaures

Au début des années 40, la prédiction de Lénine paraissait accomplie : les sociétés multinationales avaient « hérité de la Terre ». General Motors (900 000 salariés) et Ford (500 000 salariés), alors les deux firmes les plus puissantes, dominent le marché mondial des véhicules tout-terrain et toutes fonctions. Des Ford T destinées à favoriser l'errance angoissée des chômeurs de la Grande Dépression aux camions vert-de-gris fabriqués pour la Wehrmacht, il n'y a, aux yeux des dirigeants de ces firmes, qu'une différence de modèle. Leur vision du monde, rythmée par les cadences des chaînes de production, paraît se ramener à une alternance de routes et de parkings qu'il s'agit de remplir en tenant compte des goûts et besoins des clients nationaux. Leur philosophie se réduit à des méthodes de gestion où le cadre étatique n'apparaît que comme une zone de vente. Principe garanti aussi robuste que ses modèles, Henry Ford précise, quelques semaines avant le déclenchement de la Seconde Guerre mondiale : « Nous ne nous considérons pas comme une compagnie nationale, seulement comme une organisation multinationale. »

Lorsqu'il inaugure en 1939 un nouveau jeu de monopoly qui, du premier coup de dés, le conduit à la case polonaise, Hitler transforme les chancelleries et les parlements en volières apeurées. Mais, au même moment, Alfred Sloan, président de General Motors, rassure sèchement quelques actionnaires inquiets : « Nous sommes trop grands pour être gênés par ces minables querelles internationales. »

Mieux : la plus grande firme mondiale joue un rôle essentiel dans la préparation de ce vaste rallye transeuropéen organisé par l'ancien peintre viennois. En 1929, la société américaine est devenue propriétaire à 100 % d'Opel. En 1935, à la demande du haut état-major nazi, les bureaux d'études de cette firme, installés à Brandebourg, se consacrent à la mise sur roues d'un nouveau modèle de camion lourd qui « devrait être moins vulnérable aux attaques aériennes ennemies ». Dès 1936, l'Opel « Blitz », produit à une cadence accélérée, équipe l'armée allemande.

Sensible au geste, Hitler épingle en 1938 son aigle de première classe au revers du veston de l' « executive chief » de General Motors. Au même moment, Ford ouvre dans la banlieue de Berlin une usine d'assemblage; selon les rapports des services de renseignements de l'armée américaine, ces bâtiments sont destinés à la production de transports de troupes pour la Wehrmacht.

Au début de 1939, sept mois avant l'ouverture du conflit, General Motors reconvertit les établissements Opel à Rüsselsheim dans la fabrication d'avions militaires. De 1939 à 1945, ces usines produiront et assembleront à elles seules 50 % de tous les systèmes de propulsion destinés au Junker 88, considéré par les experts aéronautiques comme « le meilleur bombardier équipant la Luftwaffe ».

Les filiales de General Motors et de Ford construisent 90 % des half-tracks de trois tonnes baptisés « mules », et 70 % de tous les camions lourds et de moyen tonnage qui équipent les armées du Reich. Pour les services secrets anglais, ces véhicules constituent « l'épine dorsale du système de transports de l'armée allemande ». Là encore, l'entrée en guerre des États-Unis n'infléchit en rien la stratégie de ces firmes, aussi rectiligne qu'une autoroute.

Le 25 novembre 1942, le gouvernement nazi nomme le professeur Carl Luer administrateur du complexe de Russelsheim. Mais la cour d'appel provinciale de Darmstadt précise que « l'autorité du conseil des directeurs ne sera pas affectée par cette décision administrative; les méthodes et les responsables du management resteront les mêmes ». Et, de fait, Alfred Sloan et ses vice-présidents James B. Mooney, John T. Smith et Graene K. Howard, continueront de siéger au conseil d'administration de General Motors-Opel durant toute la guerre.

Mieux, en violation flagrante des législations existantes, les informations, rapports et matériels circulent on ne peut mieux entre le quartier général de Detroit, les filiales installées dans les pays alliés, et celles implantées dans les territoires contrôlés par les puissances de l'Axe.

Les registres financiers d'Opel-Russelsheim révèlent que de 1942 à 1945, la firme élabore ses stratégies de production et de vente en coordination étroite avec les usines de General Motors disséminées à travers le monde, notamment avec General Motors-Japan (Osaka), General Motors-Continental (Anvers), General Motors-China (Hong Kong et Shangaï), General Motors-Uruguay (Montevideo), General Motors do Brazil (São Paulo), etc.

En 1943, alors que les usines américaines du groupe équipent l'aviation des États-Unis, le groupe allemand élabore, fabrique, assemble les moteurs du Messerschmitt 262, premier chasseur à réaction au monde. L'avantage technologique ainsi conféré aux nazis est essentiel. Capable de voler à près de 1 000 kilomètres à l'heure, cet appareil surclasse nettement en rapidité (plus de 200 km) son adversaire américain, le P 510 Mustang.

Dès la fin des hostilités, Ford et General Motors se précipiteront pour réclamer au gouvernement américain des réparations pour les dommages subis par leurs installations dans les pays de l'Axe, du fait des bombardements alliés. En 1967, justice leur est enfin rendue : General Motors obtient 33 millions de dollars, sous forme d'exemptions fiscales sur ses bénéfices, pour « les gênes et destructions occasionnées à ses usines fabriquant des avions et des véhicules motorisés, implantées en Allemagne, Autriche, Pologne et Chine ». De son côté, Ford arrache un peu moins d'un million de dollars pour les dégâts causés à ses chaînes de fabrication de camions militaires installées à Cologne.

Noyaux du capitalisme moderne, les multinationales vont progressivement devenir de vrais centres de décision politique. Transfert de pouvoir rendu d'autant plus aisé que ce sont les gouvernements qui encouragent activement les fusions et concentrations, convaincus que l'accroissement de la taille des entreprises les rendra plus compétitives. Pas un homme politique ne fait preuve d'assez de lucidité ou de courage pour percevoir et dénoncer l'amoralité naturelle qui préside à l'action de ces firmes. Systèmes totalitaires et sociétés multinationales – autoritaires, elles aussi – tissent des alliances. L'exemple de l'industrie chimique allemande est une bonne illustration de l'« immuabilité » de l'entreprise et du pouvoir économique face à une espèce humaine habitée par le sens de l'éphémère. Imperturbables, ces firmes ont traversé depuis un siècle toutes les variétés de régimes politiques et tous les types de conflits, en conservant intactes leurs structures et leur puissance.

En 1870, Hoechst crée une teinte verte pour les robes de l'impératrice Eugénie et un rouge pour les pantalons de ses soldats, tandis que B.A.S.F. fabrique un indigo synthétique qui représente alors l'essentiel de ses activités. Ce mariage de la science et de la technique s'accompagne très vite d'une politique de rationalisation des activités qui permet de passer de Sissi... au Kaiser. En 1905, Karl Duisberg, président du troisième géant, Bayer, suggère la création d'un cartel. En 1916, l'I.G. Farben, à peine créée, peut se livrer à la production intensive de gaz asphyxiants destinés à de vastes opérations de « dératisation » dans les tranchées adverses. A la fin de la Première Guerre mondiale, le développement du groupe est assuré à l'aide de capitaux américains et anglais. Plusieurs millions de livres sterling d'actions d'I.G. Farben sont détenues par des banques d'outre-Atlantique, dont la Chase Bank de Rockefeller, la Morgan et la Warburg. En 1921, des usines du groupe travaillent à la production du nitrate synthétique destiné à la fabrication d'explosifs. En 1932, I.G. Farben est devenue la plus importante puissance chimique au monde : elle contrôle 400 sociétés allemandes et 500 entreprises commerciales, possède ses propres chemins de fer et mines de charbon, et des usines dans plusieurs dizaines de pays. Les 500 plus grosses firmes qui font la prospérité de l'Europe occidentale et des États-Unis sont liées par plus de 2 000 accords avec le groupe allemand dont les chercheurs et techniciens sont les plus nombreux et les plus qualifiés qu'on ait jamais rassemblés, dans l'histoire économique moderne, au sein d'une même société.

De même que l'économie allemande ne peut survivre sans I.G. Farben, aucun gouvernement ne peut espérer se maintenir sans sa coopération. C'est pourquoi, dès leur installation au pouvoir, la décision des nazis de transformer l'Allemagne en une forteresse inexpugnable n'aurait été suivie d'aucun effet si elle n'avait rencontré un accueil aussi complaisant des dirigeants d'une firme qui n'avait cessé d'être le bailleur de fonds du parti national-socialiste.

Entre-temps, la vitalité technique et la puissance commerciale d'I.G. Farben permettent à la firme de multiplier les découvertes qui la mettront à l'abri de toute dépendance étrangère (production de caoutchouc synthétique à partir du charbon).

Karl Duisberg, président depuis la fondation du cartel, disparaît en 1935. Il est remplacé par Karl Bosh, remarquable technicien qui siège au conseil d'administration de nombreuses sociétés étrangères comme l'U.S. Steel, Dupont de Nemours et la Standard Oil of New Jersey. A sa mort en 1940, Karl Krauch, dirigeant nazi, lui succède. Cette nomination symbolise l'étroite coopération entre dirigeants industriels et politiques du IIIe Reich, et les liens intimes entre I.G. Farben, le régime nazi et de puissantes firmes supposées appartenir au camp de la démocratie.

Après l'invasion de l'Europe, Exxon, première compagnie pétrolière mondiale, continuera, en vertu d'accords signés en 1926, à échanger des informations et à développer sa coopération avec le groupe allemand. Le volume des réserves pétrolières allemandes apparaît-il dérisoire ? Dès 1939, Exxon et General Motors s'associent avec I.G. Farben pour la construction en Allemagne d'usines de tétraéthyle. Ainsi approvisionnée en fuel synthétique, la machine de guerre nazie, hautement mécanisée, évitera la panne sèche.

Dès 1941, l'infamie : le groupe se trouve associé à un immense programme de travaux forcés, des millions de déportés sont mis au service de la production de guerre allemande. Et c'est à Auschwitz, haut lieu des camps d'extermination, que les dirigeants d'I.G. Farben vont bâtir un énorme complexe pour la fabrication synthétique de l'essence et du caoutchouc.

Inculpée pour crimes de guerre, la firme sera démantelée. Pourtant, on pourrait se croire aujourd'hui revenu quatre-vingts ans en arrière. Les Alliés ont peut-être gommé juridiquement le nom d'I.G. Farben en 1945 ; mais Bayer, Hoechst, B.A.S.F. ont réussi, dans une Allemagne dont le gouvernement n'est plus national-socialiste, mais chrétien-démocrate, à concentrer l'industrie chimique la plus puissante du monde. Il y a encore quelques années, B.A.S.F. emploie 110 000 personnes et réalise des ventes annuelles de 3,675 milliards de livres; Hoechst : 182 000 employés et 3,815 milliards de bénéfices; Bayer : 169 000 salariés et 3,226 millards. Nulle concurrence entre ces trois firmes liées entre elles par une quarantaine d'accords de « joint-venture ». Les trois rejetons d'I.G. Farben reconstituent l'empire d'avant-guerre, rachetant, annexant, éliminant les entreprises les plus vulnérables.

Autre avantage des firmes allemandes face à leurs concurrents : la remarquable longévité de leurs dirigeants. Karl Winnacker, nommé directeur d'I.G. Farben en 1941, prit sans transition la présidence de Hoechst lors de la création de la firme, aussitôt après la guerre, et exerça longtemps ses fonctions.

Ces faits imposent une réflexion grave : il ne s'agit pas là de perversions au cœur d'un système sain, mais de l'expression de l'essence même d'un système, poussé au bout de sa logique.

Le déclin désormais si apparent de l'industrie mondiale est avant tout celui de ces firmes, de leurs objectifs et de leurs méthodes. Ce déclin semble ménager l'occasion historique de définir clairement la place qui revient désormais à l'individu et à la morale au sein de l'économie. Les sociétés multinationales classiques, trop gigantesques pour être contrôlées, imposaient une production de masse qui se souciait fort peu de la diversité des besoins. D'un bout à l'autre de la politique de ces firmes, la richesse de l'individu se trouvait niée, brisée. Il ne s'agissait nullement de développer son ingéniosité, sa créativité, seulement d'obtenir sa docilité vis-à-vis d'une pensée dominante coïncidant avec l' « esprit » de la firme : véritable culture avec ses objectifs, ses interdits, ses rituels, ses héros comme Henry Ford, John Rockefeller ou Thomas Watson.

Ce dernier, fondateur d'I.B.M., présente une trajectoire édifiante. Intime d'Eisenhower dont il partage l'optimisme et les vues simples, il rencontre entre 1927 et 1943 plusieurs dizaines de chefs d'État et se lie d'amitié avec Chang Kaï-chek. Il critique la Russie communiste et apporte un soutien chaleureux à Benito Mussolini, saluant les réalisations de celui qui a réussi à « sortir l'Italie du chaos ». Quatre ans plus tard, Hitler lui remet l'ordre du mérite de l'Aigle allemand avec étoile. Les deux dirigeants ont des rapports chaleureux; les intérêts et l'implantation d'I.B.M. dans l'Allemagne nazie sont déjà importants. Au début de 1938, nouvelle rencontre à Berlin : rassuré par les propos de Hitler qui l'assure qu'il n'y aura pas de conflit, Watson élargit son implantation en France et achète de nouveaux bureaux place Vendôme.

Dès la déclaration de guerre, il transfère les intérêts européens d'I.B.M. dans un holding installé à Genève que dirigea un capitaine de l'armée suisse, Werner Lier. Le responsable des activités allemandes de la firme est le Dr Otto Kriep. La firme I.B.M. est alors considérée comme un élément important de l'effort de guerre nazi. Thomas Watson se maintient dans une prudente expectative, laissant évoluer la situation. Cependant, dès 1942, après Pearl Harbor, il réoriente totalement les activités de son groupe aux États-Unis. Détenteur de 94 % des intérêts de Munitions Manufacturing Corporation, il fabrique des bombardiers, des canons et des pièces pour moteurs d'avion. Cet effort en faveur du monde libre se traduira par un bénéfice de plus de 200 millions de dollars. Au même moment, le holding suisse continue de percevoir les dividendes des opérations allemandes. Avec une remarquable ingéniosité, Werner Lier met en place une filière destinée à faciliter l'évasion de ces profits bloqués, en utilisant l'ambassade que les États-Unis maintiennent à Vichy auprès du maréchal Pétain.

Dès cette époque, la « culture I.B.M. », ce réflexe d'identification et de solidarité avec la firme, agit de façon efficace. Frank MacCarthy, chef du personnel dans le groupe canadien d'I.B.M. et bombardier dans la Royal Air Force, au cours d'un raid au-dessus de la ville de Sindelfingen, larguera ses bombes au hasard pour éviter qu'elles ne touchent l'usine I.B.M., objectif de sa mission.

Les établissements français situés près de Paris, à Corbeil-Essonnes, sont administrés par le capitaine S.S. Westerholt. Vingt ans après la fin de la guerre, un des vétérans du comité exécutif pouvait souligner avec satisfaction « le grand nombre d'hommes dévoués à I.B.M. parmi les anciens responsables allemands, et leur constant souci de protéger une part précieuse de notre patrimoine ».

Aujourd'hui, face à l'ampleur de la crise et des mutations qu'elle provoque, ces grandes firmes vacillent. Les convulsions qui secouent l'économie mondiale rendent improbable leur survie sous leur forme actuelle. Elles qui semblaient régir nos destinées, se révèlent fragiles en raison de leur dépendance vis-à-vis d'un environnement périmé : marchés nationaux, monnaies nationales, gouvernements nationaux. Le cadre planétaire qui assurait la stabilité des échanges commerciaux au bénéfice de ces corporations géantes vole aujourd'hui en éclats. Pénuries et pléthores se succèdent, comme les crises monétaires et les déséquilibres commerciaux, devenus aussi brutaux et imprévisibles que l'attitude des consommateurs, des syndicats, voire des dirigeants politiques. Ce monde insaisissable et déroutant, les grandes firmes tentent péniblement de s'y adapter et leurs dirigeants ne montrent nul désir de renoncer à leur toute-puissance. Mais, confrontés à une imprévisibilité croissante, à l'animosité montante de l'opinion, en butte à des pressions politiques hostiles, les plus intelligents d'entre eux s'interrogent : sur les buts, la structure, les responsabilités, voire la raison d'être de leurs organisations. Conçue pour véhiculer et imposer des certitudes, la « culture » de ces firmes s'érode, l'obéissance diminue, la fidélité s'estompe. L'heure est désormais aux imprécateurs.

Cette crise d'identité dont souffrent les grandes firmes est encore accentuée par la vitesse des événements. « La rapidité du changement, estime Alvin Toffler, oblige des états-majors déjà inquiets, dans un contexte qui ne leur est pas familier, à prendre des décisions de plus en plus nombreuses à un rythme sans cesse plus pressant. Plus les établissements financiers s'informatisent, plus les transactions s'emballent. Certaines banques ou sociétés industrielles vont même jusqu'à modifier leur implantation géographique pour tirer parti des décalages horaires : " Les fuseaux horaires peuvent être utilisés pour améliorer la compétitivité ", écrit *Euromoney*, organe des banques internationales.

« Dans cet environnement surchauffé, les grosses sociétés sont amenées, de gré ou de force, à investir et à emprunter en devises variées, non plus à douze mois, à quatre-vingt-dix jours ni même à une semaine, mais littéralement à vingt-quatre heures, quand ce n'est pas à la minute. Un nouveau personnage a fait son apparition : le " manager financier international ", qui demeure à son poste vingt-quatre heures sur vingt-quatre à chercher au niveau planétaire les taux d'intérêt les plus faibles,

les transactions monétaires les plus rémunératrices, les prises de participation les plus rapides.

« Il faut " coller " à cette accélération. A tous les niveaux, les processus de décision se précipitent. Les conséquences de cet emballement généralisé du métabolisme des grandes firmes sont légion : la longévité des produits diminue; le leasing et la location gagnent du terrain; on achète et on vend plus souvent; les types de consommation et les modes changent plus vite; les travailleurs doivent continuellement s'adapter, suivre des recyclages plus fréquents; la dépendance envers l' " information " est plus grande que jamais.

« Le résultat? Un environnement plein de risques, hypertendu. On comprend pourquoi tant d'hommes d'affaires, de financiers et de chefs d'entreprise, soumis à ces pressions grandissantes, en viennent à se demander ce qu'ils font et pourquoi. Imbus des certitudes auxquelles ils ont été formés, ils voient leur monde se désagréger sous l'impact d'une vague de changements sans précédent. L'éclatement de la société industrielle qu'ils ont forgée ou qui les a sécrétés est pour eux incompréhensible. On leur enseignait que la production de masse constituait le mode le plus avancé et le plus efficace, que ce monde standardisé exigeait des produits standardisés, que la distribution de masse était l'impératif capital, que « les masses » de travailleurs-consommateurs étaient fondamentalement semblables, que des stimulants uniformisés permettaient de les motiver. »

Or, ce marché de masse a explosé, s'est morcelé en minimarchés qui ne cessent de se subdiviser et de se transformer, exigeant un éventail toujours plus large d'options, de modèles, de types, de tailles, de couleurs, de critères personnalisés. Cette diversification rapide des biens et des services, dans les pays à haute technicité, traduit une aspiration toujours plus grande à la singularité des valeurs et des styles de vie. Cette élévation du niveau de la diversification sociale est à son tour alimentée par une plus grande parcellisation du marché du travail et par la multiplication des professions nouvelles, particulièrement dans le tertiaire, les industries de service. Comme les emplois, les gens deviennent de moins en moins interchangeables. Refusant d'être considérés comme tels, ils ont une conscience de plus en plus aiguë de leurs spécificités ethnique, religieuse, professionnelle, sexuelle, etc. Des groupes qui jusqu'ici luttaient pour être

« intégrés » ou pour s' « assimiler », se fondre dans une société de masse, revendiquent leurs différences, annonçant peut-être la fin du *melting pot*. Et les grandes entreprises, déboussolées, ne savent plus comment faire face à ce raz-de-marée de la diversité qui affecte aussi bien leurs personnels que leurs clientèles.

Partout on s'aperçoit que ces économies tant vantées, à porter au crédit du gigantisme, ont des limites, et que d'autres formes d'organisation les ont dépassées sur ce terrain. Actuellement, les firmes cherchent activement à réduire la taille de leurs unités. Les technologies nouvelles, les recours aux services extérieurs ont pour conséquence de diminuer considérablement l'échelle des entreprises. L'usine et les bureaux où se trouvent rassemblés des milliers de salariés font de plus en plus figure d'anachronismes.

A l'entrée de la Silicon Valley, à la porte des bureaux d'Advance Micro-Device, on peut lire sur un panneau bariolé : « Chaque lieu a son heure, la nôtre est maintenant. Quittez les grands dinosaures et attrapez la bonne vague. Rejoignez-nous! ». Même langage chez « Tandem », à la croissance vertigineuse.

En 1974, quatre jeunes gens décident de construire un ordinateur. Jim Katzman, le benjamin, dessine en quelques jours, sur un coin de table, les connexions de cet engin-miracle. Ils le baptisent « Tandem ». Dès 1977, leur entreprise est cotée en bourse. Chaque dollar investi au départ a été multiplié par 180. De 1977 à 1981, leur chiffre d'affaires a augmenté de quatre mille pour cent. Vice-président, Jim Katzamm confie : « Nous sommes la société d'informatique qui a remporté le plus de succès de par le monde. » Un environnement nouveau a été créé par les dirigeants. Maître-mot : priorité à l'individu. Les signes et références hiérarchiques sont quasiment supprimés. Notes de service et communications directoriales sont inexistantes. Travaux flexibles en termes d'horaires et d'obligations. Les salaires sont fonction de l'efficacité et non de l'ancienneté. Pas de parking réservé à la direction, ni de porte close. « A chaque instant, confie un employé, je sais que je peux pousser la porte du président. » Autour de la firme, piscine, terrain de golf, et « party » chaque vendredi qui rassemble tous les employés et contribue à une cohésion accrue.

Le président, Jim Treybig, trente-quatre ans, fait figure de héros au sein de sa firme. « Jimmy est réellement un symbole, le signe qu'ici chacun est considéré comme un être humain. » Treybig accueille personnellement chaque nouvel employé auquel il explique amicalement les motivations et la philosophie de la compagnie. Attitude qui renforce chez le nouvel arrivant le sentiment qu'on l'a choisi, qu'il est attendu. Tandem semble y trouver son compte : le bénéfice net par employé s'élève à plus du double de la moyenne américaine.

Alors que la civilisation de l'« industrialisme classique » entre en déclin et que son système de valeurs vole en éclats, une autre contrainte se fait jour, qui pèse de façon rigoureuse : une pression morale. Tel comportement qui passait autrefois pour habile, normal, est brusquement considéré comme immoral et scandaleux. Le gouvernement japonais et le président de la République italienne sont renversés à cause de pots de vin versés par la firme aéronautique Lockheed. Une affaire de corruption oblige le président de la Gulf Oil à démissionner, et le prince consort des Pays-Bas à abandonner ses nombreuses et lucratives fonctions dans plusieurs conseils d'administration. Vague d'indignation, de réprobation : de plus en plus, le sentiment se répand que l'éthique de la firme a un impact direct sur le système de valeurs de la société.

Henry Ford II confie, consterné : « Autrefois, tout était simple. Les plus brillants ingénieurs, dès la fin de leurs études, venaient presque automatiquement chez nous; aujourd'hui, ils refusent avec mépris. » Il ne révèle là que son incapacité à analyser en profondeur la crise qui secoue les multinationales. La prolifération d'entreprises nouvelles, la place privilégiée qui y est faite à l'individu, caractéristiques de la Silicon Valley, s'explique par cette simple donnée : la grande firme est trop souvent devenue, aux yeux des plus brillants et plus entreprenants « cerveaux », un gage d'inefficacité et de corruption.

Aucune compagnie n'illustre mieux ce phénomène qu'I.T.T. Avec 430 000 employés répartis au sein de 800 sociétés implantées dans plus de 80 pays, et un chiffre d'affaires de plus de 8 milliards et demi de dollars, ce conglomérat frappe l'imagination. Tout a été écrit sur ses activités en Afrique du Sud, au Brésil, sur son rôle dans la chute du régime Allende au Chili, à travers une stratégie de déstabilisation menée par son vice-président John McCone, ancien directeur de la C.I.A. Cette « immoralité » se révèle au demeurant dans des épisodes beaucoup moins connus. En 1972, à la tribune de l'O.N.U., Salvador Allende lance un appel angoissé à la communauté internationale : « J'accuse I.T.T., devant la conscience du monde, d'avoir voulu provoquer, dans ma patrie, une guerre civile qui, pour un pays, représente la désintégration totale. » Mis au ban de la communauté occidentale, en quête de soutiens, le leader chilien quitte aussitôt New York pour Moscou où il est accueilli, au bas de la passerelle, par une direction soviétique au grand complet, « émue » par son calvaire. Tous réaffirment « la collaboration indéfectible de l'U.R.S.S. à la juste lutte progressiste du peuple chilien contre les menées fascistes et impérialistes des grands monopoles nord-américains ». Mais, faisant sans doute preuve d'un excès de sensibilité, Brejnev n'ose avouer à son hôte que, trois jours avant son arrivée, l'Union soviétique venait de conclure un énorme accord décennal avec I.T.T., représentée par son président en personne, Harold Geneen, l'homme qui avait décrété la mise à mort du régime chilien.

L'attitude des dirigeants communistes, « l'exploitation inhumaine de leur propre humanité », pour paraphraser un slogan marxiste, est amplement démontrée. Rien dans les déclarations d'Andropov ne laisse prévoir la libération ni même un assouplissement des conditions faites aux dissidents dans les goulags, les hôpitaux psychiatriques, les camps de travail forcé ; rien ne permet d'espérer que la direction au pouvoir à Moscou manifeste plus d'intérêt pour ses propres citoyens et consommateurs. En fait, c'est contre toute prudence que fut développée la thèse des *Armes de la paix* : formule heureuse qui, lorsqu'elle fut lancée, séduisit les esprits mais qui, aujourd'hui, est fortement, controversée. L'avocat qui la défendait, Samuel Pisar, ne manquait pas d'éloquence : « Les murs de la prison économique qui enferme le monde communiste doivent être démantelés, sinon elle explosera. » Perspective attrayante pour des leaders occidentaux en quête de projet politique, puisqu'elle les entretenait dans une « illusion solide » : utiliser la seule vraie force de nos démocraties, la vitalité économique, pour apprivoiser un système antagoniste.

Près de quinze ans plus tard, au niveau politique, la prison communiste ne s'est nullement assouplie; au plan économique, elle ne s'est guère entrouverte, malgré les injections massives de crédits à bon marché qui eussent constitué autant de fonds indispensables à la modernisation de nos appareils industriels et qui furent aimablement dilapidés à l'est de l'Oural.

La thèse de Samuel Pisar, niant la nature des régimes et la force des idéologies, est désormais aujourd'hui énergiquement combattue, y compris par un grand nombre de ceux, intellectuels, hommes politiques, qui, à l'époque, souscrivirent sans nuances à l'idée d'une « paix par le commerce ». Je connais depuis trop longtemps Samuel Pisar, ses convictions et ses contradictions pour avoir le moindre désir de m'associer à un quelconque « procès en sorcellerie ». Mais, alors que les tensions et dangers d'explosions en provenance du camp communiste ne cessent de se multiplier, plus grave que l'éventuelle illusion politique est l'impact économique de cette théorie qui mérite d'être mieux perçu si l'on veut comprendre la vraie nature du processus de « détente » tel qu'il s'imposa à l'opinion au cours de la dernière décennie.

La priorité accordée à la coopération économique Est-Ouest détourna les responsables des grandes firmes, dans l'élaboration de leurs stratégies, des vrais défis et des véritables échéances. L'économie occidentale affrontait une crise structurelle portant sur sa nature, son organisation, requérant une redéfinition de ses priorités et de ses objectifs. Cette remise en cause qui s'imposait fut masquée par une pseudo-expansion vers l'Est, financée par des crédits à l'exportation scandaleusement bas, payés par les contribuables des États exportateurs. Pour des entreprises piétinant en quête de nouveaux marchés, l'U.R.S.S. devint un eldorado, entra dans le panthéon des financiers et des capitaines d'industrie aux côtés d'autres pays bénis comme... le Soudan. Les dirigeants du Kremlin, quant à eux, voyaient grand et donc cher, comme le dictateur soudanais Gafar El Nemeiry qui, contre toute raison, nous confiait qu'il avait exigé la plus grande usine mondiale de traitement de la canne à sucre pour son pays. Il l'eut, bien que son pays fût l'un des plus déshérités de la terre... Et elle ne fonctionna jamais.

Même type de demandes en U.R.S.S., facilité par le culte soviétique pour la grandeur découlant directement des thèses de Marx et Lénine associant « l'augmentation de la taille des établissements industriels au renforcement de leur puissance matérielle ». Dans un ouvrage intitulé *Le culte du gigantisme dans la planification soviétique,* Léon Herman écrivait : « En différentes régions, les cadres politiques se sont engagés dans une course en vue d'attirer les plus grands projets du monde; les dirigeants communistes sont en fait des intoxiqués de la grandeur. »

Étrange rendez-vous historique que celui d'un capitalisme et d'un communisme tous deux à bout de souffle et qui comptaient l'un sur l'autre pour différer les échéances inéluctables!

L'Italie, et notamment la famille Agnelli, propriétaire de Fiat, ont toujours joué un rôle précurseur dans cette politique de coopération économique avec l'Est. C'est, en 1969, la construction de la gigantesque usine de Togliattigrad : 700 000 voitures produites, 363 millions de dollars de crédit, un remboursement échelonné sur quatorze ans. Les avantages que ce type d'opération présente pour les hommes d'affaires occidentaux sont séduisants : possibilité de faire supporter par des banques privées et des établissements de crédit publics une politique de financement qui s'avérera extrêmement rentable; faculté de frauder le fisc national avec une extrême franchise en ne rapatriant les bénéfices que dans des paradis fiscaux.

Juin 1975 : Giovanni Agnelli débarque à Moscou, apparemment en visite de routine. Il doit négocier avec German Vishyany, vice-président du comité d'État pour la Science et la Technologie, gendre de Kossyguine et adjoint d'Andropov à la tête du K.G.B., l'augmentation de la production des usines de Togliattigrad, qu'il souhaiterait voir passer de 700 000 à 1 million de véhicules par an. Surtout, il rencontre un émissaire de Kadhafi, membre du Conseil de la Révolution de Tripoli, et un responsable de la Banque arabe libyenne. Agnelli est accompagné de Sargent Shriver, beau-frère de Kennedy, ex-ambassadeur américain à Paris, avocat d'affaires et responsable du Kaplan Fund, fondation réputée pour collaborer avec la C.I.A. Ils sont rejoints et secondés, tout au long de ces négociations, par Savoretti, le principal intermédiaire du Parti communiste italien pour les opérations commerciales avec l'Est. Il s'agit de tenter une greffe pour le moins insolite : intégrer au tissu industriel italien, si usé, si fatigué, le verbalisme révolutionnaire et le rigorisme coranique du leader libyen, pourvoyeur du terrorisme international, saturé de pétro-dollars et de fonds, et non dénué d'ambitions expansionnistes.

Les Soviétiques sont d'accord pour augmenter la capacité de leurs usines Fiat, mais exigent pour ces investissements des crédits à taux extrêmement réduit. Impossible pour Agnelli d'obtenir de nouvelles lignes de crédit auprès d'un gouvernement italien dont le président du conseil, Andreotti, doit effectuer de fréquentes visites à Washington. De plus, l'opinion publique, qui s'est vue imposer un plan d'austérité, admettrait mal que le propriétaire de la Fiat aille construire sur les bords du Don, aux frais du contribuable, une réplique exacte de ses usines du Piémont.

Kadhafi, à la tête de moins de 2 millions d'habitants et avec plus de 10 milliards de dollars de revenus pétroliers, peut assurer la réalisation d'un tel plan. Les négociations s'engagent. Du côté libyen, le principal interlocuteur est Ahmed Jalloud, Premier ministre et « compagnon de la révolution » de Kadhafi. En face de lui, les représentants anglais de la banque franco-américaine Lazard Frères, qui gère les intérêts personnels de la famille Agnelli. Bel exemple de sang-froid : un établissement financier dont les dirigeants s'affirment comme sionistes convaincus traite avec le plus farouche adversaire arabe de l'existence d'Israël.

A la fin de 1976, l'accord est conclu : l'U.R.S.S. obtient 415 millions de dollars de crédits de la Fiat, par l'intermédiaire de la Libye qui prend 10 % du capital de la firme italienne. La somme servira à assurer l'augmentation de la production des usines Fiat situées en territoire soviétique. Elle devra être remboursée au taux ridicule de 5 %.

Agnelli et Kadhafi signent le 30 novembre 1976 à Moscou et le leader libyen, en visite officielle, passe avec Brejnev un accord secret dont voici les clauses principales :

1) réarmement complet de l'armée libyenne par les Soviétiques;

2) livraison immédiate de 80 missiles SAM 6, d'une vingtaine de patrouilleurs dotés de missiles et de 300 chars T62 qui s'ajoutent aux 700 déjà livrés;

3) achat de 75 Mig 23 et de 12 appareils de reconnaissance;

4) réorganisation sous encadrement soviétique de l'armée libyenne;

5) facilités portuaires et aménagement de zones de mouillage pour les escadres russes en Méditerranée.

Ainsi, tandis qu'il favorise l'implantation militaire soviétique dans sa région, Kadhafi devient parallèlement, par son entrée dans la Fiat, l'un des principaux fabricants de matériel militaire à destination de l'O.T.A.N...

A chacun de ses épisodes, la « détente économique » entre ainsi en conflit avec la morale et la cohérence politique. En 1970, les Soviétiques proposent à Henry Ford de construire, dans le complexe géant de la rivière Kama, la plus grande usine mondiale de fabrication de camions. Mais la firme de Detroit doit alors s'incliner devant le refus du Pentagone qui estime que le matériel produit revêtirait un caractère stratégique et que les poids lourds risquent d'être envoyés à Hanoï. Les Russes rêvent cependant de faire de Kama le plus grand complexe industriel qui soit. A 1 100 kilomètres à l'est de Moscou, au bord d'un affluent de la Volga, 250 000 personnes habiteront cette ville nouvelle et produiront en 1980, lorsque le complexe fonctionnera à plein, 150 000 poids lourds et 250 000 moteurs diesel chaque année. Effort désespéré des Soviétiques pour combler leur retard sur les États-Unis : en 1971, l'U.R.S.S. possédait 4,6 millions de poids lourds, contre 60,2 millions aux États-Unis. Coût de l'opération Kama : 5 milliards de dollars. Pour Moscou, la réussite du projet dépend uniquement de l'aide des États-Unis. Cent contrats portant sur plus de 600 millions de dollars ont déjà été conclus avec 40 compagnies. La Chase Manhattan Bank est prête à fournir 80 millions de dollars pour financer les exportations américaines vers Kama, et I.B.M. est disposé à vendre pour 110 millions de dollars de computers géants 370, destinés aux fonderies du complexe. Mais, en raison de la poursuite de la guerre au Vietnam, certains crédits restent bloqués. Il convient donc de liquider ce « grand écart » entre les positions idéologiques et les faits. Il est trop difficile, pour les dirigeants américains et soviétiques, de faire admettre la coopération nouvelle qui s'instaure quand, sur l'autre versant du monde, s'éternise un conflit où chacun reste le « tuteur » de l'un des deux protagonistes.

Kissinger est chargé, face aux négociateurs vietnamiens, d'assouplir la position américaine. Il s'agit d'obtenir pour Saïgon, après le cessez-le-feu, un « intervalle décent »... avant la chute définitive. Il faut surtout que personne ne puisse soupçonner, devant la lenteur de l'agonie, que la victime est morte faute de soins. Après la signature des accords de Paris en 1973, dont le texte recèle un maximum d'ambiguïtés, le Sud Viêt-nam sera abandonné au sort auquel il était ainsi implicitement condamné.

Les Américains laissent en partant des monceaux de matériel neuf, un peu comme on empilerait autour d'un réprouvé des boîtes de conserves pour subsister, sans lui laisser le moindre ouvre-boîte. Quatorze mois suffisent aux marathoniens de Hanoi pour pénétrer dans la capitale du Sud Viêt-nam, la rebaptiser Hô Chi Minh-Ville et rééduquer la population.

Sur l'autre versant du monde, l'immense complexe de Kama peut enfin être construit et inauguré. Symbole de la détente, il démontre que préjugés et hostilités, si tenaces soient-ils, ne résistent pas à l'action de visionnaires entreprenants.

Treize ans plus tard, Kama offre le spectacle consternant de bâtiments gris et sales perdus au milieu d'un océan de boue. Des routes d'accès mal entretenues et transformées le plus souvent en fondrières. Un approvisionnement irrégulier en pièces de rechange et matières premières. La désillusion chez les managers, et une usine qui tourne à moins de 30 % de ses capacités. Les machines détériorées ne sont pas remplacées. Kama, à l'image de la détente économique, est un rêve brisé, délabré.

Politique et économie n'y ont pas trouvé leur compte, car il s'agissait d'édifier sur des ambiguïtés des cathédrales à l'image de celles d'hier, déjà dépassées. Mais avec pour seule finalité la réalisation de gains faciles. L'illusion fut encore une fois, selon la formule de Freud, « fille de la peur ». Si trop de gens ont voulu y croire, c'est qu'ils appréhendaient les rigueurs de l'avenir et le formidable enjeu consistant à faire coexister les hommes, avec leurs désarrois et leurs ambitions, dans un tout autre projet : il ne s'agissait pas de se gagner des complicités contre-nature, mais de maîtriser, voire d'inverser les fatalités en domestiquant la science, la technique, les lois de la rentabilité.Voilà le principal reproche qui pourrait être adressé à la thèse de Samuel Pisar.

L'échec de Kama illustre également l'immuabilité d'une certaine logique : les camions fabriqués, que les stratèges américains redoutaient tant de retrouver sur le champ de bataille vietnamien, partent désormais pour l'Afghanistan.

IV

L'ÉNIGME RÉSOLUE

Il était un peu plus de 10 heures du matin, ce dimanche 3 août 1938, lorsque Alan Turing reçut l'appel de Stewart Menzies lui fixant rendez-vous pour le début de l'après-midi à son bureau. Il ne manifesta aucune surprise devant cette démarche pour le moins insolite : une convocation en plein week-end par le chef des services secrets britanniques. Turing ne songeait qu'à la conversation téléphonique de plus d'une heure qu'il venait d'avoir avec sa mère – l'événement, à ses yeux, le plus important de la journée. Ils avaient longuement discuté, comme ils le faisaient quotidiennement, du dernier épisode de *Joujou Ville*, cette pièce enfantine diffusée chaque soir sur les ondes de la B.B.C. et qui, à travers les mésaventures de Larry-l'Agneau, passionnait Turing.

Quatre heures plus tard, vêtu d'un vieux pantalon de flanelle et d'un gilet, un réveil attaché avec une ficelle autour de la taille, Turing franchissait l'entrée du M.I.6, le quartier général du contre-espionnage installé dans une petite rue tranquille proche de l'abbaye de Westminster. Il fut introduit dans un bureau confortablement meublé où trônait un portrait de feu le roi Edouard VII, vêtu de tweed et d'un chapeau de chasse, un fusil dans une main, une paire de coqs de bruyère dans l'autre.

Le général Stewart Menzies, « un homme pâle – teint blême, yeux livides, cheveux blonds argentés », selon la description de l'historien britannique Anthony Cave Brown, auteur des études les plus remarquables sur ces événements – accueillit ce visiteur à l'allure incongrue avec une courtoise impassibilité. Les rapports commandés quelques jours auparavant et déposés sur son bureau fournissaient une description assez complète de son hôte : « Alan Turing, trente-quatre ans, est un pur génie de la logique mathématique; ses travaux sur les nombres calculables, publiés en 1936, puis ses recherches pour concevoir un ordinateur universel, lui assurent d'ores et déjà une place dans l'histoire de la science moderne. Fantasque, totalement étranger aux choses de ce monde, il ressemble à un enfant rêveur et non conformiste ».

Il aurait été impossible d'imaginer personnages plus dissemblables que Menzies et Turing. Le premier, froid, calculateur, déterminé, possédait cette sûreté de manières et de pensée caractéristique de la classe dirigeante britannique. Le second était une espèce de Shelley scientifique, dominant avec une aisance souveraine l'univers mathématique. Élève favori d'Albert Einstein à l'université de Princeton, il avait ensuite refusé le poste prestigieux d'assistant personnel du professeur John Von Neumann, l'homme qui allait donner naissance au premier ordinateur américain. Turing préféra rentrer en Angleterre pour continuer à travailler sur son projet de « machine universelle » qui, pourvue d'instructions adéquates, serait capable d'épouser le comportement et d'exécuter toute séquence accomplie par n'importe quelle autre machine. Ses travaux suscitaient le plus souvent scepticisme et sarcasmes, mais plus les objections devenaient précises, plus Turing les réfutait avec vigueur dans des articles publiés dans le *Times* et dont la qualité d'analyse forçait l'admiration. Il se livrait également à une autre activité qui allait s'avérer déterminante pour l'issue de la guerre : le décryptage.

Car le spectre de la guerre se profilait et son caractère inéluctable rendait encore plus choquantes les interventions triomphantes de Chamberlain et Daladier. Stewart Menzies enrageait. Les rapports de ses agents en Allemagne ne laissaient aucun doute sur les intentions des dirigeants du Reich. Or, face à la puissance militaire nazie, la Grande-Bretagne devait abandonner toute idée de lutter sur un pied d'égalité. La seule chance de survie du pays consistait, selon le chef de l'espionnage britannique, à faire fonctionner son intelligence pour damer le pion à l'ennemi aussi longtemps que l'équilibre des forces ne serait pas rétabli. Objectif prioritaire : devancer les mouvements de l'adversaire grâce à un espionnage militaire de première qualité, reposant sur une science affinée du codage et du décodage.

Un pari sur l'ingéniosité qui ne tenait, selon l'un des adjoints de Menzies, qu'à « un fil, un fil diablement mince, le plus mince qu'on ait jamais vu ». Un fil qui aboutissait à Alan Turing, pièce maîtresse du dispositif mis en place par Menzies, lequel pensait ne devoir compter que sur le génie du jeune mathématicien, et non sur sa maturité. Or Turing le fantasque, qui venait de convertir la fortune de sa famille en lingots d'argent, puis les avait enterrés en oubliant ensuite où ils reposaient, allait se révéler un collaborateur d'une efficacité au-delà de toute attente.

La rencontre de ce dimanche après-midi, la première entre les deux hommes, marquait l'aboutissement de quatre années d'une enquête serrée des services de renseignements britanniques pour tenter d'identifier la machine à décoder expérimentée par l'armée allemande et baptisée *Enigma.* Conçue à l'origine pour protéger les informations commerciales et non les secrets militaires, elle avait « disparu » dès l'avènement de Hitler. Peu coûteuse, solide, portative, aisément manipulable, on la proclamait à l'abri des tentatives de décryptage les plus poussées. Enigma, précisait un rapport allemand tombé aux mains des Britanniques, était « capable de produire 22 milliards de combinaisons différentes. Si un homme travaillait continuellement jour et nuit, essayant une clé de code différente à chaque minute, il lui faudrait par conséquent 42 000 années pour épuiser toutes les combinaisons possibles ». Peu importait dès lors qu'elle tombât aux mains d'un ennemi, puisqu'elle s'avérait inutilisable sans ses clés de code. Enigma pouvait fournir un nombre quasi infini d'alphabets chiffrés, simplement en modifiant le système des clés. Présentant toutes les caractéristiques idéales de la machine à écrire secrète, elle avait la confiance totale de Hitler qui l'avait progressivement imposée à tous les échelons des trois armes. On l'employait pour chiffrer les communications du Fürher, du maréchal Keitel, commandant suprême, et de son adjoint, le général Alfred Jodl, chef des opérations. Le maréchal Hermann Goering l'utilisait en tant que commandant en chef de la Luftwaffe, tout comme l'amiral Raeder, commandant de la Kriegsmarine. Leurs états-majors respectifs s'en servaient amplement. Les sous-marins et les navires de surface en étaient également équipés, car, malgré les risques de capture, Enigma était réputée inutilisable sans ses « clés ». Hitler avait autorisé sa vente au Japon, à l'Italie. Plus important encore aux yeux de Menzies, l'amiral Canaris, chef de l'espionnage allemand, y avait également recours pour ses communications prioritaires, notamment entre Berlin et Madrid.

Une semaine plus tôt, le 27 juillet, Menzies avait reçu un message, probablement le plus décisif de l'histoire de l'espionnage durant la Seconde Guerre mondiale. Il émanait du correspondant du M.I.6 à Prague, un nommé Gilson qui, par l'entremise des services secrets polonais, était entré en contact avec un Juif au nom d'emprunt, Richard Lewinski. Ce dernier avait travaillé comme mathématicien et ingénieur à l'usine de Berlin où était fabriquée Enigma. Chassé d'Allemagne par les lois raciales, il proposait aux Britanniques de leur vendre ses connaissances. Son prix : 10 000 livres, un passeport britannique et un permis de séjour en France pour sa femme et lui-même. Lewinski prétendait avoir une connaissance suffisante d'Enigma pour en construire une réplique et dresser les diagrammes du cœur de la machine.

L'information pouvait se révéler capitale, mais Menzies l'accueillit avec réserve. Il lui semblait impensable qu'un homme détenteur de renseignements aussi vitaux ait pu quitter librement son pays. Les premiers interrogatoires de Lewinski apportèrent pourtant d'importantes précisions. Il révéla la complicité de la firme I.T.T. dans la mise au point et le perfectionnement d'Enigma. Sosthene Behn, fondateur et président de la société américaine, avait été, le 4 août 1933, le premier homme d'affaires étranger à être reçu à Berchtesgaden par le nouveau Chancelier. Sur le conseil de William Keppler, conseiller économique de Hitler, il avait confié l'administration de ses sociétés allemandes au banquier Kurt Von Shroeder, de la Stein Bank, qui allait devenir quelques années plus tard général S.S. et l'un des plus gros bailleurs de fonds de la Gestapo de Himmler. L'homme qui avait négocié auprès de Behn la coopération des meilleurs cerveaux d'I.T.T. à l'élaboration des codes secrets d'Enigma se nommait Gerardht Westrick. Avocat en renom et membre inflent du parti national-socialiste, il effectuait de fréquents séjours à New York, descendait au Waldorf Astoria et rencontrait Behn au siège d'I.T.T., dans son bureau Louis XIV orné d'un portrait de Pie XI à côté duquel était inscrite la devise de la firme : « Au service des hommes et des nations. » Au début de 1938, à la suite d'une entrevue avec Hitler, Behn accepta que les Juifs soient éliminés des postes clés de sa société. Cette mesure, qui décida de l'éviction de Lewinski, aboutit à la formidable opportunité ainsi offerte aux Britanniques.

Restait un dernier obstacle de taille : trouver le cerveau capable de répondre à cet extraordinaire défi chiffré, de pénétrer les codes réputés inviolables. Le choix de Turing s'imposait à l'évidence.

« Accepteriez-vous de partir pour Varsovie, d'y rencontrer Lewinski et d'obtenir plus de précisions avant de vous mettre au travail? » lui demanda d'une voix suave Stewart Menzies.

La réponse fut aussitôt favorable et, vingt-quatre heures plus tard, Turing montait à Victoria Station à bord du train à destination de la capitale polonaise, flanqué d'un personnage plus âgé, long, maigre, à la chevelure noire indisciplinée. Alfred Knox, fils de l'archevêque anglican de Manchester, passait à juste titre pour le plus brillant spécialiste anglais du décryptage. Il avait donné la pleine mesure de son talent et de sa vigueur intellectuelle en complétant l'œuvre d'un helléniste réputé de ses amis, Walter Headman, par la traduction de sept cents vers de Hérondas, poète grec du IIIe siècle. Travaillant sur le manuscrit d'Headman et les papyrus originaux découverts au Fayoum à la fin du siècle dernier, Knox avait parachevé cette traduction en huit ans, produisant un chef-d'œuvre de décryptage et de littérature.

Dès leur arrivée à Varsovie, les deux hommes rencontrèrent Richard Lewinski, d'abord au musée Curie, puis en poursuivant leur conversation sur les bords de la Vistule, jusqu'à son appartement dans le ghetto : Lewinski, la quarantaine, était brun, mince, voûté. Un observateur le décrivait alors comme « un corbeau plumant un abaque ». Sa connaissance d'Enigma était réelle, approfondie. Turing et Knox voulaient essentiellement connaître la manière dont les Allemands l'avaient perfectionnée, ainsi que les mécanismes utilisés pour établir les codes. Ils envoyèrent à Menzies un télégramme lui conseillant d'accepter les conditions de l'ingénieur allemand et cinq jours plus tard, Lewinski, transféré à Paris, s'installait dans un appartement de la rive gauche où il se mit au travail. La machine qu'il fabriqua se révéla une petite merveille technique. D'environ 60 centimètres de côté à la base et de 46 centimètres de haut, placée dans une caisse en bois, elle était reliée à deux machines à écrire électriques. Pour transformer un langage clair en langage chiffré, il suffisait à l'opérateur de consulter le livre des clés, de choisir la clé pour l'heure du jour, le jour du mois et le mois du trimestre, de faire les branchements nécessaires et de taper les messages sur la machine à écrire de gauche. Par des impulsions électriques parvenant au système de câbles de chacun des rotors de la machine, le message était chiffré, puis transmis à la machine à écrire de droite. Quand le texte chiffré atteignait sa destination, un opérateur agençait les clés d'un dispositif identique, suivant les indications du message, en tapait le contenu sur la machine de gauche, et la machine de droite délivrait en clair le message attendu.

Il était clair, pour les experts britanniques, que la seule façon de percer les secrets d'Enigma consistait à concevoir une autre machine capable d'imiter ou d'interpréter les performances de chacun des milliers d'exemplaires de celle-ci pouvant exister dans la Wehrmacht. Cette machine devrait aussi calculer les changements constants des systèmes de clés et réaliser un nombre presque infini d'opérations mathématiques à des vitesses dépassant de loin les capacités humaines. Une telle machine n'existait qu'en théorie, et il s'agissait du projet d'ordinateur universel défendu en solitaire, avec quelle ténacité, depuis nombre d'années, par Turing lui-même. Mais pouvait-elle vraiment être construite? Ne s'agissait-il pas d'un projet dépassant les capacités technologiques de l'époque?

Le défi fut relevé, des crédits débloqués, et son élaboration confiée dans le plus grand secret à douze ingénieurs sous la direction de Turing. Prête juste au moment où Hitler s'apprêtait à attaquer la Pologne, c'était un prodigieux triomphe de la technique. Surnommée « la Bombe », il s'agissait d'un meuble de 2,60 m de haut et d'une largeur égale à sa base. Son secret résidait dans la perfection de ses circuits électriques imitant ceux des rotors d'Enigma. Elle fut installée sous les arbres de Bletchley Park, vaste demeure victorienne à quelques dizaines de kilomètres de Londres, où avaient été regroupés tous les systèmes d'écoute. Les transmissions d'Enigma à travers le monde étaient interceptées par des relais radio et données en pâture à « la Bombe ». Si celle-ci réussissait à retrouver les clés qui avaient servi à chiffrer ces transmissions, les décrypteurs de Bletchley pourraient alors « décoder les messages » et infléchir le cours d'une guerre si défavorablement engagée.

« C'est un jour d'avril 1940, au moment où le froid intense de l'hiver cédait la place aux premiers jours de soleil, que l'oracle de Bletchley parla pour la première fois », raconte le chef d'escadrille Frederic Winterbotham, chef de l'espionnage de l'armée de l'air au M.I.6. « Menzies me tendit quatre petits morceaux de papier, chacun avec un court message de la Luftwaffe. Du strict point de vue de l'espionnage, ils étaient de peu d'intérêt, sauf comme bribes d'un inventaire administratif, mais, pour les hommes travaillant pour Menzies, ils apparurent comme le spectacle magique d'une fin d'arc-en-ciel. » Le miracle avait eu lieu. Il fut baptisé « Ultra », comme jadis le code de l'amiral Nelson à Trafalgar, et allait désormais être utilisé par les Anglais, puis les Américains, dans le traitement du renseignement au niveau le plus élevé. Le contenu de ces premiers « ultras » était relativement peu important, mais leur signification était patente. Si « la Bombe » pouvait traduire les communications de Goering, il lui faudrait sans doute peu de temps avant de pouvoir décoder les communications-radio secrètes des autres commandants allemands et de Hitler lui-même. Les alliés possédaient désormais une source d'information au cœur du haut commandement ennemi.

Le premier réflexe de Menzies fut d'établir un système destiné à assurer la sécurité d'Ultra : il était évident que celui-ci ne pourrait servir aux Anglais que dans la stricte mesure où les Allemands ne se douteraient de rien. La seule garantie consistait à en limiter sévèrement la distribution et l'usage parmi les membres du haut commandement britannique. Menzies proposa en conséquence la création, sous l'égide du M.I.6, d'un nouveau bureau secret pour l'utilisation d'Ultra. Il s'agissait des « unités de liaisons spéciales » – S.L.U. – chargées de recruter des officiers de l'armée de l'air d'une discrétion éprouvée, des opérateurs radio du M.I.6 et des employés du chiffre afin d'utiliser et d'acheminer les interceptions d'Ultra. Les S.L.U. devaient également contrôler au niveau le plus élevé les commandements militaires britannique et américain afin que les renseignements d'Ultra ne soient employés ni à la légère, ni par bravade, d'une manière qui donnerait à penser à l'ennemi que ses messages étaient captés. Ces unités allaient employer plusieurs centaines des « cerveaux » les plus brillants d'Angleterre et d'Amérique.

La mise en place de cette armée de l'ombre, univers qui était « à la fois celui de la feinte, de la logique la plus rigoureuse et d'une perspicacité extrême », selon un de ses membres, dut beaucoup à l'appui total que lui apporta le Premier ministre Winston Churchill. Il y avait alors quelque chose d'extraordinairement troublant à penser que l'homme qui présidait si fermement au destin de la Grande-Bretagne était encore, six mois auparavant, un personnage isolé et déprécié, au point qu'envisager pour lui un avenir politique eût relevé du pari le plus saugrenu. « Cette figure vieillie à l'esprit déclinant est celle d'un personnage politiquement mort », pouvait écrire en 1933 un célèbre éditorialiste dans l'approbation générale. Formule féroce qui découlait d'une observation erronée.

En 1940, Churchill revenait au pouvoir doté d'une formidable pugnacité. Surtout, dans sa retraite forcée, il s'était forgé une philosophie née d'une tragédie et de sacrifices antérieurs. En 1915, premier lord de l'Amirauté, il avait été contraint de démissionner à la suite de l'opération lancée dans les Dardanelles, qui s'était révélée un fiasco, causant la perte de 250 000 hommes, due en grande partie à l'incapacité et à la passivité des officiers supérieurs alliés. Cette génération sacrifiée dans un « absurde carnage » avait obsédé Churchill qui écrivit là-dessus un essai si pénétrant qu'il devint le livre de chevet des nombreux officiers supérieurs du renseignement britannique.

« Les batailles, estimait Churchill, peuvent être gagnées grâce aux massacres ou à la manœuvre. Plus le général est grand, plus il utilise la manœuvre, et moins il exige de massacres. Presque toutes les batailles qui sont considérées comme des chefs-d'œuvre de l'art militaire ont été des batailles de manœuvre dans lesquelles, très souvent, l'ennemi s'est trouvé vaincu par quelque expédient ou moyen inédit, quelque botte ou stratagème rapide et inattendu. Dans ce genre de combat, les pertes des vainqueurs sont minimes. Il faut, pour faire un grand chef, non seulement posséder un grand bon sens, une solide capacité de raisonnement et de l'imagination, mais encore un talent de prestidigitateur, une touche originale et machiavélique qui laisse l'ennemi pantois aussi bien que battu. Une guerre comporte plusieurs sortes de manœuvres : quelques-unes seulement se déroulent sur le champ de bataille, d'autres loin sur les flancs ou à l'arrière. Celles-ci font intervenir le temps, la diplomatie, la mécanique ou la psychologie, hors du champ de bataille, mais leur portée est souvent décisive. Leur objet à toutes est de trouver les voies les moins meurtrières possible pour atteindre l'objectif. »

Churchill décida de superviser personnellement le projet Ultra et entreprit d'insuffler une vigueur nouvelle aux services secrets. Il réussit à convaincre les cerveaux les plus éminents des universités, du barreau, de la presse, de « rallier ce monde étrange du renseignement, univers crépusculaire dans lequel il était souvent difficile de faire la différence entre une véritable menace et une simple plaisanterie ». Mobilisation sans précédent du potentiel intellectuel de l'Angleterre, puisque près de 100 000 hommes et femmes se trouvèrent engagés dans la chasse au renseignement, le contre-espionnage, la sécurité et les « opérations spéciales ».

10 mai 1940 : Belgique, Pays-Bas et France s'effondrent devant la poussée des armées allemandes. Hitler, en prévision de l'invasion de la Grande-Bretagne, lance dès le 1er août une directive intitulée : « Conduite de la guerre aérienne et navale contre l'Angleterre. » Son but : empêcher à tout prix que ce pays ne soit utilisé comme base de départ pour continuer la lutte contre l'Allemagne.

La bataille d'Angleterre s'engage. L'objectif des attaques aériennes massives de la Luftwaffe est l'écrasement de l'aviation britannique. Or, dès le début de la campagne, Ultra communique à Churchill et à son état-major tous les plans, cibles et desseins des nazis. Cette connaissance anticipée permet aux tacticiens de la R.A.F. de rassembler leurs escadrilles de chasse à l'endroit, à l'heure et à l'altitude voulus; de concentrer leurs principales défenses contre les principales attaques, plutôt que de disperser des forces déjà nettement inférieures en nombre et qui, malgré ces renseignements précieux, vont se révéler, au bout de deux mois de combat, proches de l'anéantissement. Le 13 août, surnommé « le jour de l'Aigle », Goering donne à la Luftwaffe l'ordre d'assaut final pour l'anéantissement de la R.A.F. Si l'opération réussit, Hitler se lancera dans l'invasion, sinon il renoncera.

Le renseignement parvint immédiatement à la machine de Turing. Dans la matinée, Churchill quitte les Chequers, résidence d'été des Premiers ministres, pour gagner le P.C. de contrôle de la chasse aérienne dans un faubourg de Londres. Installé dans une petite salle de conférence située au sous-sol, le Premier ministre peut suivre sur une large carte l'ensemble des préparatifs. Tel un croupier, le commandant en chef de l'armée de l'air dispose les débris de ses escadrilles dans le ciel de l'Angleterre méridionale, de carré en carré, comme s'il garnissait une table de roulette. À l'autre extrémité de la carte, le détail des préparatifs allemands : plus de 1 000 bombardiers et 700 avions de chasse prêts à franchir la Manche. À une heure de l'après-midi, le ciel du Sud-Est de l'Angleterre s'embrase quand 25 escadrilles de Spitfire et de Hurricane interceptent les premiers avions ennemis. Cinq heures plus tard, l'offensive est brisée, l'aviation anglaise conserve la maîtrise du ciel.

Deux jours plus tard, le 15 août, la Bombe » décrypte une information de l'état-major allemand transmettant l'autorisation donnée par Hitler pour le démantèlement de toutes les installations au sol nécessaires à l'embarquement de troupes aéroportées. Le message ne laisse subsister aucun doute : Hitler renonce à ses plans d'invasion, au moins pour cette année – nouvelle qui amena, selon le chef d'état-major de l'armée de l'air, un large sourire sur les lèvres de Churchill. Celui-ci, allumant son énorme cigare, proposa alors que « nous allions tous prendre une bouffée d'air frais ».

À plusieurs reprises au cours de l'hiver, Ultra communiqua des renseignements vitaux sur les intentions de l'ennemi, signalant le mouvement des forces allemandes depuis la Manche jusqu'en Pologne et dans les Balkans, la formation de l'Afrika Korps sous le commandement de Rommel. Par Ultra, le M.I.6 fut en mesure de neutraliser les services secrets allemands en Espagne, au Maroc, en Perse et en Irak. Ultra founit aussi des renseignements détaillés sur l'ordre de bataille de la Luftwaffe, un tableau extrêmement précis de l'ensemble de l'armée allemande et des indications sur les préparatifs d'invasion de la Russie.

Aux premiers jours de mai 1941, un convoi anglais de 38 bateaux marchands, transportant des troupes, des canons, des chars vers l'Égypte, et de grandes quantités de marchandises à destination des États-Unis, pénètre dans l'Atlantique au nord des Hébrides. Pour tenter de couper la Grande-Bretagne de ses sources de ravitaillement, les sous-marins allemands frappaient durement les flottes alliées. Les navires marchands, en trois lignes de tête, protégés par une escorte de destroyers et de corvettes de première classe, effectuaient un voyage sans histoire jusqu'au moment où ils furent repérés, le 7 mai, par un des U-Boote les plus dangereux de la Kriegsmarine. Le U 116, commandé par le capitaine Julius Frank Lemp, avait en effet coulé dès les premiers jours de la guerre le paquebot *Athénia*, causant la perte de 122 passagers et hommes d'équipage.

Lemp coula deux navires dès sa première attaque, puis frappa à nouveau tandis que le convoi arrivait à hauteur du Groenland. Mais le sous-marin, repéré puis touché par une corvette, fut contraint de refaire surface, la coque endommagée. La décision, prise alors par le commandant du convoi, de capturer l'U-Boote intact, fut un moment décisif de l'histoire de la guerre de l'Atlantique. Les Anglais y découvrirent en effet, sans qu'on eût préalablement tenté de les détruire, des livres de codes et de chiffres, des liasses de messages envoyés et reçus, des cartes et, par-dessus tout, une Enigma complète avec instructions, manuels, tableaux de changement de clés.

Cette découverte fournissait un atout maître dans la bataille en cours. Elle permit tout d'abord la destruction d'*Etappendienst*, l'organisation secrète d'espionnage et de ravitaillement de la flotte allemande. La totalité des matériaux secrets saisis à bord du sous-marin, recoupés par les renseignements obtenus d'Ultra, fournirent à l'Amirauté la clé du système de mouvement de la grande majorité des bateaux ravitailleurs allemands. Entre le 4 et le 23 mai, quinze navires furent arraisonnés, coulés ou contraints de se saborder. Ultra révéla aussi qu'une vaste opération était prévue pour le printemps 1941 avec notamment le cuirassé *Bismarck*, le plus puissant de tous les navires engagés dans la Deuxième Guerre mondiale. Son objectif : stopper les mouvements de la flotte marchande entre l'Angleterre et l'Amérique et imposer un blocus forçant l'Angleterre à demander la paix.

A l'aube du 20 mai, les Anglais détectèrent la présence du cuirassé géant dans l'Atlantique. Accompagné du croiseur *Prinz Eugen*, il passait de la Baltique dans les eaux norvégiennes. Les meilleures unités de la marine britannique furent placées dans le détroit du Danemark et le 24 mai à l'aube, les deux navires allemands étaient interceptés. Au bout de trente minutes de combat, le croiseur de bataille *Hood*, fleuron de la marine britannique, explosait sous les tirs du *Bismarck*, entraînant la mort de ses 1 500 hommes d'équipage, tandis que le *Prince of Wales*, un des cuirassés les plus modernes de la Home Fleet, le pont détruit, une avarie sous la ligne de flottaison, dut interrompre le combat. Cette cuisante défaite britannique rendait d'autant plus impérative la destruction du *Bismarck*.

L'ordre donné à tous les navires de l'intercepter et de le couler marqua le début d'une extraordinaire traque où l'intelligence et l'intuition allaient jouer un rôle au moins aussi grand que les renseignements objectifs. Le *Bismarck*, touché, pouvait être suivi grâce à la trace de mazout qu'il laissait derrière lui. Le soir du 24 mai, frappé à nouveau par une torpille lancée d'un avion, il dut réduire encore sa vitesse. Mais au matin du 25, les croiseurs *Norfolk* et *Suffolk* le perdaient de vue. Trente heures d'un silence absolu, rompu le 26 mai à 9 heures lorsque Ultra intercepta un long message du commandant du *Bismarck* qui, persuadé d'avoir semé ses poursuivants, transmettait un rapport détaillé à Berlin. Une erreur fut cependant commise dans l'interception du message et la position relevée se révéla erronée. Le *Bismarck* naviguait en réalité à 200 miles plus au sud. La véritable mise à mort du navire allait être l'œuvre d'un homme seul, à l'agonie lui aussi, Alfred Knox. L'*alter ego* de Turing était terriblement éprouvé par l'intense effort intellectuel qu'exigeait Ultra, devenu dès cette époque une véritable industrie employant près de 6 000 personnes et décodant quotidiennement plus de 3 000 messages. Knox, affaibli par un cancer, continuait de travailler malgré la douleur, confiné dans sa chambre. Calé dans son lit par plusieurs oreillers, « si émacié que ses vêtements flottaient lamentablement sur son corps amaigri », selon les propos de son fils rapportés par Anthony Cave Brown, il ne cessait de noircir des feuillets de papier, s'attaquant au code spécial employé par le *Bismarck* dans ses communications avec l'Amirauté. Il parvint à décoder les ordres de la Luftwaffe et des services diplomatiques indiquant ses mouvements au cuirassé, et à calculer sa position exacte dans la nuit du 26 au 27 mai : à hauteur de l'Irlande du Nord, en route vers Brest. A partir de cet instant, le *Bismarck* était perdu. Les cuirassés anglais et les avions de chasse ayant conjugué leur attaque, le 27 mai à 10 h 40, il ne restait plus qu'une épave noircie qui ne tarda pas à sombrer, entraînant dans la mort près de 2 000 hommes.

Knox mourut le 27 février 1943, travaillant presque jusqu'à la dernière minute sur les codes des U-Boote qui détruisaient alors jusqu'à trois navires alliés par jour et en avaient envoyé par le fond, en 1942, pour plus de 8 millions de tonnes. Sa disparition fut, selon l'expression de Churchill, « un véritable deuil national ».

Elle faisait surtout retomber sur les épaules d'Alan Turing une responsabilité supplémentaire, alors que l'ampleur des tâches mettait déjà à rude épreuve la faible résistance nerveuse du jeune mathématicien. La « Bombe » qu'il avait créée se révélait une machine stupéfiante, déjà reproduite à plusieurs exemplaires, tous installés dans l'enceinte de Bletchley. Non contentes de parvenir à percer les codes, ces machines avaient ceci de remarquable que les informations leur étaient fournies sur des bandes de papier perforé passant devant une cellule photo-électrique capable de balayer 2 000 caractères à la seconde. Un taux aussi élevé d'absorption de données était absolument fantastique pour l'époque. La bande pénétrait si rapidement dans le lecteur qu'elle formait des boucles tenant en l'air comme des sculptures. A un rythme d'entrée aussi rapide devait correspondre un rythme de calcul équivalent et Turing, dès 1943, modifia le fonctionnement de sa machine.

Toute la partie calcul était effectuée par plus de 2 000 valves, et le nombre de caractères défilant à la seconde était passé à 5 000 pour pouvoir satisfaire leur insatiable appétit d'informations.

Nombreux sont ceux qui pensent que la machine inventée par Turing permit aux Alliés de gagner la guerre. Les Allemands, persuadés qu'Enigma pouvait inventer des codes inviolables, l'utilisèrent avec une confiance inébranlée pendant toute la durée du conflit, certains que leurs messages radio-téléphonés ne pouvaient être percés à jour. Il est vrai que la puissance de l'ordinateur travaillant secrètement à Bletchley était alors quelque chose d'inimaginable. Les modèles construits dans la foulée permirent notamment la contre-offensive soviétique autour de Stalingrad, l'anéantissement de l'Afrika Korps de Rommel. Il s'agissait indiscutablement des premiers ordinateurs électroniques du monde, même si leur but restait tout à fait limité et spécifique : ils ne servaient qu'au décodage et ne pouvaient être modifiés qu'au prix d'extrêmes difficultés.

Mais Alan Turing, qui contribua si génialement à la défaite de

Hitler, menait également un combat de plus en plus difficile contre lui-même. Il y avait un étrange paradoxe à constater que l'instrument technologique le plus complexe et le plus perfectionné pour l'époque était l'œuvre d'un cerveau exceptionnellement brillant mais dont l'extrême fragilité était manifeste aux yeux de tous. Alan Turing marmonnait d'un air absent pendant des heures dans sa chambre. Il avait laissé pousser ses cheveux et ne les lavait ni ne les coiffait plus jamais. Affublé de vêtements sales et troués, il devint obsédé par l'idée que quelqu'un, à Bletchley, utilisait sa timbale personnelle! Il la munit alors d'une serrure chiffrée inviolable qu'il avait passé des heures à mettre au point et se mit en devoir de la fixer par une chaîne au mur de son bureau...

Depuis quarante-cinq mois, il menait une tâche éprouvante : déchiffrer les codes perpétuellement changeants des sous-marins ennemis dont les attaques meurtrières conduisaient l'Amirauté britannique à penser « que jamais les Allemands n'avaient été aussi près de couper les communications entre le Nouveau monde et l'Ancien ». C'est une véritable meute de requins, 98 U-Boote pénétrant dans l'Atlantique le 4 avril 1943, que Turing fut en mesure de localiser par l'intermédiaire d'Ultra : plus que l'Amiral Doenitz n'en avait jamais envoyé. Les conséquences de ces repérages précis, qui avaient nécessité des centaines d'heures de calculs fébriles, furent immédiates et dévastatrices. Pendant les vingt et un premiers jours de mai, Doenitz perdit 45 U-Boote et les pertes alliées en bateaux marchands s'abaissèrent à 200 000 tonnes. Doenitz ordonna alors à ses sous-marins de quitter l'Atlantique Nord jusqu'à ce qu'il ait pu déterminer les moyens utilisés par les Alliés pour les détecter. Mais, en juin, 17 sous-marins furent à nouveau coulés sur d'autres théâtres d'opérations, tandis que les Alliés ne perdaient que 22 000 tonnes. Les répercussions de ce nouvel avantage furent considérables : le moral des équipages de sous-marins ennemis s'effondra et il devint clair, au fil des mois, que cette victoire alliée dans l'Atlantique était plus qu'un renversement temporaire du sort des armes.

Turing venait à peine d'achever cet exploit qu'il fut découvert errant sur une route de campagne à quelques kilomètres de Bletchley, le visage recouvert d'un masque à gaz : « J'ai le rhume des foins et il filtre le pollen », dit-il en guise d'explication. Sa raison avait définitivement sombré, mais il devait survivre encore dix années d'une existence incohérente entrecoupée de fulgurances géniales, jusqu'à ce week-end d'avril 1954 où il fut retrouvé mort sur une île déserte, empoisonné après avoir mangé une pomme qu'il avait enduite de cyanure.

V

L'ORDINATEUR ET LES SOMNAMBULES

John Vincent Atanasoff dut interrompre ses travaux au début de 1942, faute de crédits, dans l'indifférence générale. Cet obscur professeur de mathématiques dans un collège inconnu de l'Iowa ferma le petit laboratoire rudimentaire qu'il avait aménagé trois ans auparavant et se sépara de son unique collaborateur, un de ses étudiants nommé Clifford Berry. Puis, avec résignation mais sans amertume, il replongea dans un anonymat dont il ne devait plus jamais resurgir.

Quatre années plus tard, en 1946, le monde émerveillé découvrait le fruit de ses travaux. Il se nommait E.N.I.A.C. (Electronic Numerical Integrator and Computer), pesait plus de 30 tonnes et constituait le premier ordinateur jamais construit. Il ouvrait véritablement les portes de l'ère électronique. La performance technique fut unanimement louée et le nom d'Atanasoff totalement oublié. Dernière malédiction du petit professeur au sourire confiant, celui-ci avait négligé de prendre le moindre brevet sur ses travaux et ses inventions.

Car, par-delà les légendes imposées et une histoire patiemment réécrite, il est presque certain que la révolution scientifique du troisième millénaire commença modestement un soir de décembre 1939, lorsque Atanasoff décida de construire une machine à calculer automatique capable de résoudre les équations complexes utilisées en physique. Atanasoff utilisa des tubes sous vide – plus de 300 installés sur sa machine – pour ces opérations digitales, puis, comme il manquait d'argent pour acheter d'autres tubes, il modifia ceux qui étaient déjà en service et installa sur l'appareil une « mémoire régénératrice ». Les nombres à l'intérieur de la machine fonctionnaient selon un schéma binaire de 0 et 1, les cellules de la mémoire possédant seulement deux données.

Entre-temps, à la prestigieuse Moore Shool of Engineering, installée en Pennsylvanie, des chercheurs américains associés à l'effort de guerre travaillaient sur un ordinateur électronique universel. Il s'agissait d'un projet militaire ultra-secret destiné à construire une machine extrêmement rapide, capable de prendre en charge les milliers de calculs nécessaires à l'établissement des tables de balistique des armes et missiles modernes.

En raison des impératifs de secret, les Américains ignoraient tout de la machine construite par Alan Turing pour déchiffrer Enigma, tout comme le gouvernement britannique dut attendre la fin des hostilités pour découvrir avec surprise la similitude des travaux entrepris de ce côté-ci de l'Atlantique. Moment étrange de l'histoire scientifique que cette convergence ignorée, confirmant le jugement porté par Arthur Koestler lorsqu'il écrivait : « On imagine généralement le progrès de la science comme une sorte de pur déplacement rationnel le long d'une droite ascendante; en fait, c'est une suite de zigzags presque plus surprenante, quelquefois, que l'évolution de la pensée politique, et certaines des plus importantes découvertes se sont faites d'une manière qui rappelle beaucoup moins les performances d'un cerveau électronique que celles d'un somnambule. »

En fait, il était clair, même s'il fallait l'avouer sans plaisir, que la guerre était à l'origine de cet élan technologique. Les problèmes militaires correspondaient en effet de façon idéale au travail effectué par l'ordinateur. Au cours d'une bataille, tous ceux qui se trouvent en position de commandement doivent faire face à un formidable afflux d'informations, arrivant bien souvent par rafales et encombrées de messages codés exigeant du cerveau humain des efforts trop importants. L'historien britannique Christopher Evans, un des experts mondiaux en matière de micro-processeurs, mit en lumière ce point particulier lorsqu'il évoqua, à un stade pourtant primitif de l'histoire du calcul, la visite rendue par le duc de Wellington et son épouse à Babbage. Marié à la fille de Lord Byron, Ada De Lovelace, qui était de surcroît une remarquable mathématicienne, Charles Babbage, né en 1791, consacra son énergie et sa fortune, toutes deux immenses, à la création d'une machine analytique. Ancêtre de tous les ordinateurs, elle s'inspirait curieusement du métier à tisser du Français Joseph Jacquard. Devant cette invention qui, selon Ada De Lovelace, « tissait des motifs algébriques de même que le métier de Jacquard tissait des feuilles et des fleurs », Wellington, impressionné, demanda si le principal problème consistait à mettre en place les composants individuels. Babbage lui répondit que le premier impératif était plutôt de maîtriser l'étonnante complexité du système, l'inventeur devant avoir constamment à l'esprit l'infinie variété de conséquences pouvant naître de l'interaction des différentes parties. Le duc de Wellington lui dit qu'il comprenait très bien de quoi il parlait, ayant rencontré des problèmes similaires lorsqu'il tentait de contrôler de vastes troupes de soldats tout à fait disparates et d'en faire un tout cohérent.

Ce fut une divine surprise pour les autorités fédérales américaines lorsqu'elles reçurent, en août 1942, l'avant-projet de deux chercheurs de la Moore School. Apparemment, le physicien John Mauchly, assisté d'un ingénieur électricien, Prosper Eckert, avait réussi à maîtriser « l'extraordinaire complexité du défi », puisqu'il décrivait toutes les caractéristiques de la machine qu'il se proposait de construire. En fait, Mauchly et Eckert ne faisaient que reproduire les recherches d'Atanasoff, en se gardant bien de le nommer.

L'ère de l'ordinateur s'ouvrait ainsi sur une imposture. Atanasoff ne possédait ni argent, ni relations; Mauchly et Eckert détenaient les deux. Ils obtinrent de l'armée un financement de plus de 400 000 dollars et durent faire face à d'énormes problèmes, ni l'un ni l'autre n'ayant l'expérience des machines, encore moins d'ordinateurs aussi complexes. Atanasoff, avec ses faibles moyens, avait mis au point un appareil dont la vitesse de calcul était stupéfiante. Tout l'effort de Mauchly et Eckert consista à maîtriser l'extraordinaire vitesse des valves ou tubes électroniques placés sur l'engin. Leur nombre, plus de 19 000, était impressionnant et l'électricité qui leur était nécessaire équivalait à celle produite par une petite centrale. La chaleur qu'elles dégageaient posait d'insurmontables problèmes de refroidissement.

L'E.N.I.A.C. fut officiellement mis en service en février 1946 après avoir été programmé pendant trente mois, vingt-quatre heures sur vingt-quatre. Sa consommation d'énergie était telle que le courant électrique baissait, lorsqu'il était en activité, dans la ville voisine de Philadelphie. Pesant plus de 30 tonnes, il utilisait le système décimal plutôt que binaire et possédait pratiquement toutes les caractéristiques des super-ordinateurs existant à l'heure actuelle. Il fonctionnait à grande vitesse, puisqu'en trente secondes, il pouvait calculer une trajectoire dont la complexité aurait requis plus de vingt heures de calcul à un cerveau humain. Mais ses limites apparaissaient nettement. Il possédait en particulier une mémoire ridiculement petite pour un tel géant. Plus grave, il était en principe programmable, mais ne pouvait passer d'une tâche à une autre qu'au prix d'efforts immenses. Il fallait pratiquement recâbler toute une partie de la machine pour changer de programme. Tous ceux qui travaillèrent sur le projet E.N.I.A.C. gardent un souvenir enthousiaste de cette époque : « Chaque problème posé ouvrait, selon J. Vallée, le champ à des nouvelles recherches, incitait à approfondir des secteurs technologiques jusqu'ici ignorés ou négligés. Ainsi les recherches de John von Neumann, qui devaient aboutir aux travaux sur le langage artificiel. Réalisant que les instructions données à l'ordinateur constituaient un véritable langage avec sa propre syntaxe, les chercheurs commencèrent à réfléchir sur la création de nouveaux langages, plus proches des formes humaines de communication, de manière à simplifier le dialogue avec les machines. »

Le point de départ de cette démarche, fondamentale pour l'essor des ordinateurs, fut la rencontre tout à fait fortuite, sur le quai de la petite gare d'Aberdeen, dans le Maryland, entre Herman Goldstine, un des membres du groupe travaillant sur l'E.N.I.A.C., et le mathématicien de renommé mondiale qu'était alors John von Neumann. Les deux hommes exerçaient de hautes responsabilités et pensèrent tuer le temps en évoquant certains aspects de leurs projets respectifs. Von Neumann travaillait avec Edward Teller à l'élaboration de la bombe atomique et il se sentait freiné, handicapé par les retards que provoquait la vérification de ses calculs. Il fut vivement intéressé lorsque Goldstine lui parla des très grandes vitesses de calcul qu'il espérait obtenir avec E.N.I.A.C., et, dès cet instant, il ne cessa de se tenir informé du projet. Il espérait bien sûr que les ordinateurs lui permettraient de venir plus vite à bout des expérimentations sur la bombe à hydrogène, mais il y avait bien davantage. Cerveau exceptionnel, von Neumann était fasciné par les possibilités, à ses yeux illimitées, offertes par les ordinateurs. En 1944, il devint le principal conseiller auprès de la Moore School et apporta avec lui la notion fondamentale de programme mémorisé. L'analyse de base était extrêmement simple : la puissance d'un ordinateur ne se mesurait pas seulement à sa capacité et à sa vitesse, mais aussi en termes de fonctions différentes auxquelles il pouvait employer cette capacité et cette vitesse. E.N.I.A.C., bien que capable, en principe, d'exécuter diverses tâches, ne pouvait en réalité que passer avec de grandes difficultés d'un programme à un autre. Parmi toutes les solutions envisagées, von Neumann trancha avec une intuition géniale : les programmes devaient être mémorisés au sein même de l'ordinateur.

Cette idée entraînait deux conséquences capitales : en premier lieu, tirer profit de l'énorme vitesse de traitement de l'ordinateur pour le laisser changer de programme au moment voulu; il pourrait ainsi passer d'un programme à un autre en une fraction de seconde, au lieu de se reposer sur les humains, avec toute leur lenteur. Deuxièmement – et il s'agissait là du point le plus important –, les programmes placés au cœur même du système pouvaient se recouper ou agir les uns sur les autres. Des programmes, en entraînant d'autres, se déroulaient dans le sens normal ou à rebours. D'autres programmes pouvaient même, en principe, être modifiés, puis réécrits en fonction des besoins du moment, puis intégrés avec d'autres encore au sein d'une séquence. Bref, à partir de cette méthode, les ordinateurs, selon la formule de Christopher Evans, « n'étaient plus des pur-sang portant des œillères et suivant sans cesse le même chemin; ils deviendraient des systèmes de traitement de l'information, souples et dynamiques, capables d'exécuter des multitudes de tâches différentes. Grâce à cette seule idée, la puissance de l'ordinateur, jusque-là finie, devenait potentiellement infinie ».

Mais le retour à la paix s'accompagna d'un tarissement des crédits de recherche et sonna très vite le glas de toutes les illusions sur la possibilité de poursuivre un travail d'expérimentation. Pleinement réhabilitées, les règles du profit et l'impératif commercial s'imposaient comme les plus sévères censeurs. Et le verdict tomba, impitoyable. A cette époque, scientifiques et hommes d'affaires en étaient arrivés à ce bilan précis : selon eux, 7 ordinateurs de la taille et de la puissance d'E.N.I.A.C. suffiraient à couvrir tous les besoins existant à travers le monde. Devant un marché aussi dérisoire, l'équipe de Moore School, jusqu'ici parfaitement soudée, vola en éclats, révélant les vrais visages de chacun des protagonistes, leur nature et leurs ambitions. John von Neumann, accompagné d'Herman Goldstine, rejoignit le centre d'études avancées de l'université de Princeton et continua ses recherches; John Mauchly et Eckert, désireux de commercialiser à tout prix cette invention qui marquait le triomphe de leur opportunisme, se lancèrent dans une quête effrénée de crédits. Sans succès. Personne ne croyait alors à un avenir immédiat pour l'ordinateur, et peu d'industriels se montraient disposés à parier sur le talent réel des deux hommes. Dépités, Mauchly et Eckert décidèrent alors de créer leur propre entreprise, baptisée l'Electronic Control Corporation. Ils ne réussirent à vendre qu'un seul ordinateur, à la firme d'aviation Northrop.

Il existait indéniablement tout un courant d'intérêt et de curiosité en faveur de ces nouvelles inventions. L'énergie atomique et les « nouveaux cerveaux artificiels » alimentaient les colonnes aussi bien des journaux populaires que des magazines scientifiques. Ce mouvement, les « créateurs » d'E.N.I.A.C. pensèrent en tirer parti en rebaptisant leur société à leur nom. Mais, au début de l'été 47, la Eckert Mauchly Computer Company se trouvait dans une situation financière désespérée, lorsqu'elle fut rachetée à 95 % par James Rand, président du groupe Remington Rand, spécialisé dans la vente de rasoirs électriques et autres produits électro-ménagers. Eckert fut placé à la vice-présidence de cette nouvelle filiale et, par cette opération, James Rand engageait les hostilités avec son rival plus puissant et mieux organisé, envers lequel il ne pouvait se départir d'un sentiment d'admiration envieuse : I.B.M.

International Business Machines émergeait de la Seconde Guerre mondiale plus puissante qu'elle ne l'avait jamais été. De 1939 à 1945, son chiffre d'affaires avait quadruplé, passant de 34,8 millions à 141,7 millions de dollars. Durant cette période, le nombres de ses usines avait triplé, ses effectifs augmenté de plus de 50 %. La firme de Thomas Watson détenait les produits, les brevets, les chercheurs, les marchés, les idées, les fonds, et pouvait, si elle le désirait, prendre un avantage décisif sur ses concurrentes dans pratiquement n'importe quel champ d'activité, y compris celui des ordinateurs.

Thomas Watson, fondateur et président de la firme, était un homme habile, entreprenant, mais doué surtout d'une formidable capacité d'anticipation qui lui avait permis jusque-là de pressentir le monde dans lequel il aurait à se mouvoir, les besoins à satisfaire, les produits correspondant à l'attente de chacun.

A l'ouverture des hostilités, I.B.M. était déjà une société fort solide qui gagnait beaucoup d'argent en vendant des calculatrices. Watson, décrit dans le *New York Times* comme un « géant de l'industrie mondiale », pouvait développer avec un rare talent de persuasion une vision de l'avenir suffisamment séduisante pour que le magazine *Fortune* pût alors écrire : « Ecoutez son discours sur le rôle et le destin d'I.B.M. et vous serez prêt à entrer dans la compagnie pour le restant de votre vie. Ecoutez ses homélies sur l'avenir, et un monde qui vous paraissait jusqu'ici complexe et terrifiant devient brusquement transparent et simple. Enfin, écoutez-le expliquer la nécessité qu'il y a à donner toute priorité à la religion, et vous conserverez à jamais les mains jointes. »

Watson, ancien représentant de commerce qui, quarante ans plus tôt, réalisait des commissions records de 1 225 dollars par semaine là où ses collègues ne parvenaient même pas à atteindre les 200 dollars, conservait la même capacité de communiquer, convaincre, imposer. Il pouvait, à la tête d'I.B.M., accepter ou repousser une idée d'un seul mot. Il donna une nouvelle preuve de son intuition en acceptant d'accorder un financement d'un million de dollars au projet d'un jeune assistant en mathématiques de l'université Harvard, Howard Aiken, qui lui proposait la construction d'un ordinateur. Watson ignorait tout du projet E.N.I.A.C., mais il réussit à imposer aux responsables de la Marine l'idée que ce futur computer serait l'instrument idéal pour résoudre leurs problèmes. La différence essentielle avec la machine élaborée par Atanasoff consistait dans l'utilisation de relais électro-magnétiques en lieu et place des tubes sous vide dont Aiken estimait que, tout en garantissant une grande rapidité, ils manquaient d'exactitude. La majeure partie des travaux préliminaires fut exécutée à Harvard, mais l'assemblage du système eut lieu à Endicott, au quartier général d'I.B.M., où il fonctionna brièvement en janvier 1943. Il fut ensuite démonté afin de recevoir certaines modifications, puis remonté dans les laboratoires de physique de Harvard où eut lieu sa véritable inauguration.

Watson se rendit à la célèbre université pour cette cérémonie dont il attendait à la fois des louanges personnelles et un impact publicitaire pour sa firme. Mais Aiken, durant la conférence de presse, s'en attribua tout le mérite, provoquant un éclat de Watson : « Je suis dégoûté, lança l'autocrate au comble de la colère, debout devant une assistance médusée. J'ai pour vous et vos collègues, Aiken, le même mépris que celui que vous avez témoigné à ma compagnie. Mais vous n'aurez plus un cent de crédit, et chacun ici doit savoir que cette machine est un produit I.B.M., non une création de Harvard! »

Pour tous ceux qui découvrirent, stupéfaits, le Harvard Mark I – c'est ainsi qu'il fut baptisé –, l'influence d'I.B.M. se révélait de façon évidente. L'ordinateur, véritable monstre de 17 m de long et de 2,50 m de haut, ne contenait pas moins d'un million de pièces différentes. Watson avait insisté pour qu'il fût « décoré de verre et d'acier », afin de correspondre à l'image de marque d'I.B.M. L'effet était saisissant. Pour ajouter encore à cette impression de perfection glacée, la machine fut entretenue et exploitée par des ingénieurs qui avaient également servi dans la Marine. On attendait d'eux qu'ils se comportassent en soldats, et ils se saluaient lorsqu'ils venaient à se rencontrer. Comme le raconta un savant de Harvard, « ils ne semblaient travailler qu'au garde-à-vous ».

Le Mark I bénéficia d'une publicité énorme lorsque la guerre s'acheva et que tombèrent les consignes de sécurité. Les magazines étalaient à longueur de pages des photos détaillées de sa façade resplendissante qui s'accordait parfaitement avec l'idée que le public se faisait du monde de l'après-guerre. En dépit de toutes ses ambitions, le Mark I était pourtant un appareil extrêmement lent; les ordinateurs de la génération suivante devaient se révéler mille fois plus rapides. Il s'avéra aussi effroyablement bruyant. On pouvait entendre les relais cliqueter lorsque les chiffres se frayaient laborieusement un chemin dans ses entrailles, et comme l'écrivit avec humour un observateur, « on aurait cru entendre tout un club de vieilles dames occupées à tricoter avec des aiguilles d'acier ».

Il eut cependant pour première conséquence capitale de placer le sigle I.B.M. au tout premier rang de la production des ordinateurs. Mais Watson ne paraissait guère pressé de capitaliser cette image de marque ni d'exploiter ces nouvelles découvertes. Il raisonnait trop en vendeur qu'il avait été et, obsédé par l'exiguïté du marché, préférait continuer de faire porter l'effort de la firme sur des activités plus immédiatement rentables, telles que les calculatrices électroniques.

L'absence de réelle rivalité durant de nombreuses années pouvait aussi expliquer cette lenteur d'I.B.M. à s'orienter vers le développement de l'informatique. En 1945, Thomas Watson avait fêté ses soixante et onze ans. Dynamique et vigoureux, parfaitement capable de tenir les rênes de son empire, il semblait cependant que son goût de la mobilité et du changement se fût émoussé. Il se plaisait à confier à ses collaborateurs les plus proches : « Il est si dur de bâtir une affaire qu'une bonne partie de votre travail doit consister ensuite à la consolider et à la protéger. » C'est exactement à quoi il s'employait dans cette période de l'immédiat après-guerre. Ce flottement parfaitement perceptible à la tête d'I.B.M. fut judicieusement mis à profit par son challenger, Remington Rand.

En 1951, Eckert et Mauchly, responsables de la filiale informatique, réussirent à vendre une version améliorée, d'E.N.I.A.C., l'U.N.I.V.A.C., au bureau de recensement américain. Un an plus tard, la chaîne T.V. C.B.S. put, au cours de l'élection présidentielle, grâce à l'aide d'un U.N.I.V.A.C., annoncer à l'avance la victoire d'Eisenhower sur Adlaï Stevenson à partir des premiers résultats dépouillés sur la côte Est. Ce succès, qui préfigurait les courses actuelles aux sondages, permit à Remington Rand de prendre plusieurs longueurs d'avance sur son rival. Un autre descendant d'E.N.I.A.C., baptisé M.A.N.I.A.C., fut commandé peu après par la Commission à l'énergie atomique installée à Los Alamos, près de San Francisco, pour travailler sur les équations mono-nucléaires.

Au début de l'année 1954, l'achat par la firme General Electric d'un Univac, uniquement pour ses opérations de gestion, révélait la croissance en taille et en complexité des grandes firmes et le rôle que l'ordinateur pouvait y jouer. Pour la première fois, un avenir strictement commercial s'offrait à une invention qui semblait jusque-là ne faire que les délices des militaires, des scientifiques ou de l'administration fédérale. Nul ne pouvait alors déterminer avec précision le rôle, la place et l'importance qu'ils allaient jouer, mais les universités – signe des temps – commençaient elles aussi à manifester une grande curiosité pour l'informatique.

En 1953, un expert britannique, B.V. Bowden, écrivait : « Il serait intéressant d'observer si ces machines joueront au cours de la prochaine décennie le rôle qui fut celui des cyclotrons et des générateurs à haut voltage au cours des années 30. A cette époque, chaque université d'importance se devait d'avoir un cyclotron sur son campus. Ils étaient mystérieux et chers, mais ils en imposaient. On parle beaucoup de l'utilisation des ordinateurs dans les projets de recherche à venir. Ils ne sont pas aussi coûteux que les cyclotrons et ils ont l'avantage d'être encore plus incompréhensibles. Peut-être joueront-ils très bientôt un rôle essentiel au sein des grandes firmes. »

Lorsque I.B.M. décida de se lancer à son tour dans la fabrication d'ordinateurs, la firme était au bord du K.O. technologique. Si elle avait attendu une année de plus, le leadership de Remington Rand se serait avéré irréversible. Univac serait devenu un terme aussi usuel pour désigner les ordinateurs que le mot Xerox, une génération plus tard, pour qualifier les copieurs. Officiellement, l'entrée en informatique d'I.B.M. coïncida avec l'entrée en guerre des Etats-Unis en Corée. En effet, dès l'annonce du conflit, Watson envoya un télégramme au président Harry S. Truman, lui demandant de quelle manière sa firme pourrait contribuer à la lutte. Peu après, son fils Tom Watson Jr., ainsi que plusieurs dirigeants et responsables scientifiques d'I.B.M., partirent visiter des usines d'armements. Le rapport qu'ils firent au vieux Watson était net : « Les usines et centres de recherches visités ont tous besoin d'ordinateurs. » La réponse de Thomas Watson fut laconique : « Bien. Si c'est nécessaire, construisez-les! »

Cet épisode marquait officieusement l'effacement de Watson Senior et l'abandon, au profit de son fils aîné Tom, de cette souveraineté qu'il avait exercée sans partage sur la firme durant plusieurs décennies. Les impératifs de profit étaient tout aussi présents à l'esprit de Watson Jr. En quarante ans, son père avait conduit une petite entreprise au niveau de cette société dont les bénéfices atteignaient 333 millions de dollars en 1952. En moins de trois ans, Watson Jr. allait doubler ce chiffre. Son père avait fondé le succès de la société sur les machines à calculer. Watson Jr., trente-six ans, estimait que la firme devait à l'avenir occuper une place dominante dans le domaine de l'informatique. Il ne reniait pas le rôle dévolu par son père aux représentants de commerce, qui avaient assuré une bonne partie du succès d'I.B.M. et qui étaient soumis, comme l'ensemble du personnel, à un code de conduite rigoureux : port obligatoire d'un costume foncé, chemise blanche et cravate rayée. Mais il estimait que la force et le poids futurs de la société dépendraient largement de la coopération étroite et constante qui pourrait s'instaurer avec le monde scientifique et universitaire.

Enfin, comme ses rivaux Eckert-Mauchly et James Rand, il était convaincu que le marché des ordinateurs serait en croissance continue et ne toucherait pas seulement les laboratoires, les bureaux, les banques et les centres de recherche, mais aussi bien les usines, le cœur de la production. Tom Watson avait été impressionné par les idées d'hommes comme von Neumann ou Herbert Wiener dont le livre écrit en 1948 sous le titre *Cybernétique, contrôle et communication chez l'animal et dans la machine*, évoquait le rôle essentiel des « cerveaux électroniques ». Watson était fasciné par le concept d'automation, l'idée que des ordinateurs pourraient, à l'intérieur d'une usine, diriger des chaînes entières d'assemblage, de même qu'une raffinerie fonctionnerait uniquement selon les directives de plusieurs cerveaux géants.

La cybernétique, comme le signalait Wiener, son fondateur, ancien enfant prodige, était née de la convergence de plusieurs domaines de recherches : théorie des jeux, théorie des signaux et de la communication, à l'exemple du radar et du pilotage automatique; enfin, recherches expérimentales en psychophysiologie et neurologie. Observateur extrêmement aigu des mutations en cours, Wiener offrait à Watson Jr., qui l'appelait fréquemment en consultation, des analyses d'une qualité souvent exceptionnelle :

« Nous avons, confiait-il, une belle somme d'expériences sur la manière dont les industriels considèrent tout nouveau potentiel industriel. Mais, ajoutait Wiener prémonitoire, il est parfaitement clair que l'automation produira à terme une situation de sous-emploi en comparaison de laquelle la récession que nous traversons – et même la Grande Dépression des années 30 – seront reléguées au rang d'aimables plaisanteries. Ce défi social doit devenir dès maintenant la plus grande des priorités. »

Mais Wiener apportait aussi dans ses analyses une touche volontariste propre à séduire des industriels épris de modernité, comme le nouveau patron d'I.B.M. « Toutes nos analyses font grand cas du *know how*, y compris même depuis que nous avons eu la malchance de découvrir la bombe atomique. Il existe pourtant une notion encore plus importante que le *know how*, c'est le *know what*, par lequel nous pourrons déterminer non seulement comment atteindre nos buts, mais ce que seront ces buts. »

En 1951, le 701 fut commercialisé. Cet ordinateur destiné aux laboratoires et aux usines, et non plus aux bureaux, était la machine la plus complexe produite par I.B.M. à cette époque. Mais elle était loin d'atteindre les performances de l'U.N.I.V.A.C. Le 701 ne possédait que des capacités limitées face à son rival qui pouvait aisément s'adapter à la solution de problèmes d'affaires ou de défis scientifiques. Remington Rand se préparait d'ailleurs à lancer plusieurs nouveaux modèles spécialement conçus pour les exigences du travail de bureau. En s'ouvrant à ce formidable marché du secteur des services, Rand prenait une avance d'au moins deux années sur I.B.M. au niveau du développement des ordinateurs comme de leur production de masse. L'échec du 701 et le retard à combler impliquèrent, pour I.B.M., un gigantesque effort financier que la firme ne pouvait à elle seule assumer. Pour la première fois de son histoire, elle dut lourdement s'endetter. Le vieux Thomas Watson conservait toute confiance en l'habileté de son fils, auquel il avait d'ailleurs officiellement abandonné la présidence au début de 1952; mais cette position de débiteur le troublait profondément et il constatait, face au combat livré par Rand et I.B.M., un scepticisme croissant des milieux financiers de Wall Street quant à l'avenir de sa firme et à sa capacité de s'imposer.

La riposte de Thomas Watson Jr. se développa sur deux fronts et se révéla efficace parce qu'elle fut mise en œuvre avec toute la rigueur d'une campagne militaire. Dans les laboratoires, techniciens et scientifiques furent mobilisés pour achever dans les plus brefs délais le design du 702, version commerciale et améliorée du 701, tandis que d'autres chercheurs travaillaient déjà à perfectionner encore le modèle. Un « management de crise » fut mis en place. Composé des 5 meilleurs vendeurs et gestionnaires de la firme, il eut pour tâche de réfléchir à une stratégie de vente et à une structure de prix. Il lui fallut aussi déterminer la taille du marché, évaluer combien d'acheteurs de calculatrices pouvaient être intéressés par l'achat d'ordinateurs, enfin recenser le nombre de clients susceptibles de conserver assez longtemps leurs ordinateurs pour assurer un bénéfice à I.B.M. Car le pari engagé par Watson était infiniment risqué. Il tablait sur des ventes importantes obtenues pour une large part grâce à de fortes réductions de prix. Dans un premier temps, la firme essuierait des pertes, mais ces acheteurs seraient ainsi détachés de Remington Rand et, par cette brèche, des liens étroits seraient tissés entre I.B.M. et ses clients.

I.B.M. annonça qu'elle était prête, au début de 1954, à prendre des commandes pour le 702 avant même que la machine ne fût sur le marché. Le premier exemplaire, livré au printemps de 1955 à la firme Missanto Chemical, suscita l'intérêt des journaux qui parlèrent de « cerveau géant capable de remplacer des dizaines de machines à calculer et de résoudre les opérations les plus complexes ». Avant même que ces ordinateurs n'aient été distribués, Watson annonça que sa firme pouvait d'ores et déjà prendre des commandes pour deux autres nouveaux modèles plus perfectionnés et encore en chantier. L'un, le 704, avait pour tâche de remplacer le 701 dont les défauts avaient été corrigés. Le second, le 705, représentait une synthèse des plus récents perfectionnements intervenus sur l'U.N.I.V.A.C. et le 702, ainsi que le résultat de quelques découvertes et d'achats de brevets à d'autres firmes.

Il s'agissait de la plus impressionnante opération jamais lancée par International Business Machines qui démontrait là son aptitude à mobiliser un potentiel scientifique et financier sans égal. Fonctionnaires, techniciens, hommes d'affaires manifestèrent un engouement sans précédent pour ce modèle au prix habilement réduit et qui allait s'imposer comme l'archétype de l'ordinateur. En août 1955, le nombre d'U.N.I.V.A.C. en service était encore supérieur à celui des modèles d'I.B.M. Un an plus tart, la tendance s'inversait radicalement. Pour la première fois, la firme de Watson distançait son rival direct. Ce succès arrivait au moment où les lignes de crédit de la firme étaient sérieusement entamées, l'ampleur de ses emprunts écrasante. Mais la stratégie de Watson se révélait juste : réussir à faire de la firme le leader du monde informatique, consolider cette position favorable en développant le secteur de la recherche, grâce à la collaboration de scientifiques prestigieux, séduits par des rémunérations élevées et des conditions de travail valorisantes; enfin, imposer rapidement cette suprématie d'I.B.M., la rendre irréversible avant que des géants industriels de la taille de General Electric (cinq fois le chiffre d'affaires d'I.B.M.) ne se lancent à leur tour, avec des moyens plus considérables, dans ce nouveau secteur.

Les noms des premiers ordinateurs étaient avant tout des sigles : E.N.I.A.C., U.N.I.V.A.C. Les chiffres se substituèrent aux lettres quand furent lancées les premières « familles » de computers : 600, 701, 705. Il y avait quelque chose de symbolique à constater que ce secteur, qui allait de plus en plus disputer la suprématie capitaliste à l'univers automobile, empruntait les méthodes de classement d'Henry Ford lorsque celui-ci baptisait ses nouveaux modèles par des lettres.

Au début de 1955, Watson approuva le projet STRETCH. Il s'agissait de fabriquer un super-ordinateur cent fois plus rapide et plus puissant que ne l'était le 704. Mais des erreurs magistrales furent alors commises. Il n'y avait aucun débouché pour un tel appareil, hormis une vague promesse d'achat de la Commission à l'Énergie atomique. Son prix était exorbitant : plus de 13,5 millions de dollars, et il se révéla difficile à programmer, presque impossible à utiliser, et surtout déjà dépassé avant même d'arriver sur le marché. Cette faute coûta plus de 20 millions de dollars à I.B.M., somme qui aurait ruiné les espoirs et les activités de beaucoup d'autres sociétés moins puissantes. Watson déclara « qu'il avait compris la leçon... à l'avenir, nous travaillerons plus soigneusement sur les produits que nous proposerons ».

Cet énorme faux pas n'eut pas que des inconvénients. Les équipes d'ingénieurs et de scientifiques associés au projet en retinrent des observations qui allaient se révéler utiles pour les séries futures. Mais le computer STRETCH, bardé de tubes sous vide, symbolisait l'impasse où en était arrivée l'informatique. Watson avait voulu progresser trop rapidement à partir de composants déjà périmés. Sans découvertes nouvelles capables de conférer un nouvel élan à ce secteur, l'industrie de l'ordinateur allait immanquablement végéter, décliner, et probablement ne tiendrait-elle aucune des immenses promesses qu'elle avait paru offrir dix ans plus tôt.

Le vieux Thomas Watson mourut à New York le 19 mai 1956. Il venait d'avoir 81 ans. Quelques mois plus tard, William Shockley, installé à Palo Alto en Californie, se voyait décerner le prix Nobel de physique pour l'invention du transistor. Aucun lien, apparemment, entre le vénérable capitaine d'industrie de la côte Est, mort couvert d'honneurs, et le chercheur misanthrope des rivages du Pacifique, tardivement récompensé pour une découverte réalisée huit ans plus tôt. Pourtant, la conjonction des deux nouvelles annonçait un changement radical. La mort de son fondateur permit à I.B.M. de rompre avec sa stratégie antérieure et de tourner une page tandis que Shockley, lui, en ouvrait une, fascinante pour le monde de l'informatique et de la science, en lui offrant ce « chaînon manquant » qui allait être à l'origine de tous les progrès et de toutes les nouvelles audaces. A tous ceux qui travaillaient et réfléchissaient sur cet outil encore embryonnaire qu'était l'ordinateur, le prix Nobel offrait des clés essentielles : la miniaturisation et la rapidité. Le transistor allait bouleverser toutes les données existantes de l'industrie des ordinateurs : la manière de les construire, de les utiliser et même de les vendre.

Le transistor connut pourtant une naissance discrète, escamotée même, puisqu'il fallait être un lecteur assidu de la rubrique radio du *New York Times* pour découvrir dans l'édition du 1er juillet 1948, en bas de page, à côté de l'annonce d'une comédie musicale, un entrefilet laconique : « Une invention appelée transistor, qui a plusieurs usages en radio où un tube sous vide est habituellement employé, a été présentée pour la première fois hier au siège des laboratoires Bell Telephone où elle a été découverte. Le transistor, placé dans un récepteur radio qui ne contenait aucun des tubes utilisés d'ordinaire, a été utilisé comme amplificateur. Mais ses inventeurs assurent qu'il peut aussi être employé comme un oscillateur qui créerait et émettrait des ondes radio. Le transistor, dont l'action est quasi instantanée, ne contient aucun élément sous vide ou en verre et se présente sous la forme d'un petit cylindre de métal d'un demi-pouce de longueur. »

Entrée ô combien discrète sur la scène de la science et du mercantilisme pour une trouvaille qui allait conduire directement au « chip » et à l'éclosion de la prospère Silicon Valley!

Comme l'ordinateur, le transistor était un pur produit de l'effort de recherche engagé durant la Deuxième Guerre mondiale. Durant cette période, 40 % des contrats gouvernementaux de recherche et de développement allèrent à 11 grandes sociétés privées; 90 % des crédits du Bureau de recherche scientifique et de développement furent alloués à 8 universités, le laboratoire pour la recherche radar du M.I.T. drainant à lui seul 35 % du total. De nombreux chercheurs se plaisaient à dire que si « la bombe atomique avait permis de finir la guerre, le radar, lui, avait permis de la gagner ». En réalité, cet octroi de fonds publics à un effort de recherche militaire ne s'interrompit pas à la fin des hostilités puisqu'en 1949, 96 % des fonds gouvernementaux attribués aux universités l'étaient pour des contrats et des travaux destinés au Pentagone et à la Commission de l'Énergie atomique.

Ce phénomène, qu'Eisenhower attribua dix ans plus tard au fameux « complexe militaro-industriel », se développait donc déjà avec une grande vigueur, encore accrue par la migration des scientifiques des universités vers l'industrie. Entrer dans la « bonne firme » devint l'ambition suprême au cours de ces années où science et affaires s'interpénétraient déjà. Les laboratoires Bell Telephone, créés au début du siècle par Edison et qui dépendaient du géant des communications A.T.T. – American Telegraph and Telephone, à l'heure actuelle la firme la plus puissante de la planète –, employaient en 1946 3 600 scientifiques uniquement en recherche fondamentale.

Les travaux entrepris entre 1940 et 1944 pour perfectionner les radars avaient mis en lumière l'existence d'éléments étrangers, baptisés « semi-conducteurs » parce qu'ils transmettaient l'électricité à la différence d'un isolant comme le verre, mais moins aisément qu'un conducteur tel le cuivre. Les formes cristallines et relativement pures de ces substances, tel le germanium et le silicium, offraient de grandes possibilités pour la détection de signaux radar. L'efficacité de ces corps solides devait permettre de les substituer très vite aux tubes sous vide plus fragiles et moins sûrs.

En 1945, les laboratoires Bell firent porter leurs recherches sur l'élaboration de systèmes solides capables d'assurer les transmissions téléphoniques plus rapidement que les tubes utilisés jusqu'ici. Trois hommes concentrèrent leurs travaux sur les effets du germanium et du silicium, ce dernier métalloïde gris et cristallin constituant l'élément le plus répandu sur terre après l'oxygène. Il s'agissait de John Bardeen, le théoricien, de Walter Brattain, l'expérimentateur, et de William Shockley, le responsable du groupe. Le 23 décembre 1947, Bardeen et Brattain démontraient, en appliquant la pointe d'un triangle recouvert d'une feuille d'or contre une plaque de germanium, que la pièce pouvait recevoir et amplifier des signaux électriques. Un collègue des deux hommes télescopa l'expression « transfert de résistance » en transistor et la légende était née... mais sans Shockley.

En effet, l'avènement du transistor surprit tout le monde. Les responsables des laboratoires Bell et d'A.T.T. imposèrent le secret immédiat sur l'invention. Pour les stratèges du groupe, trouver au transistor des applications immédiatement rentables constituait un exploit beaucoup plus complexe que l'invention elle-même. William Shockley, personnage orgueilleux au caractère difficile, n'avait pas cru à l'orientation imprimée à leurs recherches par ses deux collègues. Humilié, il constata avec amertume que le premier brevet déposé pour le transistor ne portait que le nom de Bardeen et Brattain. Mais il dut probablement jubiler en constatant que la trouvaille de ses deux collaborateurs restait trop expérimentale pour trouver un champ d'utilisation. Convaincu jusqu'à l'entêtement qu'il existait une meilleure manière de construire un transistor, il réussit en 1950 à construire un modèle en germanium baptisé « PMP Jonction ». Plus rapide et solide que son prédécesseur, il allait se révéler un important succès commercial et un élément de négociation, pour la firme A.T.T., dans ses relations orageuses avec le gouvernement américain. En effet, menacée de tomber sous le coup de la loi anti-trust, la firme géante proposa alors au ministère de la Justice une transaction qui ne manquait pas d'habileté : elle s'offrait à céder pour un prix modique – 25 000 dollars – les droits de licence du transistor à toute firme, même modeste, qui en ferait la demande. L'argument d'un Goliath écrasant des David sans défense se révélait donc difficile à soutenir quand, après une année d'expérience, on constata que

26 firmes américaines et 10 sociétés étrangères fabriquaient des transistors sous licence Bell.

Les ordinateurs en étaient alors arrivés à un point où leur infiltration dans les grandes entreprises et l'administration fédérale était déjà importante. Celle-ci allait devenir considérable et bouleverser des pans entiers de la société grâce à l'introduction du transistor dont un jugement émis en 1958 déclara « qu'il n'était pas simplement un nouveau type d'amplificateur capable d'influencer une industrie ou une discipline scientifique, mais le vecteur d'une nouvelle culture ». L'arrivée des transistors provoqua en effet une diminution vertigineuse de la taille des ordinateurs, jusqu'ici mécaniques et volumineux. Les premiers transistors sortaient à peine de l'usine que les scientifiques cherchaient déjà le moyen de les miniaturiser, passant de la taille d'un cube d'un centimètre à celle d'une tête d'épingle.

Les premiers gros ordinateurs produits au cours des années 50 reçurent le surnom de « cerveaux électroniques ». Le terme révélait l'enthousiasme naïf avec lequel on appréhendait ces découvertes, même s'il se révélait totalement inexact. Le cerveau humain est composé de minuscules unités binaires, les neurones, dont le nombre doit avoisiner les 10 milliards. Même en comparant leur fonctionnement à celui des cerveaux électroniques, il était ridicule de les imaginer en train de remplir les mêmes fonctions : construire un ordinateur possédant le même nombre d'unités fonctionnelles que le cerveau aurait abouti à l'existence d'un appareil aussi grand que Paris et consommant autant d'énergie que tout le réseau du métro.

Par contre, le phénomène de miniaturisation découlant de la généralisation du transistor et de ses perfectionnements rend saisisssante la comparaison si on la pousse plus avant. Au début des années 50, on constate que la transistorisation a permis de réduire le cerveau-ordinateur à la taille de l'Opéra, qu'un générateur de 10 kW suffirait à alimenter. Au début des années 70, l'apparition des circuits intégrés permet une nouvelle diminution, le ramenant à la taille d'un autobus que l'on peut brancher sur secteur. Son volume, vers 1975, s'apparente à celui d'une machine à écrire. Aujourd'hui, le cerveau-ordinateur correspond ou devient peut-être même inférieur à la taille d'un cerveau humain...

Cette réduction de la taille des ordinateurs allait entraîner une triple révolution : ils consommeraient de moins en moins d'énergie, se révéleraient aisément transportables, et leur prix de revient s'abaisserait constamment. Nul doute que Shockley ait eu présentes à l'esprit ces mutations radicales quand il décida de créer en 1955 sa propre société, Shockley Conductor Laboratory, à Palo Alto, au sud de San Francisco. Suivant les conseils de Frederick Terman, il était revenu sur les lieux de son enfance, à quelques kilomètres de Stanford, créant la première société de semi-conducteurs de la région. Le prestige que lui conférait sa réputation de « père fondateur du transistor » lui permit de s'entourer d'une équipe qui réunissait probablement les plus brillants ingénieurs travaillant sur la côte Ouest. Les germes de la Silicon Valley étaient déjà là, à travers Hewlett Packard et Varian Associates, mais aussi les centres de recherches récemment implantés dans cette zone par des groupes aussi puissants qu'I.B.M. ou General Electric.

Shockley, remarquable scientifique, était une pure catastrophe au niveau de la gestion d'une firme et de ses relations humaines. Colérique, égocentrique, l'homme ne disposait d'aucune des qualités qui pouvaient en faire un brillant industriel. Sa firme périclita, ses relations avec ses collaborateurs s'étant rapidement dégradées.

Pourtant, le marché qui s'offrait au transistor était fabuleux, d'autant plus que Bell et General Electric effectuaient alors une nouvelle découverte. Le semi-conducteur pouvait jouer un rôle d'amplificateur et de commutateur lorsque sa structure – germanium ou silicium – renfermait certaines impuretés. Il était étonnant de voir que les transistors conservaient leur pouvoir amplificateur, surtout lorsque ces impuretés étaient extrêmement petites. En fait, le véritable défi qui se présentait résidait dans la mise au point de nouvelles techniques de fabrication de masse pour ces nouveaux produits : l'élaboration d'une technologie aussi révolutionnaire pour l'informatique que les chaînes de montage des Ford T l'avaient été pour l'automobile.

Le transistor remplaçait nettement les tubes sous vide. Sa production était passée de 1,3 million d'unités en 1954 à 47,1 millions en 1958, quand les premiers ordinateurs de la seconde génération furent livrés. Dans le même temps, le prix de revient par unité avait baissé de 3,89 à 2,40 dollars; la production de tubes sous vide, elle, stagnait autour de 385 millions d'unités, mais leur prix ne cessait d'augmenter alors qu'ils se révélaient moins rapides, moins efficaces et plus inadaptés à une production de masse et aux nouvelles exigences technologiques.

Quand, en 1957, sept ingénieurs de Shockley décidèrent de le quitter pour créer leur propre société dans la mesure où, selon leurs propres termes, « ils se sentaient terriblement frustrés », le prix Nobel eut pour eux une épithète chaleureuse : il les qualifia de « sales traîtres ». Pourtant, ce divorce prévisible, à l'aube de l'ère technologique, allait avoir d'étonnantes conséquences pour la région puisque ces sept hommes, avec des fortunes diverses, allaient contribuer à créer la Silicon Valley.

Seul héros totalement positif de cette épopée de l'ordinateur, ponctuée de découvertes magistrales et de calculs sordides, d'ambitions démesurées et de procès aux enjeux financiers considérables : la figure du professeur John Vincent Atanasoff. Justice lui fut rendue en 1974, à l'occasion d'un procès engagé par la firme Burroughs contre Sperry Rand et portant sur la paternité des brevets d'E.N.I.A.C. Le juge Larsen déclara : « Le père légal de l'ordinateur est M. Atanasoff. » Le vieil inventeur qui n'avait, lui, intenté aucune action, se trouvait enfin reconnu. Mais il est probable qu'un tel geste arrivait trop tard. Un an plus tard, Atanasoff fut découvert mort dans son lit, la tête recouverte d'un sac de plastique. L'enquête conclut au suicide.

VI

L'ESPACE EN MINIATURE

Le 4 octobre 1957, l'Union soviétique plaçait sur orbite le premier satellite artificiel, une boule d'acier aux dimensions modestes puisqu'elle ne pesait que 85 kg et gravitait à seulement 1 000 kilomètres de la Terre.

L'événement eut une portée considérable et plongea l'Amérique dans la consternation. Les titres des journaux, à travers le pays, se livrèrent à une étonnante surenchère dans le défaitisme : « L'Amérique vaincue », « Pearl Harbor spatial », « Déroute technologique », telles furent quelques-unes des gracieuses formules les plus fréquemment employées, tandis que les Américains s'interrogeaient, inquiets, sur l'efficacité de leur potentiel technologique, la validité de leur système d'éducation, voire même sur le bien-fondé de leur style de vie. L'Amérique triomphante de l'ère Eisenhower ressemblait brusquement, selon les mots d'un observateur, à un « homme groggy, le souffle coupé, plié en deux par un direct au plexus ».

Étrangement, la course à l'espace s'engageait alors qu'aucun expert occidental ne semblait avoir envisagé un départ aussi rapide. La déclaration péremptoire, faite un an auparavant par les membres de la prestigieuse Société royale d'Astronomie de Grande-Bretagne, révélait de manière significative le degré d'impréparation des milieux scientifiques : « Il est impensable, estimait-elle alors, que l'homme puisse s'arracher à sa sphère. » Constat cocasse, empreint d'une touche désuète, à l'image de certaines de réactions qui accueillirent l'exploit soviétique. Un expert français en informatique, Jacques Vallée, aujourd'hui installé dans la Silicon Valley, décrit avec humour cette période

« de la fin des années 50 où de nombreux spécialistes estimaient que les satellites n'étaient qu'un caprice des militaires, coûteux, extravagant et sans avenir ». Vallée collaborait alors avec l'Observatoire de Paris et, ajoute-t-il, « quand les journaux français mentionnèrent que nous avions repéré la trace du Spoutnik, nous reçûmes une multitude d'appels et de lettres niant cette évidence et nous accusant de mensonge, de propagande soviétique »...

Le satellite soviétique effectuait le tour de la Terre en une heure tente, en émettant à intervalles réguliers un signal sonore, « Beep-beep-bip », qui retentissait comme un cri de victoire provocant aux oreilles des Occidentaux. Mais son impact dépassait de très loin ses modestes objectifs scientifiques, et, pour l'U.R.S.S. qui orchestrait là une vaste campagne de propagande, « la supériorité russe dans l'espace était la preuve de la supériorité russe sur terre ». Ce communiqué de l'agence Tass laissait pourtant de côté l'information la plus grave. Elle fut lancée sous forme d'avertissement par Nikita Khrouchtchev : « Toute fusée capable de lancer un Spoutnik pourrait aussi bien lancer un missile balistique intercontinental (I.C.B.M). Il nous suffirait de remplacer le satellite par une charge nucléaire. »

Ce message, transmis de façon aussi abrupte aux États-Unis en pleine guerre froide, était clair : Moscou considérait avant tout le Spoutnik comme un instrument militaire. Cet accès à un nouveau « seuil nucléaire » impliquait une redéfinition des priorités de défense et de recherches américaines. Débat qui secoua en profondeur la communauté scientifique des États-Unis. « Mais, souligne Jean-Jacques Salomon, Galilée pouvait en appeler à l'éternité; Oppenheimer, lui, avec ses doutes et ses réticences, demeurait sans recours contre l'Histoire : la vocation du chercheur s'était aliénée dans sa fonction et la loyauté qu'il devait à l'État. C'est son adversaire de toujours, Edward Teller, le père de la bombe H, qui invoquait l'idée de la Science comme « une aventure de l'esprit à laquelle le pouvoir ne pouvait fixer de limites, quelles que fussent ses conséquences. »

Toute une génération de chercheurs américains prestigieux, le plus souvent émigrés d'Europe, bascula dans un étrange passéisme qui n'était au fond qu'un refus déguisé de toute action. Ils se référaient à leur expérience « d'avant la Deuxième

Guerre mondiale » comme aux « belles années » de la Science, c'est-à-dire au crépuscule de « l'époque où la science était vécue non seulement comme une aventure intellectuelle, mais aussi comme un carrefour de valeurs ». Cette démobilisation des talents et des énergies explique probablement pour une part les débuts désastreux de l'Amérique dans la course à l'espace. Robert Jastrow, fondateur de l'Institut Goddard, rattaché à la N.A.S.A., se rappelle le 6 décembre 1957 : « Je travaillais alors aux laboratoires de recherches navales, à Washington, et je reçus l'ordre d'accompagner ce jour-là, au centre de contrôle, John P. Hagen, directeur du projet Vanguard. Il s'agissait de la première tentative américaine de lancer un satellite. Je verrai toujours son visage quand il reçut l'appel de Cap Canaveral lui indiquant que la fusée s'était élevée de quelques mètres avant de retomber lourdement et d'exploser dans un océan de flammes. » L'épisode Vanguard fut affublé dans la presse mondiale de sobriquets tels que « Flopnik » ou « Kaputnik ». Face à une Amérique indécise, l'U.R.S.S. paraissait invincible au point qu'un ingénieur spatial de la Navy, désabusé, maniant un humour amer, put estimer que « dans peu de temps, les communistes se poseraient sur la Lune et probablement pousseraient-ils alors la provocation jusqu'à la repeindre en rouge ».

En février 1958, l'Amérique parut combler légèrement son retard. L'Explorer I, mis au point par l'équipe de l'ingénieur allemand Werner von Braun, père des V 2 nazis, fut enfin placé sur orbite. I.B.M., associé au programme, avait conçu plusieurs ordinateurs qui servirent au guidage et aux corrections de trajectoire du satellite.

Informatique et sciences de l'espace s'étaient enfin associées pour un résultat que les Soviétiques accueillirent avec dédain. L'Explorer, il est vrai, n'était qu'une minuscule sphère d'étain pesant à peine plus de 3 livres, et Khrouchtchev suscita l'hilarité générale en déclarant : « L'Amérique devra faire plus qu'envoyer des satellites de la taille d'une orange pour rattraper l'Union soviétique. »

La politique spatiale américaine restait marquée par l'incertitude et l'ambivalence. En 1961, John Kennedy, élu Président un an auparavant, tenta d'enrayer cette évolution catastrophique : « L'espace, déclara-t-il dans un discours remarqué, est un nouvel océan et nous devons y naviguer. » Puis il demanda à ses conseillers d'envisager ce qui constituerait la meilleure des répliques aux succès soviétiques. La réponse fut unanime : réussir le premier alunissage!

A quelques semaines de là, Kennedy rencontra pour la première fois Nikita Khrouchtchev à Vienne. Les revendications sur Berlin, comme le débarquement manqué de la Baie des Cochons à Cuba, avaient notablement accru les tensions entre les deux super-grands. L'entrevue de Vienne fit une profonde impression sur Kennedy. James Reston, l'éditorialiste du *New York Times* et chef du bureau de Washington, le journaliste le plus puissant et le plus influent de la capitale, avait demandé audience au Président aussitôt après cette entrevue. En raison de sa position unique, on avait accédé à sa requête. Reston fut introduit dans une pièce de l'ambassade dont les stores étaient tirés pour qu'on ne pût pas le voir, et il attendit plusieurs heures dans l'obscurité. Quand Kennedy finit par arriver, il ne distingua d'abord pas Reston, tant il faisait sombre. Il le repéra enfin et, comme le journaliste s'apprêtait à se lever, le Président lui fit signe de ne pas bouger, s'approcha et vint s'asseoir près de lui sur le divan. Kennedy portait un chapeau : Reston s'en souvint, parce que c'était la seconde fois qu'il le voyait avec un chapeau sur la tête, la première étant le jour de son entrée en fonctions. Kennedy s'effondra sur le divan, rabattit le chapeau sur ses yeux comme un homme vaincu, et poussa un grand soupir.

« Ça a été dur? demanda Reston.

– Je n'ai jamais rien fait d'aussi dur », répondit le Président.

Le journaliste le trouva singulièrement secoué.

Kennedy raconta à Reston qu'il avait soigneusement étudié Khrouchtchev avant l'entrevue, et qu'il savait que le Russe professait un grand mépris pour Eisenhower; chaque fois qu'ils s'étaient rencontrés et qu'on posait une question sérieuse, Ike se tournait vers son secrétaire d'État, Foster Dulles, pour savoir quoi répondre. Kennedy avait donc décidé de venir seul pour bien montrer son égalité avec Khrouchtchev : il n'y aurait qu'eux deux et les interprètes. Il était arrivé et avait tendu la main au leader soviétique en lui disant qu'ils avaient tous deux une très grande responsabilité dans la paix du monde. « Je me propose de vous dire ce que je peux faire et ce que je ne peux pas faire, quels sont mes problèmes et mes possibilités, et vous pourrez ensuite en faire autant. »

La réaction de Khrouchtchev avait été stupéfiante. Il s'était lancé dans une violente attaque contre les États-Unis et leur impérialisme. Il menaçait Kennedy : « Ses tanks allaient se mettre en branle, il ne fallait surtout pas mettre sa parole en doute ; ses nouvelles fusées très perfectionnées allaient s'envoler et frapperaient l'adversaire au cœur... »

Kennedy confia à Reston : « J'ai deux problèmes. Tout d'abord, comprendre pourquoi il a fait cela, et avec autant d'hostilité ; j'ai avec lui un terrible dilemme. S'il croit que je suis inexpérimenté et que je n'ai rien dans le ventre, à moins de lui ôter ces idées-là de la tête, nous n'arriverons à rien. Il faut donc agir. »

En y repensant plus tard, Reston était convaincu que la façon dont Kennedy s'était fait malmener à Vienne devint un facteur déterminant dans la décision qui suivit d'envoyer en renfort au Vietnam 18 000 techniciens et soldats, cette décision constituant un maillon supplémentaire dans la chaîne d'événements qui marquèrent l'escalade de la guerre froide durant la première année de la présidence de Kennedy.

Quelques mois plus tard, les raisons de la stupéfiante arrogance de Khrouchtchev apparurent plus nettement. L'U.R.S.S. lança coup sur coup deux vaisseaux interplanétaires à destination de Vénus et, peu après, le premier cosmonaute Youri Gagarine était placé sur orbite pendant cent huit minutes. Dans la course à l'espace, la supériorité soviétique cessait d'être manifeste pour devenir écrasante.

Pourtant, la prodigalité et la complaisance avec lesquelles les Russes affichaient leurs succès fut probablement une des causes du renversement de situation magistral qui allait s'opérer au cours des quatre années qui suivirent. Les films et émissions T.V. en direct des vaisseaux spatiaux soviétiques révélaient aux ingénieurs américains des intérieurs gigantesques, proches de ceux des sous-marins, encombrés d'appareils massifs parmi lesquels se trouvaient des ordinateurs démesurés. Il était parfaitement clair qu'une telle évolution conduisait à l'impasse et que, face à la complexité croissante des systèmes nécessaires aux vaisseaux spatiaux, il faudrait réduire la taille des équipements, notamment celle des ordinateurs.

La N.A.S.A. – National Aeronautic and Space Administration – créée en 1958, fut totalement réorganisée en 1963 et fit l'objet d'une mobilisation sans précédent, en talents et en crédits, autour de Werner von Braun. Un budget exceptionnel de 4,5 milliards de dollars fut alloué. Ses retombées furent immédiates sur les industries de pointe. Il existait notamment une société californienne qui intéressait et intriguait les dirigeants de la N.A.S.A. : Fairchild, dont les travaux étaient probablement les plus avancés dans l'élaboration de ces transistors miniaturisés que seraient les circuits intégrés. Les hommes placés à sa tête étaient jeunes, extrêmement doués et compétents ; ils pensaient sainement, manifestaient une extrême audace dans leur travail et une légère touche de conservatisme dans leur comportement privé et leurs idées. Bref, ils incarnaient, à travers ces vertus essentielles, ce visage new-look que l'Amérique souhaitait offrir au monde. Une Amérique qui relèverait encore une fois les défis et remporterait cette compétition « vitale pour le monde libre ».

Ils étaient sept. « Sept traîtres », selon l'appréciation de William Shockley, le père du transistor, lorsqu'il avait appris qu'ils quittaient sa firme. En fait, ils avaient tout simplement l'esprit d'entreprise chevillé au corps et ne rêvaient que de fonder leur propre société. Leur expérience chez Shockley, dans la fabrication des semi-conducteurs, intéressait les investisseurs au moment où les commandes militaires de produits miniaturisés devenaient de plus en plus importantes. Mais les bonnes idées ne manquaient pas et les financiers attendaient d'autres garanties, notamment dans la qualité du management. Au fond, ils recherchaient un homme idéal, capable d'assurer l'articulation entre l'univers scientifique et les milieux d'affaires.

Cet animal au plumage si rare existait. Il avait vingt-neuf ans, des manières courtoises et mesurées, un sens inné du commandement. Il donnait constamment l'impression d'être en plein accord avec lui-même et cet équilibre qu'il dégageait lui permettait d'arbitrer au milieu d'un groupe d'hommes traversé d'impulsions et d'ambitions souvent opposées. Bob Noyce, le futur fondateur d'I.N.T.E.L., était ce candidat parfait à un poste qu'il commença d'abord par refuser, restant à travailler aux côtés de Shockley – ce qui relevait de l'exploit, étant donné le caractère peu sociable du prix Nobel.

Robert Noyce était un homme du Middle West, un produit

des petites villes de cette Amérique profonde, rurale, où les écoliers conduisaient des voitures ou des tracteurs dès l'âge de douze ans. Enfant, Noyce adorait démonter et remonter le moteur de la Ford T de son père, et plus tard il éprouva le choc qui devait déterminer sa carrière en découvrant, en 1948, l'existence du transistor. L'invention le fascina parce qu'elle lui paraissait réunir tous les éléments d'un triple défi : la recherche pure, la réussite commerciale, et cette perfectibilité professionnelle qui le préoccupait tant. Il rejoignit l'équipe de Shockley en 1955, mais ne franchit le pas qui fit de lui le « huitième traître » que deux ans plus tard, et à cause d'une divergence technique : « Shockley allait à l'impasse, confia-t-il à Dirk Hanson. Il continuait de fabriquer des composants à partir de germanium alors qu'il était évident que l'avenir des semi-conducteurs reposait sur l'utilisation du silicium. »

Noyce passa chez Fairchild en 1957 et réussit à s'imposer immédiatement au sein de la firme. Soudain, à travers l'initiative de ces huit « dissidents », une évidence se dessinait qui allait expliquer le futur succès de la Silicon Valley : « Il devenait clair pour des gens comme moi, qui croyaient avoir à travailler le reste de leur vie pour un salaire – confia l'un des co-dirigeants de Fairchild –, qu'ils pouvaient jouer un rôle plus satisfaisant au sein d'une entreprise qui se créait. Ce fut à la fois une grande révélation et une formidable motivation. »

La société s'installa à Mountain View, près de Palo Alto, à courte distance de l'université Stanford. « En ces débuts de la course à l'espace, se rappelle Noyce, la taille, le poids et la puissance des circuits électroniques étaient des facteurs décisifs. Tous les projets militaires accordaient la priorité à la miniaturisation. Mais l'idée de fabriquer un circuit intégré solide, d'une seule pièce, n'était pas nouvelle. Il ne subsistait qu'une question : trouver le moyen pratique d'y parvenir. »

La manne des crédits militaires ne fit qu'effleurer Fairchild et ne dépassa jamais 4 % du budget « recherches et développement » de la firme. C'était un choix délibéré de la part de Noyce et il réussit à l'imposer, au cours de réunions houleuses, à ses associés. Son raisonnement était simple : « Le facteur temps est déterminant. Or, nous en perdrons beaucoup à expliquer et justifier nos stratégies de recherche à des militaires probablement moins compétents. »

L'objectif développé était non seulement de miniaturiser les transistors, mais tous les composants électroniques. Si un simple transistor pouvait être créé et installé avec peu de nouveaux fils sur un morceau d'étain et de silicium, pourquoi une douzaine de transistors plus petits, ainsi que d'autres éléments de circuits électroniques formant les sous-systèmes, ne pourraient-ils pas être placés sur le même « chip » de silicium? L'intégration de plusieurs composants sur une même surface offrait des perspectives fantastiques de gains, en argent, en espace et en rapidité.

Par une curieuse ironie de l'histoire, la naissance officielle du « circuit intégré » coïncida pratiquement avec la visite triomphante de Nikita Khrouchtchev en Californie où il visita, à San José, les laboratoires de recherche d'I.B.M., guidé par Thomas Watson. C'était en novembre 1959, et l'éclatant costume blanc du dirigeant soviétique semblait parfaitement assorti aux propos euphoriques qu'il tenait sur la supériorité irrémédiable de son pays. Trois mois plus tôt, le 30 juillet 1959, Bob Noyce avait déposé une demande pour breveter son invention qui allait révolutionner la technologie moderne et ruiner les rêves de suprématie caressés par les dirigeants russes.

Ce fut une découverte qui, étrangement, s'imposa de manière d'abord imperceptible. En 1963, les circuits intégrés ne représentaient encore que 10 % du total des circuits électroniques fabriqués aux U.S.A.; presque tous provenaient de Fairchild et d'une autre firme, Texas Instruments. Les premiers circuits intégrés ne semblaient pas trancher par leur fiabilité, ni même par leur taille et leur prix. Fabriqués à un coût moyen de 25 dollars pièce, les 500 000 exemplaires produits en 1963 ressemblaient à une collection de prestige, face aux 300 millions de transistors fabriqués durant la même période au prix dérisoire d'un dollar.

Mais une évidence s'imposa bientôt aux clients : le coût de cette invention diminuait au fur et à mesure qu'elle se perfectionnait. Et ses améliorations étaient constantes. L'astronaute Gordon Cooper avait, en 1963, fait vingt-deux fois le tour de la Terre grâce aux nouveaux ordinateurs Burroughs et I.B.M. pourvus de circuits intégrés.

Surtout, le « chip » permettait à l'ordinateur de quitter le champ de la science expérimentale pour atteindre au domaine de la production de masse. L'habileté des managers relayait l'ingéniosité des chercheurs pour mettre en place des méthodes de standardisation inspirées de celles d'Edison pour le téléphone, ou de Ford pour l'automobile. Discipline où, une fois encore, I.B.M. allait se révéler le maître.

La formidable accélération imposée par l'apparition des circuits intégrés rendit obsolètes bien des compétences et des techniques. Comme le passage du cinéma muet au parlant pour certains acteurs, la transition des premières calculatrices aux brusques progrès des années 60 laissa, selon Jacques Vallée, « des milliers d'ingénieurs, dans des dizaines de pays, incapables de s'adapter. Parce qu'une distinction subtile mais fondamentale s'imposait désormais. Dans la course à l'espace, les fusées étaient construites grâce à des instruments; mais elles ne volaient que grâce au " software ", ces programmes d'instructions codés et insérés dans le cœur des ordinateurs à travers des langages standardisés ». Désormais, un ordinateur représentait plus qu'une somme de composants électroniques fonctionnant à un rythme délirant. Le programme devenait l'élément extérieur fondamental qui lui permettait de tourner. Et plus un ordinateur devenait complexe, plus le travail d'écriture de ces programmes se révélait délicat.

Il fallait travailler, avec ces nouvelles données, à de nouveaux produits. « Durant des années, on avait fabriqué des milliers d'avions, et brusquement tout changea et il fallut passer de la construction des jets à celle des fusées », déclara un des managers de Fairchild dont la firme fut chargée d'élaborer le système de guidage des missiles balistiques Minuteman. « Nous avons proposé au Pentagone des composants dont la taille et la consommation d'énergie étaient à peu près le dixième de celles des composants utilisés auparavant. »

La course à la Lune, elle, se poursuivait avec la même âpreté et prenait l'étrange aspect d'un champ d'honneur où les victimes devenaient de plus en plus nombreuses. Le 27 janvier 1967, la capsule Apollo I prit feu au décollage, brûlant vifs ses trois cosmonautes. « Je puis positivement affirmer que l'Union soviétique ne sera pas battue par les États-Unis dans la course à la Lune », devait déclarer le cosmonaute Wladimir M. Komarov peu après la catastrophe américaine. Trois mois plus tard, presque jour pour jour, le 23 avril 1967, une station d'écoute américaine appartenant aux services de renseignements et installée en Turquie à Karamursel, au sud-est d'Istanbul, capte le retour dans l'atmosphère de Soyouz I. A son bord, Komarov justement, qui termine un vol dans l'espace de vingt-six heures. Le dialogue entre le vaisseau spatial et sa base est intégralement enregistré et répercuté dans l'instant aux États-Unis, sur un ordinateur géant, le TEXTA, qui collecte toutes les informations interceptées à travers le monde. Travail de routine qui, ce jour-là, va brusquement transformer les opérateurs en témoins d'une tragédie qu'ils consignèrent dans un rapport :

« Soudain, les Soviétiques perdirent le contrôle du vaisseau et ne réussirent plus à freiner sa rentrée dans l'atmosphère. Il leur restait moins de deux heures pour sauver le cosmonaute. Ils parlaient en russe, mais nous avons enregistré toute la conversation et nous nous la sommes repassée de nombreuses fois ensuite. Quand il fut clair qu'il n'y avait plus aucun espoir, Alexis Kossyguine parla personnellement à Komarov. Ils eurent une conversation au vidéophone. Kossyguine pleurait et lui dit qu'il était un héros, qu'il avait réalisé le plus grand exploit de toute l'Histoire de la Russie, qu'ils étaient fiers de lui et qu'ils ne l'oublieraient jamais. Puis Komarov put parler à sa femme. Il tenta de l'apaiser en lui expliquant ce qu'il faudrait qu'elle fasse, notamment pour l'éducation de leurs enfants. C'était à la fois émouvant et terrifiant. Il fallut attendre les toutes dernières secondes, lorsque le vaisseau chuta, pour entendre Komarov crier : “ Je ne veux pas mourir, faites quelque chose! ” Puis il poussa un cri épouvantable et le Soyouz explosa. »

La mort de Komarov, longtemps tenue cachée, révélait de manière symptomatique la détérioration des programmes spatiaux soviétiques. Évolution due en partie à la stagnation des capacités de recherche et d'innovation scientifiques soviétiques, mais aussi à la disparition massive des principaux chercheurs qui avaient été à l'origine des succès de la fin des années 50. Un rapport « top secret » réservé au Président des États-Unis, au Secrétaire à la Défense et au directeur de la N.A.S.A., fournissait un élément de réponse. Il révélait qu'en octobre 1960, le maréchal Nitrofan Nedelin, commandant les forces de missiles stratégiques de l'Union soviétique, « fut chargé de coordonner les opérations de lancement d'un vol à destination de Mars, tenu secret. Cette mission importante prévoyait le départ de trois fusées. Les ultimes vérifications faites sur deux d'entre elles révélèrent d'importants défauts qui rendaient impossible leur lancement. Quand le compte à rebours engagé pour la troisième des fusées arriva à zéro, elle ne fut pas non plus en mesure de décoller. A cet instant, les règles de sécurité impliquaient que l'on vidangeât les réservoirs de l'engin, qui contenaient plus d'un million de litres de carburant explosif, avant de se mettre à inspecter la fusée pour tenter de trouver les causes de la panne. Mais Nedelin paraissait à la fois extrêmement inquiet et impatient de procéder à une autre tentative de décollage. Il ordonna l'inspection immédiate de la fusée remplie de carburant, laquelle explosa, tuant le maréchal et plus de deux cents chercheurs, ingénieurs spatiaux et officiels ».

Après cette tragédie, le coup de grâce porté aux programmes soviétiques en direction de la Lune fut la disparition mystérieuse, en 1966, de Sergeïev Korolev, savant de génie, père des Spoutniks et des premiers missiles balistiques intercontinentaux.

Dès 1968, la production de circuits intégrés dépassait les 80 millions de pièces, d'un coût moyen de 3 dollars, et quand, un an plus tard, l'astronaute Neil Amstrong posa le pied sur la Lune, ce fut l'exemple le plus éloquent des possibilités inouïes offertes par cette invention. Cette marche sur notre satellite, résultat de la mise en place de millions et de millions de circuits électroniques, constituait le triomphe insolent de programmes spatiaux et d'une industrie aéronautique dont la croissance et la prospérité communes devaient tout au miracle du semi-conducteur.

L'ambition, solidement adossée au mercantilisme, suscita alors la naissance de nombreuses entreprises nouvelles fabriquant des « chips » : trois en 1966; trois en 1967; treize en 1968. Fairchild faisait déjà figure de vétéran et de géant, avec un chiffre d'affaires annuel supérieur à 150 millions de dollars. Pour Bob Noyce, le succès de Fairchild, grâce à l'impact du circuit intégré, « prouvait que scientifiques et techniciens, associés, pouvaient être en position de contrôler toutes les opérations, avec de fructueuses perspectives financières en cas de succès des expérimentations ».

Fairchild était devenu le premier laboratoire au monde en matière de semi-conducteurs, et dans la communauté financière et universitaire américaine, une rumeur se répandait : avec du talent, on pouvait transformer le silicium en or. Course à la richesse dans laquelle beaucoup préférèrent partir tôt. Charley Sporck, un des managers de Fairchild, obtint dès 1967 la présidence d'une nouvelle firme, National Semi-Conductor, qui allait en peu d'années devenir un des plus gros producteurs de circuits intégrés de la Valley. La défection de Sporck fut suivie du départ du chef des ventes de Fairchild, Jerry Sanders, personnage flamboyant et narcissique, créature de Scott Fitzgerald égarée dans l'univers de l'informatique, et qui, à la tête lui aussi d'une société nouvelle, Advance Micro-Device, allait se révéler un des plus redoutables managers de la Silicon Valley.

Noyce démissionna de Fairchild en 1968 : sa firme, malgré son succès, restait une des filiales d'un important groupe de la côte Est, et « recevoir des ordres d'un management situé à 5 000 kilomètres de nous n'était ni agréable, ni viable ».

L'année suivante, il créa Intel. L'évolution ainsi amorcée – compétition pour la création d'entreprises et rivalité pour obtenir la collaboration des plus brillants cerveaux – recoupait le nouveau paysage social et industriel de l'Amérique qui tenait en quelques chiffres saisissants : entre 1930 et 1965, la population active, aux États-Unis, avait augmenté de 50 %; durant le même laps de temps, le nombre des ingénieurs, lui, avait progressé de 370 %, et celui des scientifiques de 930 %.

Les besoins sans cesse plus importants allaient suffire à assurer une croissance continue de l'ordinateur pendant les trente années à venir. Dès 1970, il était clair que si le monde industrialisé semblait accéder aux lisières du troisième millénaire, c'est parce qu'il lui était d'ores et déjà devenu impossible de survivre sans l'aide de l'informatique. Cette sujétion à la mémorisation et au traitement des données avait atteint son point culminant aux États-Unis et au Japon. Mais une évidence s'imposait, soulignée par l'historien britannique Christopher Evans : « L'entrée en scène des ordinateurs ne découle pas d'un choix esthétique. Ceux-ci sont essentiels à la survie d'une société complexe, au sens où la nourriture et les vêtements étaient jadis indispensables à une société moins développée. »

Un des problèmes fondamentaux que doit affronter notre société est la surcharge d'informations que nous ne pouvons plus traiter par nos propres moyens. Ainsi que le formulait Norbert Wiener, le père de la cybernétique, « de même que la quantité d'information d'un système mesure son degré d'organisation, de même l'entropie d'un système mesure son degré de désorganisation ». Contrairement à une opinion encore répandue, les ordinateurs permettent de diminuer cette complexité, non de l'accroître. Mais notre survie sera inextricablement liée, à l'avenir, à cette dépendance.

VII

UN FRANKENSTEIN DE DIX MILLIARDS DE DOLLARS

Bernon F. Mitchell et William M. Martin demandèrent à leur employeur un mois de congé, à partir du 24 juin 1960, pour se rendre dans leurs familles installées sur la côte Ouest. L'autorisation leur fut accordée et le 25 juin, peu avant midi, les deux hommes décollèrent de l'aéroport de Washington à bord du vol 307 de l'Eastern Airlines. Détail étrange : la destination de l'appareil n'était pas la Californie, mais Mexico où il se posa sept heures plus tard.

Mitchell et Martin réservèrent dès leur arrivée une chambre à l'hôtel Wirreyés, pour deux semaines. Pourtant, le lendemain au petit matin, ils réglaient précipitamment leur note et, peu après, prenaient place à bord d'un avion de la Cubana-Airlines à destination de La Havane. Il fallut ensuite de longs et patients recoupements pour découvrir qu'ils voguaient, quelques jours plus tard, sur un cargo de 5 865 tonnes, l'*Illya Mechnikov*, identifié comme l'un des navires assurant le transport régulier d'armes lourdes et de missiles entre l'Union soviétique et Cuba.

Le 26 juillet, un mois et un jour après leur départ, le chef du service où ils travaillaient téléphona à leur domicile, puis à leurs parents. L'étrange disparition des deux hommes commençait à intriguer et entraîna l'ouverture d'une enquête. Une perquisition à la petite maison louée par Mitchell au 1010, 8ᵉ rue à Washington, permit de découvrir, au milieu d'un sympathique désordre, une clé de coffre déposée là en évidence. La police obtint l'autorisation de la justice d'ouvrir le coffre installé dans une succursale de la State Bank of Laurel où Mitchell possédait un compte. A l'intérieur du coffre n° 174 se trouvait une enveloppe scellée contenant une longue lettre cosignée par Martin et Mitchell : « Nous voudrions, écrivaient-ils notamment, tenter d'expliquer à nos parents, à nos amis, à tous ceux qui peuvent être concernés, pourquoi nous allons chercher à obtenir la citoyenneté soviétique. »

Dans ces quelques pages qui prenaient valeur de confession, les deux hommes faisaient part de leur déception vis-à-vis d'un gouvernement américain « dominé par le goût du secret, de la manipulation, et totalement dépourvu de scrupules ».

Le 1er août, les responsables du Pentagone furent avertis de cette double disparition et prirent une décision qui devait se révéler désastreuse : ne laisser filtrer aucune information sur cet événement, en espérant que les deux hommes ne resurgiraient jamais.

Le 5 septembre 1960, les correspondants étrangers en poste à Moscou reçurent un étrange coup de téléphone du ministère des Affaires étrangères soviétique les convoquant pour le lendemain à une conférence de presse, au siège de la Maison des Journalistes. Toutes leurs tentatives pour obtenir plus de détails se heurtèrent à une fin de non-recevoir. Il leut fut seulement précisé que cette réunion revêtait un caractère « exceptionnel ».

Le 6 septembre à 16 heures, devant des batteries de caméras et des douzaines de micros, Bernon Mitchell et William Martin firent leur apparition sur une estrade, accompagnés de Mikaïl A. Kharlamov, chef du bureau de presse du ministère des Affaires étrangères. Dans une atmosphère « assez iréelle », selon certains témoins de la scène, les deux hommes parlèrent durant plus de 90 minutes et les révélations qu'ils firent causèrent des dommages sans précédent à la plus puissante des agences occidentales de renseignements : essentiellement parce que cette puissance, davantage encore que ses partenaires ou ses rivales, reposait sur un secret absolu. Les deux transfuges, en rompant la « loi du silence », allaient exposer de manière crue les agissements d'un organisme dépourvu d'existence légale, mais doté d'un budget quasi illimité et jouissant d'une impunité telle qu'il pouvait violer constamment la loi et la Constitution américaines sans être le moins du monde inquiété, fût-ce par le Président des États-Unis.

Mitchell, trente et un ans, regard bleu pâle sans cesse en

mouvement derrière d'épaisses lunettes, et Martin, vingt-neuf ans, visage poupin, cheveux blonds soignés, écoutèrent d'un air détendu Mikaïl A. Kharlamov ouvrir la conférence de presse en annonçant que la demande d'asile politique déposée par les deux Américains « venait d'être acceptée ». Selon l'officiel, « ils étaient désormais des citoyens soviétiques à part entière ».

Leur carrière, racontée par les deux nouveaux ressortissants de l'Union des Républiques socialistes, démontrait à quel point le cadre universitaire américain était le lieu privilégié d'une symbiose entre intellectuels et militaires. Mitchell avait séjourné durant toute son adolescence dans une petite ville proche de San Francisco, portant le nom insolite d'Eureka. Il se révéla doué pour les mathématiques, fasciné par les statistiques, et, après quelques années passées à l'Institut technologique de Californie, il s'engagea dans la Navy. Tout comme Martin. Au cours de cette période, les deux hommes ne se rencontrèrent jamais, mais déjà leurs destins étaient liés. L'un et l'autre furent formés aux techniques de codage et de décryptage et restèrent séduits par l'application des mathématiques à ces méthodes de renseignement.

En 1957, Mitchell retourna terminer ses études à l'université Stanford et le 25 février, il fut interrogé par un agent recruteur des services spéciaux. Une semaine et demie plus tard, à quelques centaines de kilomètres au nord, sur le campus de l'Université de Washington, Martin passait un examen semblable.

Pendant plusieurs mois, les détails les plus intimes de leur vie privée furent exhumés, recoupés, analysés, répertoriés. Tendances sexuelles, opinions politiques, manies, perversions et ambitions passèrent au crible de cette « procédure de contrôle ». Mitchell et Martin ignoraient encore que « Big Brother » était bien réel et qu'ils postulaient d'entrer dans son antre; tout comme ils ignoraient encore l'existence de l'épais dossier déjà constitué sur chacun d'eux.

Le lundi 27 janvier 1958, après plusieurs mois de formation à l'université de Washington, ils furent engagés au Bureau de recherches et de développement. Ils allaient pouvoir appliquer leurs talents mathématiques à l'art de la cryptologie. Bernon Mitchell et William Martin appartenaient désormais à la N.S.A., la National Security Agency.

« Pendant près de quarante ans, écrira avec indignation, quelques années plus tard, Harrison Salisbury, le prestigieux éditorialiste du *New York Times*, j'ai passé une bonne part de mon temps dans les pays communistes et notamment en Union soviétique. Durant toute cette période, j'ai vécu en permanence sous une surveillance hostile : je reconnaissais les agents du K.G.B. qui me suivaient, je comprenais immédiatement que ma chambre d'hôtel était truffée de micros, mon téléphone placé sur écoute, mes communications enregistrées. Je prenais des précautions pour tenir une fraction de mes activités à l'écart de cet espionnage incessant. J'utilisais des codes assez primitifs, comme l'argot, ou bien j'envoyais des messages délicats par l'intermédiaire de personnes qui quittaient le pays et je leur demandais de n'appeler mon bureau à New York qu'au moment où elles seraient arrivées à bon port à l'Ouest. Bref, c'était devenu chez moi une seconde nature. Régulièrement, je m'offrais le plaisir de lire les propos des officiels communistes sur la différence existant entre leur système et le nôtre. Nous, nous n'avons pas de censure, pensais-je avec orgueil, et nous disposons d'une totale liberté de communication : personne ne nous écoute quand nous parlons au téléphone; notre courrier n'est pas ouvert; le gouvernement n'espionne pas nos télégrammes ni nos télex. Voilà, me disais-je naïvement, ce qui fait la différence entre une vraie démocratie et un État totalitaire.

« C'était avant que je ne découvre l'existence de la N.S.A. Des initiales qui, pour une écrasante majorité, n'évoquent probablement rien. Si je demande à mes voisins quelle est la plus grande agence de renseignements du pays, ils citeront le F.B.I. ou bien la C.I.A., et ils auront tort. La National Security Agency est la plus grande, la plus puissante, et pas un Américain sur dix mille ne connaît son nom. Durant toutes les années où je travaillais comme correspondant à Moscou, j'ignorais même jusqu'à son existence. Pourtant, j'aurais dû, et chaque Américain devrait en être informé. C'est la plus délirante création de l'espionnage moderne : 8 milliards de dollars de budget annuel permettent à plus de 100 000 personnes de décoder des messages secrets, mais aussi d'intercepter toute circulation de nouvelles, qu'elles soient diplomatiques ou militaires, qu'elles aient trait aux affaires ou relèvent tout simplement de la vie privée, transmises par téléphone ou par satellite. Des ordinateurs géants sont programmés pour détecter les phrases, les noms ou les mots-clés et plus de 400 000 conversations, aux États-Unis et de par le monde, sont ainsi écoutées et enregistrées quotidiennement par la N.S.A. »

Le réquisitoire de Salisbury péchait par de nombreuses lacunes. L'activité qu'il décrivait et qui l'impressionnait si fort se situait bien en deçà de l'ensemble des opérations menées par l'Agence de Sécurité. Dans leurs témoignages, Mitchell et Martin révélèrent que les États-Unis utilisaient les bases aériennes dont ils disposaient, notamment en Turquie, pour des vols de reconnaissance et d'espionnage au-dessus du territoire soviétique. Un an auparavant, un avion C 130 de l'Air Force avait été abattu au-dessus de l'Arménie par une patrouille de Migs, créant un grave incident diplomatique. Les deux transfuges confirmèrent que l'appareil, doté d'un équipement électronique sophistiqué, se livrait à une mission d'espionnage pour le compte de la N.S.A., avec pour objectif principal l'interception des communications-radar.

Ils révélèrent aussi que quarante pays alliés des États-Unis avaient, au sein de leurs propres services d'espionnage et dans leurs ambassades, des agents infiltrés par la N.S.A., qui interceptaient et décodaient les messages les plus secrets. Répondant à la question d'un correspondant des *Izvestzia*, Martin cita certains de ces pays : « L'Italie, la France, la Turquie, l'Indonésie, l'Angleterre... C'est assez, je pense, pour vous donner une impression générale. »

Au cours des quatre-vingt-dix minutes que dura leur exposé, ils livrèrent également le détail des 2 000 codes d'interception utilisés par la N.S.A., ainsi que la nature des liens de coopération entre l'Agence américaine et son partenaire britannique, le C.G.H.Q.

A la question de savoir pourquoi ils avaient choisi l'Union soviétique, Martin et Mitchell répondirent par une explication naïve et embrouillée... mais aussi étrangement prémonitoire : « Le système socialiste, pensons-nous, bénéficie du soutien d'une majorité du peuple et peut donc enrichir et améliorer la société. Dans le capitalisme, science et technologie sont utilisées de façon dommageable pour les masses, et contribuent à accroître le chômage. Ce n'est pas le cas en U.R.S.S. »

Face à cette défection, la plus grave depuis la fuite à l'Est, en 1951, des deux espions britanniques Guy Burgess et Donald

Mac Lean, les autorités américaines répliquèrent en recourant aux mêmes arguments que leurs homologues anglais : « L'acte des deux agents s'expliquerait essentiellement par leur homosexualité ». Cette campagne fut relayée par un bref communiqué du Pentagone affirmant que « leur désertion ne mettait pas en péril la sécurité des États-Unis. Jamais ils n'ont eu accès à des documents classés secrets et portant sur l'armement et les plans de Défense de notre pays ».

Sérénité tout à fait apparente. Nul ne cachait, dans les milieux dirigeants, que cette affaire qui étalait au grand jour l'existence et les activités de la N.S.A. « était probablement la plus grave depuis que Klaus Fuchs, en 1947, avait transmis aux Soviétiques les secrets de la bombe atomique ».

Dans les mois qui suivirent la défection de Mitchell et Martin, la N.S.A. fut traversée par un climat de crise. Des purges massives aboutirent à l'éviction de plusieurs dizaines de collaborateurs « suspects », avec tout l'arbitraire que pouvait recouvrir un terme aussi vague. Vingt-six d'entre eux furent écartés pour « déviance sexuelle », dix-sept autres pour « déséquilibre mental », et le directeur du personnel, Maurice H. Klein, en poste depuis vingt ans, fut limogé à quelques mois de la retraite, parce qu'on exhuma une déclaration anormalement raturée qu'il avait rédigée plusieurs années auparavant...

Ces méthodes impitoyables visaient à faire de la N.S.A. le service de renseignements le plus efficace, mais aussi le plus difficile à infiltrer. Les média allèrent alors recueillir l'opinion d'un retraité célèbre, Harry Truman, sur le passage à l'Est de Mitchell et Martin. Sa sentence tomba, glaciale : « Ils devraient être abattus. » La cause de la fureur de l'ancien Président des États-Unis était simple : c'est au terme de sa seconde présidence, le 4 novembre 1952, qu'avait été créée la National Security Agency. A la différence de la C.I.A., il n'existait pas de commission du Congrès ni même de lois visant à contrôler les agissements de la N.S.A.. En fait, il n'existait même aucune loi officialisant sa création. Il n'existait que des textes destinés à la protéger. L'Agence était née d'une décision secrète de la Présidence, la directive numéro 6 du Conseil national de Sécurité dont le texte, trente-deux ans plus tard, reste encore classé top secret. En 1975, la Commission pour les affaires d'espionnage de la Chambre des Représentants, désireuse de prendre connaissance des termes exacts de ce texte, dut s'incliner, malgré des demandes réitérées, devant le refus de la Maison Blanche.

Pendant les cinq années qui suivirent sa création, aucun document officiel ne mentionna, fût-ce une seule fois, l'existence de la National Security Agency. Il fallut attendre 1957 pour en entendre parler : le Pentagone annonça alors qu'il avait payé 35 millions de dollars à la Charles Tompkins Company pour la construction à Fort Meade, dans le Maryland, du quartier général de la N.S.A., « une agence dépendant de la Défense, spécialisée dans des activités hautement techniques en rapport avec les opérations de surveillance des États-Unis ».

Le coût était démesuré, tout comme les dimensions : quinze hectares sur lesquels, au milieu d'une forêt de pins, étaient disséminés des dizaines de bâtiments. Beaucoup plus imposant que le siège de la C.I.A. installé à Langley en Virginie, celui de la N.S.A. offrait l'aspect d'une citadelle de verre et d'acier gardée avec un luxe de précautions inouïes : patrouilles de gardes armés, triple rangée de barbelés électrifiés haute de quatre mètres, systèmes de détection électroniques à l'entrée de chaque bâtiment, déplacements internes soigneusement contrôlés, le personnel ne pouvant circuler que muni de badges de couleurs différentes, patrouilles volantes, interdictions faites aux employés de pénétrer dans les zones étrangères à leur activité, etc. Les documents secrets sont enfermés dans des coffres spéciaux dotés de trois combinaisons différentes et gardés jour et nuit.

Tout agent de la N.S.A. employé à Fort Meade et autorisé à franchir quotidiennement la porte d'entrée numéro 3 a satisfait à la « procédure d'enquête » la plus rigoureuse de toutes celles appliquées aux divers secteurs névralgiques relevant de la Défense. Sa naissance, son éducation, ses études, ses voisins, amis et anciens camarades de travail ont été contrôlés, soupesés au cours de plusieurs enquêtes n'ayant qu'un objectif : découvrir la faille qui fera de ce collaborateur un traître en puissance. Une politique du « soupçon », une mise en cause permanente du « principe de loyauté » qui expliquent que tous ces employés, quels que soient leur ancienneté et leur grade, sont soumis, tous les trois ans, au détecteur de mensonges. Pour les membres de la National Security Agency, l'impératif de sécurité doit devenir plus qu'une habitude, plus qu'une seconde nature : un véritable instinct. Il contraint certains à une coupure totale avec leur vie familiale où rien ne doit filtrer de leurs véritables activités. N.S.A., confient des membres de l'agence, signifie en réalité *Never Say Anything* (Ne jamais rien dire).

En mai 1963, la société de construction J. W. Batesar Co signa un contrat de 10 940 000 dollars pour l'édification au cœur de Fort Meade d'un bâtiment de style moderne, haut de neuf étages, destiné à l'installation d'ordinateurs géants. Les travaux et l'aménagement furent terminés en 1965. Mitchell et Martin l'avaient déjà clairement laissé entendre au cours de leur conférence de presse à Moscou, en 1960 : « Les succès obtenus par la N.S.A. dans la lecture et le décodage des messages secrets d'autres nations sont dus pour une grande part à l'utilisation systématique de l'informatique. »

L'Agence dispose d'ordinateurs et d'équipements électroniques dont le nombre, la qualité et les perfectionnements sont sans équivalents dans le monde. De l'I.B.M. 7090 à 298 000 dollars pièce, réalisant 229 000 additions-seconde, au super-computer Cray I qui effectue un million de multiplications-seconde, vaut plus de 15 millions de dollars l'exemplaire et contient plus de 200 000 circuits intégrés, chacun de la taille de l'ongle du pouce, les ordinateurs sont au cœur de la stratégie de la N.S.A. A travers le P.R.O.D. (Bureau de protection), le plus important des trois secteurs d'activité de l'Agence, ils sont utilisés pour décrypter, au rythme de 600 lignes par minute, les textes codés, grâce aux fréquences de lettres, aux dizaines de milliers de mots usuels et aux règles grammaticales stockées dans leurs mémoires. Ils centralisent et dépouillent également les milliers de messages transmis quotidiennement par les centaines de stations d'écoute de la N.S.A., disséminées sur toute la planète et qui surveillent les échanges de communications aussi bien dans les pays amis que dans ceux considérés comme hostiles.

Pénétrer les rouages de l'Agence, c'est découvrir une stupéfiante complicité entre le monde des affaires, les états-majors militaires et les milieux scientifiques. En 1958, l'intrusion de la N.S.A. dans le champ de l'informatique était encore modeste et se ramenait à l'écoute des messages transmis par les premiers satellites soviétiques. Un quart de siècle plus tard, il n'est pas exagéré de dire que la N.S.A. est devenue le centre du

« complexe militaro-électronique », version réactualisée et infiniment plus sophistiquée du complexe militaro-industriel dénoncé jadis par Eisenhower. C'est un étrange laboratoire où l'on teste à la fois des méthodes de sécurité interne, souvent en violation flagrante de la loi, et les améliorations de produits haut de gamme fournis par les plus grandes firmes, grâce à des contrats tenus secrets. Coopération étroite qui remonte assez loin dans le temps.

Durant la Deuxième Guerre mondiale, le Naval Security Group et la Signal Security Agency, les deux services d'espionnage militaire qui allaient constituer l'ossature de la future N.S.A., collaboraient déjà étroitement avec des sociétés comme Eastman Kodak, Cash Register, Bell Laboratories et I.B.M. Dès 1946, E.N.I.A.C. fut affecté à des tâches militaires et il était parfaitement clair, aux yeux des spécialistes, que les ordinateurs offraient une souplesse de travail dont les machines à décrypter utilisées jusque-là se révélaient dépourvues.

Le projet « Lightning » fut la première tentative d'envergure visant à utiliser les capacités des grandes firmes et à les plier aux caprices de la N.S.A. A l'origine, un débat au sein de l'Agence : trouver le moyen d'accélérer la vitesse et la puissance des machines pour les faire réellement répondre aux nouveaux besoins. A l'issue d'une réunion houleuse, le général Camine, directeur de la N.S.A., lança excédé : « Construisez-nous une machine fonctionnant à mille megahertz, et j'obtiendrai l'argent. »

En quelques jours, en juin 1957, 25 millions de dollars furent de fait alloués par « décision présidentielle » pour « développer un programme de recherches sur cinq ans ». Les firmes et universités associées, les plus puissantes du monde de l'informatique, étaient aussi celles qui se trouvaient liées au gouvernement par divers contrats : Sperry Rand, R.C.A., I.B.M., Philco, General Electric, M.I.T., université du Kansas. Premier objectif : arriver à augmenter la capacité des circuits électroniques de 1 000 %. Il fut amplement atteint et permit d'améliorer de façon considérable la capacité du super-computer STRETCH d'I.B.M. (jusque-là les modèles utilisés par l'Agence « transféraient » les caractères au rythme de 1 128 000 à la seconde).

Aujourd'hui, l'immense bâtiment installé au cœur de Fort Meade, non loin du bureau du quartier général, est le centre d'opération informatique le plus important et le plus perfectionné du monde. Comme le cerveau humain, il est divisé en deux parties : un hémisphère droit, baptisé Carillon, et un hémisphère gauche, portant le nom de code de Loadstone. Carillon, équipé pendant un temps d'I.B.M. 360, possède désormais quatre énormes ordinateurs I.B.M. 3033, reliés ensemble et communiquant avec trois super-imprimantes I.B.M. tapant 22 000 lignes à la minute. Loadstone est encore plus puissant : couloirs feutrés, moquettes jaunes, et, au centre, des super-computers de cinq tonnes, capables d'effectuer de 150 à 200 millions de calculs par seconde. Équipés d'une mémoire spécialement conçue pour les travaux de la N.S.A., ces ordinateurs, les Cray – du nom de leur inventeur Seymour Cray – sont capables de « transférer » 320 millions de mots à la seconde, soit l'équivalent de 2 500 livres de 300 pages.

Malgré ces performances étourdissantes, l'accroissement de la vitesse, de la puissance et de la capacité de mémorisation des ordinateurs reste l'objectif principal. Les travaux sur le laser engagés par la N.S.A. sont très avancés, de même que les recherches visant à aboutir à des ordinateurs capables de réaliser l'extraordinaire performance de 4 milliards de multiplications à la seconde. « L'Agence – déclarait avec un humour empreint de fausse modestie l'un des rares textes de présentation qui lui furent consacrés – a certainement contribué à hâter l'avènement de l'ère de l'ordinateur. »

Travail de pionnier qui ne peut s'expliquer que par les relations que l'Agence de Sécurité nationale a nouées avec de très nombreux universitaires et savants par le biais d'institutions et de fondations qui ne sont que des prête-noms. La force et la pérennité d'une organisation comme la N.S.A. reposent en effet sur une capacité d'agir en secret qui lui permet de modeler tout le paysage socio-politique. L'achat des intelligences, le contrôle des aspirations constituent une part essentielle de sa stratégie qui fait montre, dans la manipulation du champ intellectuel, des mêmes qualités d'anticipation et d'innovation que dans les domaines spécifiques de l'espionnage. La rigueur de pensée, la fidélité à ses opinions sont devenues des notions de plus en plus relativisées et négociables, et l'Agence sait épouser à merveille les contours de l'âme humaine, exploitant au maximum des attitudes aussi diverses que la naïveté somnolente ou l'opportunisme cynique.

Le National Security Agency Advisory Board (N.S.A.A.B.) est le cadre où se trouve scellée cette alliance. En son sein, des scientifiques de renom apportent talents et conseils pour l'amélioration des systèmes de surveillance mis en place. Dans les années 1955-1960, le président du N.S.A.A.B. fut Howard P. Robertson, professeur de théorie mathématique à l'Institut de technologie de Californie, qui devint plus tard conseiller scientifique du Président Kennedy. Ses successeurs furent Robert Dilworth, de l'Institut Caltech, travaillant pour la N.A.S.A., entouré d'Arnold Dumey, responsable du secteur « recherche et défense » de l'Institut de Défense de Princeton, Joseph J. Eachus, haut responsable d'Honeywell, et Richard Raymond, dirigeant de General Electric. De 1967 à 1970, le président fut Willis W. Ware, un des dirigeants de la Rand Corporation, qui travaille pour le Pentagone.

Cet organisme n'est qu'un des moyens utilisés par la N.S.A. pour noyauter la société civile. Il existe un chassé-croisé incessant entre les entreprises privées et l'Agence. En 1956, Howard Engstrom, un des vice-présidents de Remington Rand, prit la tête du service de recherches et de développement de la N.S.A. Son successeur fut Joseph N. Ream, un des vice-présidents de la société de télévision C.B.S. Ream retrouva plus tard son ancien poste et, dans sa biographie, son passage à la N.S.A. n'est pas mentionné.

Le projet « Lightning », décrit plus haut et dans lequel furent engloutis plus de 25 millions de dollars, fut coordonné par William O. Baker, quarante-deux ans, brillant responsable du département de recherches de Bell Laboratories, dépendant du géant A.T.T. A ses côtés se trouvaient David H. Huffman, un des experts en théorie de l'informatique du M.I.T., Luis Alvarez, un des directeurs de l'université de Californie, Richard Garwin, d'I.B.M., et le professeur Gleason, de Harvard. « Lightning », en dehors de ses applications dans l'espionnage, permit le dépôt de 320 brevets.

Le 22 octobre 1960, Robert Goheen, président de Princeton, inaugurait un vaste bâtiment de deux étages construit en briques rouges, le John von Neumann Hall. Le nom du pionnier de l'ordinateur était donné à un centre de recherche qui se révéla vite être en partie une création de la N.S.A. Le but visé consistait à exercer un contrôle plus étroit, dans le domaine intellectuel, par le biais d'organismes créées spécialement pour les besoins et objectifs de l'Agence. Un cas extrême fut l'éclosion de l'I.D.A. – l'Institut pour les Analyses de Défense –, porté sur les fonts baptismaux par sept universités, parmi lesquelles le M.I.T. dont le comité exécutif regroupe en son sein les représentants des 19 premières entreprises d'armement des États-Unis. Deux milliards de dollars furent alloués à la création, en 1958, de cet institut, qualifié de « plus secret des centres de recherches ». Installé sur le campus de l'Université de Princeton, il n'a cessé de croître en taille et en effectifs, et il disposait dès 1970 de cinq sections regroupant 285 chercheurs et 274 assistants, fonctionnant avec un confortable budget annuel de 13 millions de dollars. Les chercheurs, nantis d'un contrat d'une ou deux années, sont pour la plupart prêtés par d'autres universités et chaque été, un certain nombre d'entre eux suivent des cours spéciaux à l'U.C.L.A. (University of California-Los Angeles). Pour plus de discrétion, ils sont directement rétribués par l'U.C.L.A., laquelle est ensuite remboursée par l'I.D.A., lui-même dédommagé plus tard par la N.S.A.

L'infiltration est aussi permanente qu'insidieuse. En 1970, des étudiants de l'université de Columbia publièrent un fascicule intitulé « Offres d'emplois pour les étudiants formés aux relations internationales ». Les postes les plus fréquemment énumérés concernaient, par ordre de priorité : la C.I.A., la N.S.A., le Département d'État, l'Agence internationale pour le Développement. Puis apparaissaient la Chase Manhattan Bank, la First National City Bank, Mobil, Exxon. Enfin, en toute dernière position, écartés et méprisés : les Nations Unies et autres organismes internationaux. En 1973, le directeur de Columbia, Andrew Cordier, qui est aussi consultant du Département d'État et de la Fondation Ford, révéla que 40 % des étudiants entraient dans les services gouvernementaux, tandis que 30 % se répartissaient entre les grandes banques, le reste optant pour les affaires internationales.

Un des liens particuliers institués entre l'Agence de Sécurité nationale et le monde de l'industrie est une association créée en 1963 par d'anciens officiers de la N.S.A. Son objectif n'est pas l'évocation nostalgique des années passées dans le monde de l'espionnage, mais la promotion des principaux fabricants d'armements électroniques. Marché fructueux puisque le principal client, l'armée, achète annuellement pour plusieurs milliards de dollars de matériel. L'association, dirigée par un colonel dont les relations restent étroites avec le quartier général de la N.S.A., rassemble un conseil d'administration composé de « faucons » célèbres, tels le général Andrew Goodpaster, ancien commandant suprême des forces de l'O.T.A.N., Melvin Laird, Secrétaire à la Défense de Richard Nixon, John Tower, le tout- puissant et inamovible président de la Commission des Forces armées du Sénat, et Barry Goldwater, ancien candidat à la présidence. Un lobby efficace, déterminé et bien articulé, dont l'influence dans les milieux militaires est énorme, et qui dispose de surcroît d'un magazine bimensuel, *Electronic Warfare*. Chaque numéro détaille complaisamment les derniers systèmes d'armement mis au point et proposés à la vente, ainsi qu'une liste complète des principaux officiers de l'armée de l'air occupant des postes clés dans les différents secteurs de la guerre électronique, avec leur numéro de téléphone. En facilitant la promotion de ces fabricants d'armements, la N.S.A. infiltre au maximum ces deux secteurs, complémentaires pour elle : celui des affaires et celui de l'armée.

Coopération au demeurant déjà ancienne, puisqu'au Viêtnam, les équipes envoyées par l'Agence disposaient des derniers modèles de mini-computers qui leur étaient renouvelés tous les cinq mois. « Stupéfiant spectacle, déclara alors un observateur en poste à Saïgon. Les firmes électroniques avaient délégué des représentants qui semblaient rôder en permanence autour des installations de la N.S.A., toujours prêts à accourir au moindre problème ou pour apporter un quelconque perfectionnement... »

VIII

Big Brother vit toujours

L'opération « Shamrock » fut lancée en août 1945, alors que se livraient les derniers combats de la Seconde Guerre mondiale. L'inquiétude des responsables de l'espionnage militaire intérieur américain était de voir la fin des hostilités coïncider avec une levée de la censure qui leur permettait jusqu'alors d'avoir accès aux millions de communications destinées aux Etats-Unis mêmes ou émises vers l'étranger. L'objectif de ce petit groupe d'hommes, agissant clandestinement, était de prendre de vitesse le pouvoir politique et d'imposer une situation qui se révélerait irréversible. Par les rapports d'agents infiltrés au sein de la Maison Blanche, ils savaient que le Président Truman se préparait à annoncer, d'ici un mois, la dissolution des services de censure et la fin de leurs activités.

Un des chefs de la conspiration, le général de brigade Preston Cordeman, chef de la Signal Security Agency, désigna deux collaborateurs qui reçurent pour mission de se rendre à New York et d'y négocier avec les responsables de grandes firmes de communication « les modalités d'interception de tous les messages provenant de gouvernements étrangers, entrant ou sortant des Etats-Unis, ou encore y transitant, ainsi que les méthodes destinées à photographier ce travail d'interception ».

La première démarche fut effectuée auprès d'I.T.T., la firme si controversée. Etrangement, le responsable qui reçut les deux hommes leur opposa un refus ferme et définitif. Le vice-président de la Western Union Telegraph, contacté ensuite, émit quelques réserves qui furent vite écartées et se rallia au projet, comme le président du tout-puissant groupe R.C.A. qui détenait alors une situation de quasi-monopole au niveau des chaînes de radio et du télégraphe.

Fort de la complicité de ces deux firmes qui représentaient les trois quarts de l'industrie américaine des communications, les deux négociateurs des services spéciaux reçurent l'ordre de s'en retourner au siège d'I.T.T. pour convaincre ses dirigeants qu'« il serait tout à fait dommageable qu'elle soit la seule compagnie à ne pas coopérer à ce projet, qui était aussi un effort patriotique ». Le représentant de la société finit par donner son accord, mais le subordonna à l'approbation de son conseil d'administration.

Au sein des trois empires industriels visités par les services spéciaux, avocats et conseillers juridiques soulignèrent la « flagrante illégalité » de l'opération projetée. Les dirigeants passèrent outre à ces objections et, au début d'octobre 1945, l'opération « Shamrock » commença à être mise en œuvre. Des trois firmes, R.C.A. fut probablement celle qui s'adonna à la collaboration la plus étroite avec les agences d'espionnage, allant même jusqu'à détacher à cette fin l'un de ses vice-présidents, William Sydney Spaks. Au cours de ses rencontres avec le général Cordeman, Spaks discuta des méthodes de travail les plus discrètes et les plus efficaces. Les militaires proposèrent que R.C.A. sélectionnât les messages les plus importants et les fît ensuite copier. Spaks refusa. « Le danger était trop grand, dit-il, avec des manipulations si nombreuses qu'elles finiraient inévitablement par attirer l'attention. » Il fit alors une contre-proposition qui alla droit au cœur des chefs du renseignement : « Tous les messages transitant par la compagnie seraient interceptés. »

Quelques jours plus tard, les détails de l'opération furent arrêtés. Spaks avait mis dans la confidence les six responsables coordonnant les services du télégraphe et du téléphone. Chaque soir, peu avant minuit, un de ces superviseurs rassemblerait dans plusieurs sacs les bandes contenant les communications de la journée, dont un agent de l'Army Security Agency prendrait livraison peu après. Les bandes seraient ensuite copiées, les télégrammes sélectionnés en fonction de leur importance, et l'ensemble serait rapporté au petit matin au siège de R.C.A.

La collaboration d'I.T.T. revêtit des formes semblables puisque l'accord prévoyait que « tout le trafic serait enregistré sur micro-films qui seraient développés par l'Army Security Agency, puis retournés après lecture à I.T.T. » Western Union eut une position plus restrictive : elle n'accepta que la mise sur écoute quotidienne des communications en provenance d'un seul pays étranger. A quatre heures, chaque matin, comme pour R.C.A., des hommes en civil venaient prendre livraison des bandes.

Cet étrange ballet suscitait néanmoins une inquiétude croissante chez les dirigeants des trois firmes, car les termes de l'accord conclu laissaient prévoir une garantie que les chefs des services spéciaux ne semblaient toujours pas en mesure de leur fournir : « L'assurance qu'en cas d'incidents, ces agissements seraient juridiquement couverts par les ministères de la Justice et de la Défense. »

A la fin de l'année 1947, loin d'être apaisés, les dirigeants d'I.T.T., de Western Union et de R.C.A. exigeaient désormais l'engagement du Président lui-même qu'ils ne seraient soumis à aucune poursuite devant les tribunaux fédéraux.

Le 16 décembre 1947, le Secrétaire à la Défense, James Forrestal, rencontra, au cours d'une réunion secrète décrite par James Bamford, Sosthene Behn, le président fondateur d'I.T.T., Joseph Egan, président de Western Union, et le général Harry Ingles, président de R.C.A. Communication. A tous il réaffirma la nécessité de poursuivre l'opération engagée « qui, au niveau de la sécurité nationale et de l'espionnage, revêtait la plus haute importance ». Puis il entreprit de les rassurer : « Aussi longtemps que l'attorney Tom Clark sera à son poste, je puis vous assurer que vos firmes bénéficieront d'une protection totale. » Une des personnalités présentes demanda alors au Secrétaire à la Défense s'il parlait seulement en son nom propre ou également au nom du Président des Etats-Unis. Forrestal se troubla, hésita, puis répondit que, « bien sûr », il exprimait aussi les vues du chef de l'exécutif.

L'attitude de Forrestal au cours de cette rencontre révélait qu'il était largement sous l'influence des services spéciaux et que l'accord de Truman pour une opération illégale d'une telle ampleur était plus qu'incertain. Cette impression fut confirmée par la démarche que le Secrétaire à la Défense engagea quelques jours plus tard auprès de certains membres du Congrès : deux de ses collaborateurs rencontrèrent Alexander Wiley et Earl Cary Michener, présidents des toutes-puissantes commissions judiciaires du Sénat et de la Chambre des

Représentants. Il s'agissait de tester leurs réactions face à un vague projet d'amendement qui « autoriserait le président des Etats-Unis à confier à certaines agences spécialisées l'écoute des communications en provenance de gouvernements étrangers ». Il s'agissait « bien sûr », selon les propres termes de Forrestal, d'une « hypothèse toute théorique »; mais pensaient-ils qu'il existerait une majorité parlementaire pour voter un tel projet de loi?

La réponse des deux parlementaires ne fut guère encourageante et « Shamrock » poursuivit son existence clandestine. Le 28 mars 1949, Forrestal démissionna de son poste et fut admis immédiatement au Bethesda Naval Hospital de Washington, victime d'une sévère dépression nerveuse doublée de paranoïa aiguë. Moins de deux mois plus tard, le 22 mai, il mettait fin à ses jours en se jetant de la fenêtre de sa chambre située au 16ᵉ étage.

Il est difficile d'imaginer ce qu'aurait été l'avenir de l'opération « Shamrock », privée de son principal soutien, si le monde n'avait glissé au même moment dans la guerre froide. Situation de crise qui justifiait que l'on prît toutes les mesures de sécurité interne. Et lorsque, trois ans plus tard, la National Security Agency fut créée, l'opération « Shamrock », dont le champ d'investigation n'avait cessé de s'élargir, passa aussitôt sous son contrôle.

Dans les années 60, le chiffre d'affaires de R.C.A. fléchit, celui de Western Union stagna, tandis que la prospérité et la croissance d'I.T.T. devenaient insolentes. Mais les firmes complices poursuivirent avec la même assiduité l'étrange coopération amorcée quinze ans plus tôt. Toute amélioration technique était immédiatement répercutée sur elles. Ainsi, entre 1963 et 1966, les communications furent adaptées à un système informatique et enregistrées sur bandes magnétiques spéciales. R.C.A. fut la première à s'engager dans cette mutation, suivie par I.T.T. Les bandes étaient transmises à un ordinateur géant Harvest, installé au siège de la N.S.A. à Fort Meade, qui inventoriait le contenu à partir des noms, adresses et de certains mots-clés. Mais le transfert quotidien des bandes entre le siège de ces firmes, installées à New York, et Fort Meade, près de Washington, posait des problèmes de sécurité de plus en plus aigus. L'avion pouvait s'écraser, les bandes disparaître ou être détruites. La N.S.A. demanda la coopération du F.B.I. et aménagea un immeuble en plein cœur de Manhattan où, sous la couverture d'une prétendue annexe d'une chaîne TV chargée d'effectuer des copies de films, toutes les bandes soustraites furent copiées.

1961 constitua pour la N.S.A. une année-charnière. L'agence, vigoureusement réorganisée après l'affaire Mitchell-Martin, présentait toutes les garanties d'efficacité et de sécurité. Le bilan dressé onze ans après le lancement de l'opération « Shamrock » était globalement positif : par-delà les renseignements interceptés parmi les dizaines de millions de messages ainsi violés et enregistrés, la coopération extorquée à des compagnies privées avait cessé, au fil des ans, d'être l'exception pour devenir la règle.

La N.S.A. était parvenue à s'imposer comme le pivot d'un système dont elle bafouait les lois et qu'elle espionnait en permanence. Mais, malgré sa toute-puissance et son réseau d'influences, il lui manquait encore l'opportunité qui lui permettrait de pénétrer jusqu'au centre de décision de la vie politique américaine, c'est-à-dire au sein de la Maison Blanche. L'affaire de Cuba lui en fournit l'occasion.

La nouvelle Administration démocrate réunie autour de Kennedy vivait encore au rythme de la guerre froide. Les hommes au pouvoir avaient été modelés par elle, et les événements venaient à présent leur rappeler qu'elle n'avait pas encore atteint son paroxysme. Le Viêt-nam ne se présentait nullement à leurs yeux comme une échéance importante. Le journaliste Stanley Karnow, correspondant en Extrême-Orient, qui connaissait bien la question, passa un jour au ministère de la Justice pour deviser avec Robert Kennedy. Dans la conversation, Karnow cita le Viêt-nam comme étant sans doute le problème le plus sérieux, celui qui comportait à long terme les risques les plus graves : « Le Viêt-nam, lui répondit Robert Kennedy avec irritation, le Viêt-nam... Mais, ici même, nous avons trente Viêt-nam par jour, et même un super-Viêt-nam qui s'appelle Cuba ! »

Le nouveau régime de Castro, à la demande du Président, avait été déclaré objectif prioritaire pour les opérations d'espionnage, et d'importantes missions de collecte d'informations avaient été fixées aux divers organismes de renseignements militaires. Au gré des requêtes présentées par les analystes, de nouvelles exigences ne cessaient d'être formulées. L'aviation et la marine excerçaient une étroite surveillance sur les bâtiments et les convois soviétiques se dirigeant vers Cuba. Cette surveillance était d'abord assurée en Méditerranée par la VIe flotte, puis par la flotte de l'Atlantique qui disposait à Cuba même d'une station d'écoute dans la baie de Guantanamo, enfin par les forces aériennes. Les services de renseignements américains prenaient sans répit des photographies des navires soviétiques et enregistraient les communications des postes cubains à ondes courtes. Les antennes géantes de la N.S.A. ne laissaient échapper aucun des messages échangés entre les convois soviétiques et Cuba. En effet, avant les nationalisations opérées par Castro, l'installation et la gestion du système de communications de l'île avaient été assurées par I.T.T., et cette compagnie coopérait étroitement avec la N.S.A. pour intercepter les échanges. Une bonne partie des équipements anciens se trouvait encore en usage et la N.S.A. était donc en mesure de recueillir une masse considérable d'informations.

Bien que l'aide économique et militaire de l'U.R.S.S. au gouvernement Castro fût en augmentation, à la fin du printemps 1962, il ne semblait guère y avoir de sérieuses raisons de s'alarmer. Dans la crise de Berlin, on semblait en revenir à une certaine détente, et Washington estimait que sa politique de fermeté s'était avérée payante. Il existait certes des signes menaçants, tels l'entraînement d'équipages de sous-marins soviétiques à des simulacres de combats en Indonésie, tandis qu'au Yémen des équipages de bombardiers russes effectuaient des bombardements simulés. Il s'agissait là de pratiques tranchant avec le comportement habituel soviétique dans ces régions, et il était également clair que l'U.R.S.S. expédiait à La Havane du matériel militaire en quantités trop importantes pour servir à l'équipement des seules forces cubaines.

Mais la C.I.A. réagit avec sérénité, estimant que cette intensification des activités était surtout motivée par la mise en œuvre des programmes d'assistance de Moscou. La N.S.A. fit une analyse absolument opposée : d'après elle, les informations en possession des autorités américaines démontraient que l'on assistait à la mise en place d'un dispositif militaire d'une ampleur sans précédent.

La prudence de la C.I.A. tenait peut-être à ses erreurs passées sur l'évaluation réelle de la situation cubaine. Mais les premières cargaisons de missiles offensifs soviétiques, débarquées dans les ports cubains au mois de septembre, échappèrent aussi à sa vigilance.

La crise du Cuba marqua, aux yeux de Kennedy, le constat de carence des services de renseignements américains. Tous furent violemment tancés, à l'exception de la N.S.A. qui franchit ainsi un nouveau pas dans la voie de sa légitimation. L'Agence pouvait désormais mieux faire prévaloir ses vues et ses exigences en matière d'effectifs, d'équipements et de crédits. D'autant plus facilement que l'O.M.B. (le service du Budget de la Maison Blanche), qui avait pour mission de contrôler les dépenses de tous les départements ministériels et d'établir un ordre de priorité dans les engagements de crédits, se révélait dans l'incapacité d'exercer la moindre surveillance. Sa section des affaires internationales, théoriquement chargée du contrôle financier de tous les organismes de renseignements, ne comprenait que cinq fonctionnaires : le directeur de la section et un contrôleur pour chaque organisme. Il était matériellement impossible à ces cinq hommes de vérifier sérieusement les dépenses d'une agence telle que la National Security Agency, administrant des centaines de bases à l'étranger et dont le budget annuel s'élevait à plusieurs milliards de dollars; comme le déclarait un rapport à usage interne émanant de ces fonctionnaires, il ne fallait pas y songer, « même si l'organisme en question se montrait extrêmement coopératif, ce qui est loin d'être le cas ».

Au cours de ses voyages présidentiels, Lyndon Johnson se plaisait, lors des conversations qu'il avait avec ses hôtes, rois ou présidents, à exhiber à un moment donné des photos prises par satellites et qui révélaient tel ou tel détail de positions militaires tenues secrètes, ou d'installations ultra-sensibles appartenant au pays visité. « Johnson, confiait l'un de ses collaborateurs, adorait cette pornographie : étaler devant des interlocuteurs stupéfaits et consternés ces clichés qui lui avaient été fournis par la N.S.A. » Pour le Président américain, c'était une manière aussi vulgaire que brutale de mettre en garde des États faibles, tentés par des « alliances douteuses ». Ne faites rien qui puisse nous irriter, avertissait-il de la sorte, nous savons tout de vous.

L'accession, en 1965, du général Marshall Pat Carter à la tête de la N.S.A. contribua notablement à accroître l'influence de l'Agence : ce n'est peut-être pas lui qui plaçait les photos dans les poches de Johnson, du moins exerçait-il une forte influence sur le Président américain. En fait, Carter était moins un militaire qu'un scientifique très tôt plongé dans l'arène politique. Diplômé de l'académie militaire de West Point, il avait obtenu un diplôme d'ingénieur au M.I.T. avant de terminer la guerre comme représentant à Washington de l'ancien chef d'état-major George C. Marshall, à l'époque ambassadeur en Chine. En 1947, quand Marshall devint Secrétaire d'Etat, il fit nommer Carter général de brigade et le prit comme conseiller spécial, lui permettant ainsi d'acquérir une connaissance privilégiée de la politique étrangère américaine. Plus tard, nommé à la Défense, Marshall garda à ses côtés Carter qui sut développer relations et influences dans l'Administration washingtonienne.

En 1962, Carter fut nommé directeur-adjoint de la C.I.A. sous les ordres de John MacCone, et ce fut lui qui apporta à Kennedy les premiers clichés fournissant la preuve irréfutable de l'existence de missiles offensifs soviétiques pointés sur les côtes américaines. Carter était charmeur, brillant et orgueilleux, ce qui lui valut à trois reprises au moins de compromettre sa carrière militaire en entrant en conflit direct avec le Secrétaire à la Défense Robert McNamara. Dans chaque cas, Carter avait néanmoins raison. McNamara ne le lui pardonna jamais, refusa qu'il reçoive sa quatrième étoile de général, et lorsque MacCone quitta la direction de la C.I.A. pour être nommé à la vice-présidence d'I.T.T., l'amiral Raborn fut désigné à ce poste à la place de Carter qui préféra alors démissionner. Il resta quelques mois sans affectation jusqu'au moment où Cyrus Vance, futur Secrétaire d'Etat, à l'époque Secrétaire-adjoint à la Défense, lui proposa de prendre la direction de la N.S.A. Carter hésita, parce qu'il « s'agissait au fond de remettre ça dans un de ces machins du ministère de la Défense ». Mais, le 1er juin 1965, il finit par accepter de diriger ce qu'il surnommait « l'Auberge de l'anagramme » et qui était encore à l'époque probablement beaucoup moins connu des officiels américains que des dirigeants soviétiques...

L'un de ses tout premiers objectifs fut de persuader des leaders politiques de visiter l'Agence, pour mieux les convaincre du travail effectué et de l'ampleur des responsabilités que la N.S.A. semblait prête à assumer. Cet homme secret – au point qu'un magazine soviétique le surnommait « Pat Carter : l'oreille électronique », ajoutant : « Si la qualité d'un espion se mesure à son goût de la discrétion, alors Carter doit être l'un des meilleurs » – fit un travail de relations publiques étonnant qui amena, le 26 septembre, devant les grilles de Fort Meade, le vice-Président Humphrey lui-même.

Le verbe emphatique, le deuxième personnage de l'Etat américain tint au personnel rassemblé des propos stimulants, même s'ils ne se révélaient pas d'une originalité foudroyante. Mais Carter avait gagné son pari : faire de la N.S.A. un organisme qui serait de plus en plus l'un des bras séculiers de l'Exécutif américain, de moins en moins une agence dépendant du Pentagone. Officiellement, la National Security Agency était « une agence du département de la Défense organisée de manière autonome », mais Carter préféra que l'on insistât sur l'autonomie plutôt que sur l'appartenance à la Défense. Lors de la cérémonie qui marqua la visite d'Humphrey à Fort Meade, l'absence d'invités en uniformes fut largement remarquée.

La N.S.A. n'en était plus à un paradoxe près, mais l'action de ce général-directeur qui démilitarisait à outrance ses services, provoquant la colère du Secrétaire à la Défense et l'amertume des plus anciens collaborateurs appartenant à l'armée, avait quelque chose d'ahurissant : « A la fin de la Deuxième Guerre mondiale, confiait le chef du service d'interception, la N.S.A. était militaire à 99 %. Aujourd'hui, le pourcentage n'atteint pas même les 5 %. »

Entre-temps, Carter effectuait un travail de recrutement dans les universités, les centres de recherches, les plus prestigieuses des « think-tanks », et orientait résolument ses services vers cette guerre électronique qui livrait, grâce à des satellites-espions, des photographies si précises qu'elles permettaient de détailler non seulement les concentrations de troupes, le matériel utilisé, mais aussi les grades des militaires d'après le nombre d'étoiles ornant leurs épaulettes.

Plus d'un milliard et demi de dollars furent consacrés annuellement au lancement et à l'utilisation de satellites-espions que la N.S.A. employait sous couverture de l'Air Force. Mais Carter saisissait toutes les occasions pour élargir les activités de l'agence et la faire apparaître comme indispensable.

Au début de l'été 1967, des agents appartenant au service des opérations spéciales de la C.I.A. apportèrent leur concours à l'armée bolivienne lancée sur les traces de Che Guevara. On savait que celui-ci était arrivé à La Paz en novembre 1966, venant de La Havane et ayant transité par Prague, Francfort et São Paulo, sous la fausse identité d'un commerçant uruguayen au crâne un peu chauve, grisonnant et portant des lunettes d'écaille, image sensiblement différente de celle du révolutionnaire charismatique. Quelques mois plus tard, il était clair qu'il avait pris la direction d'un mouvement de guérilla dans la province méridionale du pays, région montagneuse d'accès difficile. Abattre Guevara devint pour le régime militaire bolivien une priorité. Les unités de Rangers formées par des instructeurs américains et conseillées par des spécialistes de la C.I.A. infligèrent plusieurs défaites à la guérilla. Mais le Che restait introuvable.

L'élément qui devait permettre sa capture fut l'interception de ses communications-radio, malgré une faible puissance d'émission, par un satellite-espion de la N.S.A. L'opération, baptisée « Direction Finding », permit une localisation si précise que trois jours suffirent, après que les renseignements eurent été transmis à La Paz, pour que Guevara fût blessé et capturé non loin du petit village montagnard de la Higuera. Les conseillers de la C.I.A. auprès des autorités boliviennes tentèrent de le ramener vivant afin de le soumettre à un interrogatoire approfondi. Le président bolivien, le général Barrientos, se montra inflexible : il redoutait que l'annonce de la capture ne déclenchât à travers le pays des troubles que son gouvernement serait incapable de contrôler. L'ordre définitif arriva le lendemain matin : le prisonnier devait être abattu sur place; son corps, suspendu au train d'atterrissage d'un hélicoptère, serait transporté à la ville de Vallegrande où, dans une blanchisserie locale, un petit groupe de reporters et de personnalités gouvernementales viendraient l'examiner et l'identifier. Puis le cadavre serait enterré sans que figurât la moindre marque permettant de le reconnaître jamais.

Selon le rapport adressé au siège central de l'organisation par l'agent de la C.I.A. présent lors de la capture : « Guevara, au début, avait encore quelque espoir de sortir vivant de cette épreuve; mais quand il comprit que l'instant de sa mort était réellement venu, sa pipe glissa de sa bouche. Che reprit cependant aussitôt le contrôle de lui-même et demanda un peu de tabac. Il ne paraissait plus se soucier de sa jambe blessée et acceptait son sort avec un soupir de résignation, sans demander aucune faveur dernière. On ne pouvait qu'éprouver un sentiment d'admiration pour le révolutionnaire, et de la pitié pour l'homme. Quelques instants plus tard, il était abattu. »

Le budget réel de l'Agence était source d'interrogations et de mystère. Un milliard de dollars, selon la version officielle, dix fois plus selon les spécialistes, soit le dixième du budget total de la Défense des Etats-Unis. Les effectifs oscillaient entre 80 000 et 120 000 personnes, soit près de six fois ceux de la C.I.A. La N.S.A. était réellement devenue un monstre qui intriguait et inquiétait. On savait qu'il était très difficile d'évaluer l'exacte puissance financière de l'Agence, car ses dépenses étaient réparties entre plusieurs départements ministériels et de nombreux organismes-écrans.

Mathématiciens et spécialistes du décodage, ingénieurs en informatique, spécialistes du radar et de l'électronique, experts en communications, linguistes entraînés spécialement à l'école de Monterrey en Californie (une des subdivisions de la N.S.A.), constituaient l'élite de ce corps gigantesque. L'objectif de Pat Carter était d'en faire le seul interlocuteur et rival qui pût être opposé efficacement à la fois au G.R.U., le service d'espionnage militaire soviétique, et à la cinquième direction du K.G.B., la mieux équipée, qui avait en charge les opérations d'espionnage à l'étranger. Ces deux organismes coopéraient ensemble à la collecte d'informations par des méthodes empruntées à la technologie la plus moderne, y compris l'emploi de satellites, et à ceux qui tentaient de démontrer que le coût des opérations soviétiques était nettement moins élevé que celui de la N.S.A., Carter opposait une réponse imparable : « Exact, mais c'est essentiellement dû au fait qu'en raison de sa superficie, l'U.R.S.S. n'a nul besoin d'entretenir autant de bases à l'étranger que l'Amérique. »

Carter se plaisait à dresser un tableau géopolitique d'où ressortait l'extraordinaire vulnérabilité des Etats-Unis. Il n'y avait pas seulement Cuba – « le meilleur des observatoires à quelques encâblures de nos côtes » –, mais aussi les stations soviétiques implantées dans le Nord, près de la mer de Béring, et qui pouvaient non seulement écouter les communications militaires transmises entre le Canada et les Etats-Unis, mais également espionner les sites de fusées balistiques Minutemen implantés dans le Nord-Dakota. A cela s'ajoutaient les facilités dont l'espionnage soviétique bénéficiait au Sud-Yémen, en Syrie, en Corée du Nord et au Nord-Viêt-nam, les navires équipés de matériel électronique qui, dans l'Atlantique, croisaient au large de la base espagnole de la Rota où les sous-marins nucléaires américains faisaient relâche.

On avait là, brossé avec efficacité, l'angoissant tableau d'une puissance américaine prise en tenaille par l'inexorable étau de l'avancée communiste. Washington souhaitait-il relever ce défi? La N.S.A., instrument privilégié, était prête à soumettre au Président des Etats-Unis un plan d'urgence prenant en compte les intérêts stratégiques du pays. Car le directeur de la N.S.A., par glissements successifs, en était arrivé à faire admettre que le seul interlocuteur à qui il se devait de rendre des comptes, quand il le souhaitait, était le chef de l'Exécutif américain, et non, comme l'eussent exigé la hiérarchie et la tradition, le Secrétaire à la Défense.

Dès la fin des années 60, plus de 2 000 spécialistes de la N.S.A. travaillaient à travers le monde dans des bases installées notamment au Japon, à Taïwan, en Corée du Sud, en Australie, en Ethiopie, au Maroc, en Allemagne de l'Ouest, aux Açores, en Afrique du Sud, dans l'île de Diego Garcia, aux Aléoutiennes et en Turquie. Là se trouvait à l'œuvre un personnel engagé dans des opérations d'espionnage « cruciales », installé dans des centres d'écoute ultra-perfectionnés, construits secrètement, et qui n'avait à justifier de ses actions qu'au quartier général de Fort Meade.

S'il fallait parfois que les Etats-Unis paient d'un prix élevé le maintien de ces installations, ce prix était payé sans broncher, car l'efficacité de la N.S.A., selon l'opinion officielle, n'était plus à démontrer. En Turquie, point névralgique s'il en fut, l'Agence de Sécurité nationale disposait de plusieurs bases sur la frontière soviétique, position idéale qui permettait d'observer à la fois les sites d'Asie centrale, notamment celui du Turyatam où étaient testés les missiles nucléaires, et les centres de lancement d'armes atomiques situés près de la mer Caspienne. Les relais de la N.S.A. interceptaient aussi toutes les communications échangées entre le Sud de l'U.R.S.S. et la Bulgarie, la

Yougoslavie et la Roumanie, et les opérateurs répercutaient immédiatement ce flux d'informations sur les ordinateurs géants de Fort Meade qui fonctionnaient vingt-quatre heures sur vingt-quatre. Puis ils comparaient les renseignements obtenus en Turquie avec ceux recueillis en Allemagne de l'Ouest, au centre d'écoute d'Augsbourg, au Japon et en Corée du Sud. Ainsi la N.S.A. pouvait se prétendre en mesure de décrire quasiment heure par heure tout ce qui se passait en U.R.S.S. et dans les pays satellites.

Lorsque, à la fin des années 60, le problème de la drogue se fit critique, des pressions officielles américaines s'exercèrent sur le gouvernement d'Ankara pour l'inciter à réduire sévèrement la production d'opium dans les régions d'Anatolie. En réponse, les responsables turcs évoquèrent les « aléas » qui pesaient sur le maintien des bases d'écoute américaines dans leur pays. A Washington, chacun comprit. En 1971, les Etats-Unis acceptèrent de verser annuellement à la Turquie 37,5 millions de dollars destinés à favoriser en deux ans un programme de cultures de substitution à l'opium. Et trois ans plus tard, lorsque s'ouvrit une nouvelle crise entre les Etats-Unis et la Turquie à la suite de l'invasion de Chypre, le chantage aux bases battit à nouveau son plein et le problème de la drogue revint à son tour au premier plan.

En Ethiopie, le centre géant de Kagnew employait mille personnes. Objectif : l'écoute du golfe Persique, d'une partie de l'Asie centrale soviétique, et le repérage des mouvements de sous-marins nucléaires soviétiques croisant dans l'océan Indien, terreur de tous les stratèges occidentaux dans cette région qui est la veine jugulaire de l'Occident en matière d'approvisionnement énergétique.

Kagnew avait la particularité d'être relié en permanence à un centre d'écoute installé en Afrique du Sud. Le régime d'Addis-Abeba, qui abritait pourtant depuis sa fondation le siège de l'Organisation de l'Unité africaine, ne parut jamais s'émouvoir de cette coopération indirecte avec le pays de l'apartheid. Cependant, quand le régime moribond d'Haïlé Sélassié, le dos au mur, dut affronter la rébellion érythréenne, puis un soulèvement populaire provoqué par la vague de famine qui déferlait sur le pays, le soutien en armes de Washington fut sollicité en échange du maintien des bases.

L'îlot de Diego Garcia, caillou au centre de l'océan Indien, ne présentait aucun de ces inconvénients : aucun problème de souveraineté ne se posait, et l'île constituait un site rêvé pour les spécialistes du renseignement. Elle n'était qu'un œil et qu'une oreille, mais vitaux dans une zone où la présence navale soviétique augmentait de façon préoccupante. Débarrassé de ses quelques centaines d'habitants qu'on réinstalla sur des îlots voisins, Diego Garcia offrit l'exemple unique d'un lieu placé sous le contrôle direct et exclusif de la C.I.A..., avec comme invité d'honneur la N.S.A.

Mais aux Etats-Unis mêmes, nombreuses étaient, parmi les autorités bien informées, celles qui s'inquiétaient de l'emprise et de l'indépendance croissantes de la N.S.A. Des pressions furent alors exercées sur Richard Helms qui, en plus de ses fonctions à la tête de la C.I.A., avait théoriquement en charge la direction de tous les services de renseignement.

En 1967, Helms demanda à l'éminent juriste new-yorkais Frederick Eaton d'effectuer une enquête sur l'Agence de Sécurité nationale. Sa mission : déterminer si l'efficacité de la N.S.A. était à la mesure des dépenses constamment en augmentation de cet organisme. Eaton était assisté de fonctionnaires du Département d'État et du Pentagone qui lui démontrèrent que certaines des informations recueillies par la N.S.A. n'avaient qu'une importance mineure. Mais Eaton, après de longs entretiens avec les responsables du Pentagone et de la Maison Blanche, et à la grande surprise des membres de son équipe, conclut son enquête sans demander la moindre diminution des dépenses de la N.S.A. et en reconnaissant la pleine validité des programmes qu'elle poursuivait. Les professionnels du renseignement qui faisaient partie de son équipe refusèrent de le suivre sur ce terrain et Eaton dut formuler ses conclusions sous sa seule responsabilité.

La leçon à tirer de cet épisode parut claire à tous. Si Helms, directeur général du renseignement, se révélait « incapable de redresser la barre de la N.S.A. », selon l'expression des experts commis à l'enquête, la preuve était administrée que l'Agence pouvait désormais se soustraire à tout contrôle et ne livrer que les renseignements qui lui convenaient.

En 1968, Helms échafauda un nouveau programme visant à réaliser d'importantes économies par la suppression de diverses activités considérées comme marginales. Certains programmes d'écoute de la N.S.A., qui se chiffraient à plusieurs dizaines de millions de dollars, furent désignés comme exemples de ces gaspillages. Ces éléments furent alors portés à la connaissance de Paul Nitze – actuel négociateur à Genève sur les missiles stratégiques, à l'époque sous-Secrétaire à la Défense –, accompagnés d'un avis défavorable à la poursuite de ces programmes. La N.S.A. étant un organisme de renseignement militaire, la décision de suppression ne pouvait être prise que par le Pentagone. Pendant plusieurs mois, Nitze ne fit aucune remarque et en janvier 1969, au moment de quitter son poste, il écrivit à Helms pour le remercier de ses avis et lui annoncer que, malgré son opinion défavorable, le Pentagone avait décidé de poursuivre les programmes contestés. Après ce second échec, Helms renonça à imposer ses vues. Il était en principe responsable à 100 % des activités de renseignement, mais, confiait-il désabusé, « j'en contrôle à peine 15 %... ».

En 1968, la N.S.A. avait intercepté 19 467 587 communications privées. Pouvait-elle réellement absorber et déchiffrer une telle quantité d'informations? En bonne logique, la réponse devait être négative. Était-elle même en mesure de décrypter les informations « ultra-sensibles et stratégiques »? L'état-major répliquait par l'affirmative, et c'est cette « capacité », mythique ou réelle, que les dirigeants s'efforçaient d'imposer comme un dogme dans les cercles gouvernementaux. Jamais ils ne faisaient état de « déchiffrages » résultant uniquement d'erreurs de codage commises par l'adversaire, même si celles-ci étaient véritablement à l'origine d'un certain nombre de leurs succès. Dans ses révélations publiques soigneusement contrôlées, la N.S.A. s'efforçait de donner l'impression qu'elle était incroyablement habile dans l'art du déchiffrage des communications secrètes de puissances étrangères, et que seule cette habileté expliquait les points qu'elle marquait.

Quoi qu'il en soit, ce chiffre frôlant les 20 millions de communications était suffisamment remarquable pour intéresser Richard Nixon qui faisait en cette même année des débuts difficiles, comme 37ᵉ Président des États-Unis, face à une fraction de l'opinion plus que réticente à son égard.

Nixon estimait que l'hostilité de la presse au cours de sa campagne de 1960 lui avait alors coûté l'élection, et les membres désormais les plus proches de son entourage partageaient cette opinion. Robert Haldeman, principal conseiller de politique intérieure du nouveau Président, nourrissait pour les média toute la haine d'un extrémiste de droite. Il était convaincu que si les chaînes TV avaient la possibilité de filmer par deux fois le président dans la même journée, elles choisiraient toujours la prise de vues la plus désavantageuse. Cette lutte avec la presse était devenue quelque chose de viscéral chez Nixon, qui se rendait également compte qu'il pouvait en retirer certains bénéfices électoraux.

En mars et avril 1969, de violentes manifestations étudiantes se déroulèrent à San Francisco, Cambridge et Ithaca. A Chicago, les Noirs du ghetto affrontèrent la police au cours d'émeutes. En mai, l'attorney général Richard Klendienst déclarait : « Quand vous voyez à travers tout le pays une telle épidémie, le même type d'individus répétant le même type de slogans, vous vous dites que tout cela relève d'une entreprise de subversion nationale ». Le 15 novembre, 250 000 personnes se massaient à Washington pour protester contre la guerre du Viêt-nam. Mais tout n'était pas aussi paisible. Le 6 mars, un hôtel particulier délabré de la 11ᵉ rue explosa à New-York : il s'agissait d'une fabrique de bombes. Les 12 et 13 mars, des alertes obligèrent à l'évacuation de 15 000 personnes de leurs bureaux à Manhattan. Pour les sept premiers mois de 1970, on comptait 3 000 attaques à la bombe et 50 000 menaces provoquant la fouille et l'évacuation d'innombrables immeubles. Un observateur aussi fin de la politique américaine que Theodore White estimait qu'il « s'agissait d'une violence sans précédent, nettement d'origine politique et venant de la gauche ».

Dès cette époque, les attaques contre les média et les libéraux étaient devenues un trait dominant de la politique intérieure de Nixon. L'instrument de cette offensive n'était autre que le vice-Président, Spiro Agnew. Celui-ci fustigeait les désordres, se plaignait de la façon dont les propos du Président étaient rapportés, clouait au pilori une « petite élite arrogante, beaucoup trop influente, grassement payée ». Il ne s'agissait pas seulement de mots. Ces discours recélaient des éléments de menace. Nixon exigeait des rapports chaque fois plus précis sur « l'influence communiste » dans les désordres qui agitaient le pays et sur les moyens de la combattre et, au fil des mois, la Maison Blanche se transformait en citadelle assiégée contre laquelle venaient battre les vagues de la « subversion ». Cette mentalité du bunker était favorable à l'instauration de situations d'exception et Richard Nixon envisageait d'autant plus aisément une telle extrémité qu'il avait eu connaissance d'une opération ultra-secrète menée un an auparavant par la N.S.A. et baptisée « Garden Plot ».

Le dossier déposé sur le bureau présidentiel par le général Pat Carter était séduisant, car il semblait concilier deux impératifs essentiels : le secret et l'efficacité. Pour l'Agence de Sécurité, il s'agissait, en coopération avec le Pentagone et en mobilisant toutes ses méthodes d'enquête et d'espionnage électroniques, de veiller, en cas de décision présidentielle, à la bonne application de la loi martiale dans les cent premières villes des États-Unis. Le rapport top secret soumis à Nixon indiquait que ces mesures avaient déjà été testées au cours de plusieurs manifestations d'opposants : les 19 et 23 octobre 1967, les communications-radio des groupes rassemblés à Washington et Chicago pour protester contre la guerre du Viêt-nam avaient été interceptées. Les 5 et 11 avril, à l'occasion des grandes marches sur Washington, 129 agents de la N.S.A., postés en 19 sites différents, avaient capté les dialogues entre les organisateurs. Plusieurs milliers de suspects avaient été mis sur écoute, leur courrier ouvert, leurs déplacements surveillés. Mais le point culminant de l'expérience « Garden Plot » fut la couverture, en août 1968, de la Convention démocrate qui se tenait à Chicago! On s'atttendait à des manifestations violentes devant le siège de la Convention, et elles le furent au-delà de toute attente. La dureté de la répression fut d'ailleurs si disproprotionnée que les images qui en parvinrent le soir sur les écrans de télévision américains déclenchèrent les réactions indignées d'une majorité de téléspectateurs. Mais l'Amérique ignorait que l'Agence s'était lancée dans une stratégie frôlant le putsch militaire. En effet, des unités spéciales de la N.S.A. avaient été transférées à Chicago et devaient être rejointes en cas de difficulté par des éléments de la cinquième armée, stationnée en Illinois, et du cinquième corps d'armée basé au Texas. Cette mobilisation, dont le nom de code était « Rancher III », avait été décidée sans l'autorisation du Pentagone ni l'assentiment des autorités locales et fédérales.

En espionnant directement des citoyens américains sur le territoire des États-Unis, en prenant unilatéralement un certain nombre de mesures répressives en violation de la Constitution, les responsables de la N.S.A. appliquaient un raisonnement en forme de syllogisme qui allait droit au cœur du Président américain : la N.S.A. appartient à l'establishment, or celui-ci est directement menacé par les opposants, notre devoir est donc de les combattre.

Nixon sembla particulièrement intéressé par « Garden Plot », puisqu'en 1970, il donna son approbation au plan d'espionnage intérieur proposé par son conseiller juridique Tom Huston. A trente ans, cet avocat, passé par les services secrets de l'armée, jouissait de la confiance du Président américain auquel il faisait valoir avec insistance « l'inadéquation de la plupart des moyens utilisés pour la collecte du renseignement ». Il ajoutait que seule la N.S.A., « par son rôle dans l'interception des communications et la surveillance, disposait de techniques pouvant être appliquées efficacement contre les meneurs et les organisations révolutionnaires ». Il proposait la création d'un comité spécial coordonnant cette « chasse aux renseignements ». Le raisonnement de Huston était poussé assez loin puisque son plan prévoyait des effractions contre certaines ambassades étrangères installées à Washington. « Il serait possible, par ce moyen, estimait-il, de procurer à la N.S.A. les éléments nécessaires au décryptage des messages codés. Nous dépensons chaque année des millions de dollars à essayer de percer le secret de ces codes par des moyens mécaniques. Une incursion pourrait permettre d'assurer le succès d'un tel travail sans qu'il en coûte rien. »

Les résultats tangibles d'une telle initiative se seraient probablement révélés assez éloignés des espérances de Huston. Si son plan pouvait s'avérer tant soit peu efficace à l'encontre de pays du tiers monde disposant de systèmes de codage encore sommaires, il était à l'évidence inopérant vis-à-vis des grandes puissances.

David Kahn, le plus brillant des experts en cryptologie, l'a fort clairement expliqué : « Désormais, peu importe que quelqu'un photographie les manuels de code, car le secret du code demeure dissimulé dans les circuits électroniques, certains d'entre eux intégrés dans un appareil de la dimension d'une tête d'épingle, d'autres dans des tableaux d'impression par circuits électriques pouvant accomplir jusqu'à quinze transmutations du même texte. »

Finalement, la décision d'annuler l'application du plan

Huston fut prise au dernier instant, le 27 juillet 1970, au retour d'un séjour de Richard Nixon dans sa propriété californienne de San Clemente. Au terme d'une réunion avec son confident et ministre de la Justice John Mitchell, qui devait être emprisonné quelques années plus tard dans le cadre de l'affaire du Watergate, il fut décidé que « les risques présentés par la pose illégale de microphones dans des ambassades étrangères où l'on aurait pénétré par effraction se révélaient plus grands que les bénéfices qui pourraient en découler ».

Mais il ne s'agissait, pour Richard Nixon, que d'un simple repli tactique. Ce « roi sombre », selon la formule de Michel Crozier, personnage de tragédie, grand Président mais dominé par le secret et le soupçon, tenait à ses collaborateurs d'étranges propos d'où il ressortait qu'on ne contrôlait efficacement un pays et ses adversaires que « grâce à la surveillance ». C'était un duel que Nixon semblait avoir désormais engagé avec toute une partie du peuple américain. Le dernier choc fut la diffusion en 1971 des « dossiers du Pentagone », contenant une série de révélations sur les dessous de la guerre menée au Viêt-nam. Compilés par une équipe aux ordres de McNamara, ils insistaient sur les graves disparités existant entre buts prétendus et buts réels. Ces papiers avaient été dérobés par un fonctionnaire au ministère de la Défense, Daniel Ellsberg, et, malgré les vives pressions de la Maison Blanche, le puissant *New York Times*, après avis favorable de ses conseillers juridiques, décida d'en assumer la publication. L'impact fut considérable, mais le désarroi du Président américain atteignit son paroxysme lorsqu'il apprit qu'un double de ce volumineux dossier avait été transmis à l'ambassade d'U.R.S.S. à Washington. L'information, parvenue au F.B.I., émanait de l'un de ses principaux agents : « Fédora ».

Derrière ce pseudonyme se cachait Victor Lessiovski, diplomate soviétique en poste à New York auprès du secrétaire général de l'O.N.U. Lessiovski devait se révéler un cadre de haut niveau du K.G.B., autrefois en poste en Birmanie et en Thaïlande, et il tint pendant près de 15 années, avec maestria, son rôle d'agent double. Il avait approché le F.B.I. au début des années 60, juste quelques semaines après la défection d'un important agent du K.G.B., Anatoli Golitsyne, qui fournit des détails sur la pénétration des services soviétiques au sein des gouvernements occidentaux et annonça – ô ironie! – que des spécialistes de la désinformation allaient bientôt entrer en action. Quelques mois plus tard, à l'occasion du passage à l'Ouest d'un autre agent secret soviétique, Youri Nosenko, Fédora-Lessiovksi livra aux Américains des précisions qui permirent d'accorder crédit aux propos tenus par ce transfuge. Or, Nosenko porta de violentes attaques contre Golitsyne, démentit son appartenance à la hiérarchie du K.G.B. et réfuta, avec ce qui semblait un ensemble de preuves solides, les révélations qu'il avait prétendu apporter.

La boucle était ainsi habilement et insidieusement bouclée et pendant près de deux décennies, Fédora distilla au F.B.I. fausses informations et pseudo-confidences avant de regagner paisiblement l'U.R.S.S. sans avoir été le moins du monde inquiété. L'enquête menée dans l'affaire des « dossiers du Pentagone » démontra que les documents avaient en effet été transmis à l'Est, mais par Lessiovski lui-même.

Pour Nixon, cet épisode, au-delà de la divulgation catastrophique d'informations confidentielles portant notamment sur les méthodes des services spéciaux, imposait désormais une ligne de partage très claire. D'un côté, un F.B.I. manipulé, avec à sa tête, depuis 1924, le même chef omnipotent, Edgar Hoover, qui n'avait guère rajeuni ses méthodes de travail; une C.I.A. traversée par des crises internes, paralysée par les scandales et par les enquêtes des média. De l'autre, la N.S.A., qui semblait « sûre », parce qu'elle apparaissait comme une synthèse de rigueur militaire et de précision scientifique.

En cette même année 1971, l'Agence venait de lancer ses deux nouveaux satellites, baptisés « Code 467 » et surnommés « Big Bird ». Douze tonnes, 80 mètres de haut, la plus sophistiquée des stations d'écoute, pourvue d'appareils de détection capables de distinguer à 200 kilomètres d'altitude un objet haut de 60 centimètres; « Big Bird », dont les caméras à infrarouges pouvaient déceler des silos de missiles, même souterrains, parce que la chaleur de la terre en cet endroit était plus élevée que la normale. Un prodige de perfection qui rassurait le Président américain sur la capacité de son pays à maîtriser l'espace mondial et qui contrastait si heureusement avec les crises internes et l'enlisement vietnamien qui affaiblissaient tant l'Amérique.

Et puis il existait ces rapports si apaisants, transmis régulièrement au chef de la Maison Blanche, considérés comme *top secret* et portant le nom de code de « Gamma Guppy ». La N.S.A. y démontrait qu'elle interceptait jusqu'aux communications des dirigeants du Kremlin, Kossyguine à son bureau, Leonid Brejnev dans sa datcha. Performance non sans pittoresque qui révélait des indiscrétions sur la vie familiale de Kossyguine, la santé de Brejnev et « jusqu'à la vie sexuelle de Podgorny », ainsi que les réflexions de Souslov lorsqu'il traversait les avenues de Moscou en téléphonant de sa limousine. Rien de déterminant, mais un impact psychologique certain : l'adversaire pouvait être épié chez lui, saisi dans une intimité qui montrait une succession de détails médiocres, rassurants en ce qu'ils dévalorisaient ces hommes.

En 1973, au moment où Richard Nixon arrivait au terme de son agonie politique, la N.S.A., plus florissante que jamais, venait d'intercepter au cours de l'année 23 472 784 communications individuelles, dont un certain nombre de messages censés être inviolables. Au quartier général de Fort Meade, de nouveaux bâtiments venaient d'être construits : ils abritaient des machines capables de détruire les documents « non essentiels » au rythme de 20 tonnes par jour.

L'affaire du Watergate incita une partie de la presse américaine à pousser plus loin ses enquêtes sur les agissements des services de renseignements et, le 7 juin 1973, le *New York Times* révéla pour la première fois l'existence du plan Huston et le rôle de la N.S.A., « interceptant les communications internationales et disposée dans cette affaire à pénétrer illégalement dans des ambassades étrangères ». En fait, l'information passa relativement inaperçue dans l'avalanche d'accusations qui s'abattait sur la C.I.A. et ses agissements au Chili, au Viêt-nam, autrefois à Cuba, désormais en Europe et en Amérique centrale. A lire la presse, à écouter les commentateurs, on pouvait croire à un gouvernement devenu fou qui avait favorisé l'apparition d'une véritable Gestapo violant les droits fondamentaux du peuple américain. Le 22 décembre 1974, le *New York Times* titrait sur toute sa première page, sous la signature de Seymour Hersh : « Gigantesques opérations de la C.I.A. à l'intérieur des États-Unis dirigées contre les opposants à la guerre et divers dissidents pendant la présidence de Richard Nixon. »

Les média s'acharnèrent ainsi sur la C.I.A. avec une frénésie sans pareille, relayés par des hommes politiques et des citoyens ordinaires qui exigeaient que l'on mît un terme aux pratiques odieuses de cet organisme comparé par certains à un « éléphant fou furieux ayant échappé au contrôle de ses gardiens », pour d'autres à un « monstre à la Frankenstein qu'il convient de détruire au plus vite ». Mais, sur le véritable empire technologique de la N.S.A., pas un mot, pas une analyse, pas une information.

Le 4 janvier 1975, sous la pression de l'opinion, Gerald Ford annonce la création d'une commission d'enquête présidentielle. Celle-ci se voit chargée d'examiner les affaires d'espionnage illégal menées à l'intérieur du pays par la C.I.A. – mais uniquement par elle. Cette commission, présidée par le vice-Président Nelson Rockefeller, administra immédiatement la preuve de sa détermination et de son sérieux à travers le comportement de l'un de ses membres : le futur Président Ronald Reagan partit avant même la conclusion de la séance d'ouverture, n'assista pas à trois des quatre réunions qui se tinrent par la suite, et ne fit jamais l'effort de se rendre au siège de la commission.

En fait, le choix de Nelson Rockefeller pour présider cette commission d'enquête ne manquait pas de sel. En de nombreux pays, la défense des intérêts des Rockefeller et la présence des réseaux de la C.I.A. paraissaient fort peu dissociables. Plus encore que les Mellon et les Du Pont, les Rockefeller entretiennent le mythe de leur identification au pouvoir américain, qui alimente la mystique de leur dynastie. Leur fortune totale est répartie au sein de plus de 200 sociétés. Ce chiffre comprend notamment : 6 des 10 premières entreprises industrielles américaines, 6 des plus grandes banques, 5 des 10 plus importantes compagnies d'assurances, et 3 des plus grandes sociétés figurant dans les 4 autres branches d'activité énumérées par la revue *Fortune.* Le total des actifs de cette vingtaine de Gullivers de l'économie et des finances s'élève à 640 milliards de dollars. En plus de ces activités mercantiles, l'empire regroupe la Fondation Rockefeller et le Rockefeller Brothers Fund, la Rockefeller University, le Rockefeller Center, le Colonial Williamsburg, le Rockefeller Family Fund et l'université de Chicago. L'importance et la diversité de cette fortune expliquent que Nelson ait été associé, sous toutes les Administrations, aux délibérations importantes concernant les problèmes d'espionnage. Sous Nixon, il siégeait au Foreign Intelligence Advisory Board, créé pour surveiller et évaluer l'impact des diverses activités paradiplomatiques de la C.I.A. et de l'Agence de Sécurité nationale. Son assistante, également responsable de son staff, était Nancy Maguinness, devenue en 1973 la seconde épouse de Henry Kissinger.

Durant ses travaux, la commission Rockefeller prit un soin extrême à maintenir la N.S.A. à l'écart de toutes les accusations lancées contre les services de renseignements. L'Agence ne fut jamais mentionnée, sauf une fois, de manière très alambiquée, lorsqu'on évoqua d'une phrase « les activités de communications internationales d'une agence du gouvernement ». William Colby, directeur de la C.I.A., confiera d'ailleurs avec une étonnante ingénuité : « Aussitôt après ma première déposition devant sa commission, son président, Nelson Rockefeller, m'entraîna dans son bureau et me dit de son ton le plus charmant : " Bill, faut-il vraiment que vous nous en disiez autant? " »

Chez les parlementaires, la complaisance était moindre. Lorsque la commission de la Chambre des Représentants pour les problèmes d'espionnage, présidée par Otis Pike, chercha à prendre connaissance de la fameuse directive numéro 6 portant création de la N.S.A., la Maison Blanche opposa un refus absolu. « Mais enfin, c'est incroyable! explosa Pike. On nous demande de voter des budgets chaque fois plus considérables pour un organisme qui emploie de plus en plus de monde, et nous ne pouvons même pas obtenir copie du morceau de papier qui prouve que cette agence a été autorisée. »

Mais plus grave fut la déclaration faite devant cette même commission, le 7 août, par William Colby. Interrogé, celui-ci évoqua le rôle de la N.S.A. dans « l'interception des communications destinées aux États-Unis ou à l'étranger ».

« Ces agissements pouvaient-ils aboutir à placer un certain nombre de citoyens américains sous surveillance? lui demanda Lee Aspin, un membre du Congrès.

– En certaines occasions, il doit en effet être difficile de dissocier cet aspect du trafic enregistré; c'est même techniquement impossible. »

Maladresse ou règlement de comptes, l'aveu de Colby plaçait pour la première fois la National Security Agency sur le devant de la scène. Une réunion eut lieu dans la nuit au Pentagone et le lendemain, à 10 h 06, le nouveau directeur de la N.S.A., le lieutenant général Lew Allen, pénétrait dans la salle du Congrès et s'asseyait face aux membres de la commission. Il lut un rapport de 17 pages d'où il ressortait qu'évoquer publiquement les affaires de l'Agence la placerait dans une « position de vulnérabilité désastreuse ». La Maison Blanche avait fait pression sur les parlementaires pour qu'ils considèrent le témoignage d'Allen comme « relevant de la sécurité nationale à son niveau le plus élevé ».

Il y eut ensuite des témoins, tels Mc George Bundy, ancien chef du Conseil national de Sécurité de la Maison Blanche sous Kennedy et Johnson, avant de devenir président de la Fondation Ford. Or, Bundy, décrit comme l'un des « meilleurs et des plus intelligents », selon le titre ironique du livre de David Halberstam consacré à l'ère Kennedy, avait parcouru une trajectoire significative. Il était l'héritier de la United Fruit, cette multinationale implantée en Amérique centrale, symbole de la colonisation économique la plus autoritaire. Faisant et renversant les gouvernements, United Fruit traitait les républiques bananières comme ses vergers. Mc George, dont le frère William dirige la très célèbre revue *Foreign Affairs*, porte-parole de l'élite politique et économique américaine, anima en 1957, à Harvard, le centre des Affaires internationales, institution anticommuniste chargée d'élaborer « une politique de défense pour le monde libre » et dont le financement fut partiellement assuré par la N.S.A. et les Fondations Ford et Carnegie. Les principaux membres de son conseil étaient : John Foster Dulles, ancien président de la Fondation Rockefeller et Secrétaire d'État; Dean Rusk, son successeur à la présidence de la Fondation Rockefeller de 1952 à 1960, qui le remplacera aussi trois ans plus tard à la direction du Département d'État; James Perkins, de Carnegie Corporation, qui allait devenir président de l'université Cornell et l'un des directeurs de la Chase Manhattan Bank. L'assistant zélé de Bundy était alors Henry Kissinger.

De 1960 à 1966, Bundy sera le conseiller spécial en politique étrangère de Kennedy et Johnson. Il est surtout le lien entre la Maison Blanche et les agences de renseignement. Ses interlocuteurs sont Pat Carter à la N.S.A. et à la C.I.A., Allen Dulles, frère de John, devenu l'avocat de la puissante compagnie pétrolière Standard Oil des Rockefeller, de l'United Fruit des Bundy, et membre du conseil d'administration de la Fondation Carnegie.

Or, que déclare Bundy en ce jour d'août 1975 devant la commission d'enquête? Il complète d'une phrase très simple le système de défense adopté par le directeur de l'Agence : « La N.S.A., déclare-t-il, est la seule à détenir des secrets réels. » Un appel explicite au devoir de réserve des parlementaires : écartelés entre leurs aspirations à une démocratie vertueuse et les impératifs de sécurité, les membres de la Chambre préféreront ne pas trancher et ne pousseront pas plus loin leurs investigations.

Mais le pouvoir législatif américain traverse alors une période faste : les feux de la rampe des retransmissions télévisées des travaux des commissions d'enquête constituent, un an avant l'élection présidentielle, des occasions exceptionnelles pour se ciseler une stature nationale. L'homme qui saisira le mieux cette opportunité sera Frank Church, président de la commission des Affaires étrangères du Sénat. Réformiste ambitieux mais prudent, Church est le genre d'homme à qui tout père confierait sans hésiter sa fille pour sortir le soir : bonnes manières, excellent maintien, il serait le gendre idéal dont se dégage une rassurante impression de respectabilité compassée. Pur produit d'un establishment dont il a adopté toutes les conventions, il accueille avec courtoisie les personnalités appelées à témoigner devant sa commission.

Le 5 octobre, il réclame deux jours d'auditions sur les « abus de la N.S.A. ». Le 7 octobre, veille de l'ouverture de ces auditions, le Président Ford lui téléphone personnellement pour lui exposer les « dangers » qu'elles représentent. Devant la fin de non-recevoir de Church, Ford convoque l'attorney général Edward Levi à la Maison Blanche. Le jour suivant, Barry Goldwater, vice-président de la commission d'enquête et proche de Ford, demande que les auditions aient lieu à huis clos. A l'issue d'un vote serré, sa proposition est rejetée. Le 8 octobre, Allen, en uniforme, encadré de deux de ses adjoints, témoigne : des propos en demi-teinte, une évidence qui n'est plus niée, simplement minimisée. Entre 1967 et 1973, selon le directeur de la N.S.A., seuls 1 680 citoyens américains ont été mis sur écoute, et pour tous il s'agissait de communications en provenance de l'étranger ou destinées à un pays étranger. Lorsque le sénateur Mondale, membre de la commission devenu ensuite le vice-président de Jimmy Carter, demandera au directeur-adjoint de la N.S.A., Breffham, impliqué dans le plan Huston, s'il s'était interrogé sur la légalité d'une telle opération, celui-ci répondra : « La légalité? C'est un aspect particulier qui n'a jamais figuré dans la discussion ».

Frank Church, finalement, ne poussa guère plus loin les révélations et accéda au vœu présidentiel que le rapport de la commission restât « secret ». Alors que tous les risques semblaient avoir été efficacement maîtrisés, la dernière offensive survint, imprévue, la plus dévastatrice. Elle émanait de Bella Abzburg, représentant de l'État de New York, à l'opiniâtreté réputée et qui présentait le danger supplémentaire de n'appartenir à aucun des cercles privilégiés de la « nomenklatura washingtonienne ». Bella Abzburg, au milieu de l'avalanche de révélations livrées par la presse, eut l'attention attirée par un écho du *New York Daily News* qui assurait que « pendant au moins cinq ans, la N.S.A. avait écouté des communications commerciales ». Il semblait évident, aux yeux d'Abzburg, que convoquer les dirigeants de l'Agence n'aboutirait à rien. Les précédents épisodes au sein des diverses commissions le démontraient clairement. Par contre, la difficulté pouvait être tournée avec l'audition des responsables des grandes sociétés de communication.

Le spectre de l'opération « Shamrock », lancée trente ans plus tôt, réapparaissait, semant la panique au sein des états-majors. R.C.A. et I.T.T. informèrent la sous-commission qu'elles refusaient d'envoyer des représentants témoigner, à moins qu'ils ne fussent officiellement assignés. Peu après, une délégation rencontra Abzburg. Elle comprenait des membres de la Maison Blanche, du Pentagone et du ministère de la Justice, dont John Marsh, conseiller spécial du Président. Allen s'était lui aussi déplacé. Tous s'efforcèrent de convaincre Abzburg de renoncer à son enquête, ou, si elle persistait, à limiter au maximum les séances publiques. Sans succès. Le 4 février 1976, elle assignait officiellement à comparaître trois agents spéciaux du F.B.I., un agent de la N.S.A. et les dirigeants d'I.T.T., de R.C.A. et de Western Union. Le 17 février, Ford, par une application sans précédent des principes du « privilège de l'exécutif », donnait l'ordre au Secrétaire à la Défense et à l'attorney général Levi d'indiquer « aux parties convoquées qu'en raison d'informations relevant de la Sécurité nationale, elles devaient refuser d'aller témoigner ». Pour la première fois dans l'histoire américaine, le concept de « privilège de l'exécutif » était étendu à l'action de firmes privées.

La partie de bras de fer engagée entre la Maison Blanche et la sous-commission animée par la représentante démocrate dura plusieurs semaines; jusqu'au 3 mars 1976 exactement, lorsque Thomas S. Greenish, vice-président de Western Union, se présenta pour témoigner. Il fournit une liste complète des cibles espionnées au cours des huit dernières années par la N.S.A. Ses propos furent complétés par les révélations de Howard R. Hawkins, président de R.C.A., qui lui succéda à la barre et livra de nombreux documents, dont certains enregistrements. C'était une défaite totale pour Gerald Ford. Lorsque, une semaine plus tard, George Knapp, président d'I.T.T. World Communications, vint exposer à son tour les détails de l'opération « Shamrock », il était clair que le monde des affaires, traqué, atterré par toutes les révélations sur le rôle des multinationales, jetait l'éponge.

Un communiqué du Pentagone annonça quelques jours plus tard « l'annulation de " Shamrock " et la destruction de tous les documents, bandes et films accumulés au fil des années ». Mais, déclare Harrison Salisbury, « lorsque, invoquant l'acte sur la liberté d'accès à l'information, je me suis adressé à la N.S.A. pour obtenir mon dossier, il m'a été répondu qu'il contenait de nombreux renseignements et qu'en conséquence, il ne pouvait pas m'être communiqué. Le fait que l'activité de l'agence soit totalement interdite par le premier amendement de la Constitution garantissant la liberté de la presse ne trouble apparemment pas le moins du monde la N.S.A. et ses maîtres ».

Le rapport qui fut déposé par la commission Rockefeller contenait plusieurs recommandations sur la réorganisation de la C.I.A., mais ne mentionnait pas une seule fois l'Agence de Sécurité nationale.

A la fin de l'année 1975, au cours d'un épisode surnommé « le massacre de Halloween », Gerald Ford convoqua le directeur de la C.I.A., William Colby, et James Schlesinger, Secrétaire à la Défense. Ils furent limogés dans l'instant. La N.S.A. ne fut pas inquiétée. Faisant allusion à cet événement, le leader de la majorité démocrate à la Chambre des Représentants, Tip O'Neill, personnage de légende au sein du Congrès avec sa crinière blanche et son verbe souvent impertinent, déclara : « Le Président a fait dégringoler les singes qui étaient dans les branches, mais il n'a pas coupé les grands arbres. »

IX

Les Russes débarquent

Le 8 juillet 1972, Nikolaï S. Patolichev, ministre du Commerce extérieur, signe avec Richard Nixon, dans sa résidence californienne de San Clemente, un accord portant sur l'octroi d'un crédit de 750 millions de dollars à l'U.R.S.S. pour l'achat de blé. En réalité, l'exécutif américain ne contrôlera jamais les détails d'une transaction commerciale menée avec une magistrale habileté par les Soviétiques.

Tout a commencé une semaine plus tôt dans le secret le plus absolu. Le 1er juillet 1972, deux hommes traversent le hall envahi de touristes de l'hôtel new-yorkais Regency, et gagnent leurs chambres à 180 dollars la nuit. Ce sont les deux principaux agents de l'Exportkhleb, l'agence du gouvernement soviétique chargée des transactions avec les pays étrangers pour les questions céréalières. Leur mission : acheter 20 millions de tonnes de blé aux États-Unis au meilleur prix et en évitant toute publicité; leurs interlocuteurs : six compagnies en situation de monopole et dont les bénéfices sont supérieurs à ceux des compagnies pétrolières; leurs atouts : des renseignements ultra-secrets sur la situation réelle de ces firmes, leur stratégie et leurs capacités financières, la psychologie de leurs dirigeants.

Tandis que le ministre Patolichev opère au niveau politique en tentant d'obtenir des crédits, à eux d'agir en jouant les sociétés les unes contre les autres et en utilisant à leurs dépens ce goût du secret qui est une des données fondamentales de leurs agissements. Le responsable de l'Exportkhleb est Nikolaï Belousov. Grand, mince, quinquagénaire, l'homme parle anglais avec un très léger accent et apparaît comme un vieux routier des négociations internationales. Son adjoint est Leonid Kalitenko, âgé de quarante-deux ans. Les deux hommes seront rejoints peu après par Paul Sakun, un des responsables du ministère du Commerce extérieur.

Chaque année, les sociétés céréalières brassent des milliards de dollars, dominant le marché mondial et 90 % des exportations américaines. Au cours des discussions, chacun saura faire preuve d'un pragmatisme irréprochable. Tandis que Nixon mine le port de Haïphong, les Soviétiques continuent de négocier, et leurs interlocuteurs des sociétés céréalières se partagent au même moment 204 millions de dollars de bénéfices sur l'aide alimentaire apportée au Viêt-nam de Thieu et au Cambodge de Lon Nol.

La stratégie de ces sociétés est planétaire et multiforme. Leur contrôle s'étend des champs de seigle aux marchés étrangers, en passant par le stockage, les transports routiers ou fluviaux. Elles opèrent avec les grandes sociétés d'affrètement qui dominent les transports maritimes à travers le monde, et souvent même, elles disposent dans de nombreux pays de leurs propres facilités portuaires. Disséminé entre de multiples pays, un réseau savamment orchestré de bureaux locaux, de contacts politiques et de pressions occultes leur permet de disposer de sources d'informations si précises que même la C.I.A. s'adresse à elles. Utilisant les mécanismes les plus sophistiqués du capitalisme spéculatif, elles manipulent les marchés, agissent avec la complicité des grandes banques, noyautent le pouvoir politique, se servent de satellites d'observation pour prévoir l'état des récoltes, en U.R.S.S. et dans le tiers monde.

Avant de rejoindre en 1971 l'Administration Nixon, Earl Butz, le Secrétaire à l'Agriculture, s'est assis dans les fauteuils directoriaux de trois sociétés du secteur agricole réputées pour leur intransigeance dans les négociations avec les fermiers : Ralston Purina, Stokely Van Camp et International Minerals. A soixante-six ans, ce croisé de la libre entreprise a une démarche qui a le mérite d'être claire : « Maintenir le gouvernement en dehors des problèmes agricoles. »

Le 2 juillet au matin, Belousov téléphone à Manhattan, aux bureaux de Michael Fribourg, propriétaire de la Continental Grain Company. Cette société traite 25 % du marché mondial des céréales, possède des douzaines d'avions-cargos et pas moins d'une centaine de sociétés annexes. Continental contrôle aussi des champs et des minoteries au Venezuela, à Porto Rico, en Équateur et en Argentine, des domaines et des stations de sport d'hiver en Espagne. Créée en Belgique, Continental Grain est toujours restée la propriété de la famille Fribourg. Son président actuel, Michael Fribourg, l'allure raffinée d'un aristocrate, a pris la citoyenneté américaine en 1944 après avoir fait la guerre dans les services secrets, et il se rend fréquemment à Moscou où il connaît parfaitement le personnel politique. Sa firme réalise 3 milliards de dollars de ventes annuelles.

Lorsque Belousov appelle, Fribourg est à Paris où il participe à des réunions de travail et quand son bureau new-yorkais tente de le joindre, il a déjà quitté la capitale française. Mais Bernard Steinweg, beau-frère de Fribourg et membre du directoire, se trouve encore à Paris. Dès qu'il prend connaissance de l'appel de Belousov, il loue immédiatement un avion et regagne New York en compagnie de Grégoire Ziv, né en Russie, responsable des relations extérieures de la firme. Les deux hommes seront accueillis à l'aéroport par Clarence Palmby, un des vice-présidents de Continental. La carrière de ce personnage démontre la fragilité des cloisons censées séparer secteur privé et Administration fédérale : Palmby dirigeait auparavant l'U.S.D.A., l'organisme chargé de fixer et d'attribuer le volume des crédits gouvernementaux aux exportateurs en fonction des variations des cours mondiaux.

Pendant que Palmby, Ziv et Steinweg retrouvent Leonid Kalitenko au bar du Madison Hotel, Belousov téléphone dans la banlieue de Minneapolis où est installé le quartier général de Cargill Inc., dans les soixante-trois pièces d'une fidèle copie de château à la française. Propriété de deux familles, les Cargill et les MacMillan, Cargill Inc. est la plus importante société privée des États-Unis. Avec 5 milliards de dollars de ventes annuelles en 1972 et 9 milliards en 1975, Cargill domine le marché mondial tant par l'importance de ses ventes que par l'extrême diversification de ses activités, qui vont des fabriques d'anchois au Pérou aux compagnies d'assurances. La société possède des antennes dans 34 pays et ses opérations avec l'étranger sont traitées par une filiale suisse, Tradax, installée à Genève. Premier exportateur de blé, de maïs et d'orge argentins, Cargill, associée à Continental, contrôle pratiquement toutes les exportations de blé canadien.

En raison du volume de ses opérations financières et de ses besoins en argent frais, Cargill Inc. possède des lignes de crédit auprès de 40 banques, notamment de 8 des 10 plus grands établissements bancaires américains. Les sénateurs démocrates du Minnesota Hubert Humphrey et Walter Mondale, tous deux anciens vice-Présidents, ont toujours bénéficié des largesses de cette firme, et, depuis 1970, celle-ci est directement représentée à la Maison Blanche. En effet, un de ses vice-présidents, William Pearce, a été nommé par Nixon conseiller spécial chargé des problèmes commerciaux, avec rang d'ambassadeur.

Erwin Kelm, président de Cargill, reçoit le coup de téléphone de Belousov à 14 h 30. Quatre heures plus tard, le Lockheed « Testar » de la firme, transportant Kelm, son adjoint Barry Saunders et les responsables des secteurs blé, orge et maïs, se pose à l'aéroport new-yorkais de La Guardia. Une heure après, les dirigeants de Cargill sont reçus au Regency par Belousov et Sakun. Les discussions sont serrées. Les Russes ne semblent pas vraiment intéressés par des achats d'orge et de maïs, et se refusent obstinément à aborder la question du blé. Après le dîner, Kelm et son équipe proposent de rester à New York pour reprendre les discussions le lendemain. La réponse des Soviétiques est négative : « Il n'est pas nécessaire de prolonger cette prise de contact, nous vous rappellerons. »

Trois jours plus tard, Saunders téléphone au Regency pour apprendre que Belousov, Kalitenko et Sakun sont repartis sans laisser le moindre renseignement.

Le 5 juillet au matin, le camarade Belousov annonce à Michael Fribourg que l'Exportkhleb souhaite acheter à Continental 5 millions de tonnes de farine, 500 000 tonnes de blé dur et 4 millions et demi de tonnes de *feed grain* (céréales pour le bétail). Ironie de l'histoire : une grande partie du blé commandé est du blé dur d'hiver, originaire des champs russes et acclimaté dans le Kansas par des fermiers fuyant la Crimée.

Les contrats passés avec Continental prévoient que les livraisons seront payées *cash* à la remise des documents d'affrètement attestant que les cargaisons sont prêtes à être transportées hors des ports américains. Le 5 juillet au soir, l'issue heureuse est fêtée à la vodka au luxueux domicile new-yorkais de Fribourg. Tout le monde s'accorde sur la nécessité de maintenir le secret le plus absolu sur cette opération. Fribourg évite aussi toute flambée spéculative sur le blé et la mission soviétique peut laisser croire en toute quiétude aux dirigeants de Continental qu'ils ont été les seuls hommes d'affaires mêlés à cette opération.

Le 6 juillet au matin, Belousov et son équipe quittent le Regency pour s'installer à l'hôtel Hilton où ils louent trois chambres à 95 dollars la nuit. Le même jour, dans l'après-midi, le téléphone sonne à Memphis, dans le Tennessee, au bureau de Ned Cook dont la compagnie contrôle entre 10 % et 18 % des exportations américaines de céréales. Rendez-vous est pris pour le lendemain matin à 9 h 30 au Hilton.

A peine a-t-il raccroché que Belousov appelle Philip MacCaull, vice-président de Louis Dreyfus Corporation. Cette société, qui traite 10 % du commerce américain des céréales, est la propriété de la famille Dreyfus, installée à Paris et dont les intérêts sont investis dans des domaines divers : deux sociétés de marine marchande à Londres et à Paris, et la banque Louis Dreyfus, très active dans le financement d'opérations en direction de l'Europe de l'Est. Belousov propose à MacCaull de le rencontrer deux jours plus tard.

Le 7 juillet à 5 heures du matin, un luxueux jet de la Cook Industries quitte l'aéroport international de Memphis avec à son bord Ned Cook et William Sparks, directeur du département du grain. A 8 h 30, les deux hommes téléphonent de l'aéroport de New York au Hilton. Belousov et Kalitenko répondent qu'ils sont pris et qu'ils ne pourront les rencontrer que dans l'après-midi, à 15 h 30.

En effet, les responsables de l'Exportkhleb attendent la visite de Barry Saunders, de Cargill Inc., éconduit quatre jours plus tôt et qu'ils ont rappelé la veille. A 10 heures, Saunders arrive, flanqué de Melvin Middents, spécialiste du blé chez Cargill, et de Tom Connally, directeur du bureau new-yorkais. Depuis deux jours, Saunders est intrigué par les rapports qui lui parviennent. Tous font état d'une activité anormale chez Continental Grain, qui affrète un tonnage exceptionnellement élevé de bateaux pour des transports à destination des ports russes. A 14 heures, Belousov signe avec Cargill Inc. l'achat d'un million de tonnes de blé dur d'hiver. « C'est le plus gros contrat que j'aie jamais négocié de ma vie », dira Saunders.

A 14 h 30, il quitte l'hôtel et à 15 h 15, Ned Cook frappe à son tour à la porte de la suite 4201. Il obtient des Russes un accord portant sur 300 000 tonnes.

Le 7 juillet au matin, Gérard Louis Dreyfus et ses deux vice-présidents, Théo Joseph et Patrick Gardner, pénètrent au Hilton. Ils en repartent à l'heure du déjeuner avec un contrat portant sur 750 000 tonnes.

Le même jour, la délégation soviétique téléphone à Karl Brasmer, vice-président de la Bunge Corporation, appendice new-yorkais de l'empire financier latino-américain des familles Bunge et Born. Depuis deux ans, la firme connaît des vicissitudes. Ses agissements financiers font l'objet d'une enquête aux États-Unis et récemment, deux des frères Born, kidnappés par les Montoneros, les guérilleros argentins, ont été relâchés en échange d'une rançon de 6 millions de dollars. Depuis lors, le siège de la firme a été transféré au Brésil où ses dirigeants comptent de solides amitiés parmi les hauts dignitaires du régime militaire. Averti par Brasmer, Walter Kelin, président de Bunge, arrive le soir même de São Paulo. A 22 h 30, les deux hommes rencontrent les négociateurs de l'Exportkhleb et, au petit matin, ils apposent leur signature au bas d'un contrat portant sur 600 000 tonnes.

Le 9 au matin, les Russes descendent le Mississipi sur le yacht de 58 mètres appartenant à Ned Cook, qui les a invités, et signent un contrat portant sur 300 000 autres tonnes de blé.

A 13 heures, la Bourse de Chicago, qui reflète les tendances du marché céréalier, cote le boisseau de blé à 2,44 dollars, ce qui requiert des autorités américaines une aide financière à l'exportation de 81 cents.

Le 11 juillet, les services économiques de la Maison Blanche demandent un rapport au ministère de l'Agriculture sur l'état et l'importance des transactions en cours. Celui-ci ne peut fournir que de vagues indications, sans aucune précision de tonnage. Le 12 juillet, les Russes regagnent New York. Le 13, ils quittent les États-Unis pour Moscou, via Amsterdam.

Mais l'extrême ingéniosité dont ils ont fait preuve est partiellement annulée par les nouvelles qu'ils recueillent à leur arrivée : les estimations des experts soviétiques ont été beaucoup trop optimistes. Le déficit céréalier atteint en réalité 60 millions de tonnes, et le volume des contrats ramenés des États-Unis ne permet pas d'assurer un approvisionnement suffisant.

Le 29 juillet, Belousov et Kalitenko réapparaissent au Hilton, après un crochet par le Canada où ils se sont assurés de 3,5 millions de tonnes. En l'espace de trois jours, ils rachètent 300 000 tonnes à Cook Industries, 1,5 million de tonnes à Dreyfus, 1 million de tonnes à Cargill et 550 000 tonnes au groupe suisse Garnac Grain Company.

C'est une vraie situation de vaudeville. Chaque société s'est engagée dans de délicates opérations en vue d'obtenir le blé nécessaire sans compromettre la stabilité du marché, tout en ignorant les quantités vendues par ses concurrents et le montant total des achats soviétiques. Au total, ce sont plus de 19 millions de tonnes qui vont être prélevées sur le marché américain. George Shultz et Caspar Weinberger, à l'époque conseillers économiques de Nixon, sont nerveux. Les nouvelles commencent à filtrer et ils s'inquiètent de leurs conséquences en politique intérieure. Le montant des subsides à l'exportation risque de ressembler à un véritable hold-up sur le Trésor américain. Arthur Burns, président du Federal Reserve Board, souligne ses éventuelles répercussions inflationnistes. En fait, les subventions à l'exportation vont coûter plus de 300 millions de dollars aux contribuables américains.

Si les Soviétiques ont agi avec une aussi parfaite maîtrise, c'est qu'ils n'ignoraient rien des transactions les plus secrètes de leurs interlocuteurs, non plus que des démarches entreprises par ces firmes auprès des autorités américaines. Depuis 1970, le le secteur céréalier était placé sous surveillance et, pour la première fois, l'espionnage électronique joua un rôle déterminant dans une négociation commerciale menée en territoire adverse.

En 1975, un rapport émanant des services de la Maison Blanche évaluait à « plusieurs millions le nombre des communications interceptées par les Soviétiques aux États-Unis, dont plus de 100 000 dans la seule région de Washington ». Jimmy Carter le confirmait un an plus tard : « L'écoute de transmissions-radio ou de communications téléphoniques est devenue une des principales activités des services spéciaux de l'U.R.S.S. »

Paradoxalement, les progrès techniques ont rendu ces interceptions plus aisées. 75 % de tous les appels téléphoniques à travers les États-Unis s'effectuent désormais par des « micro-ondes » dont l'émission est plus rapide et moins coûteuse que les systèmes de câbles utilisés auparavant. Mais leur captage est aussi rendu plus facile. Il suffit d'un équipement peu volumineux, dissimulé dans des lieux aussi anodins que des appartements.

Les spécialistes américains furent les derniers à admettre ce fait. Ils croyaient que la meilleure garantie d'inviolabilité des communications reposait sur la densité du trafic téléphonique : trop d'appels et de conversations qui s'enchevêtrent pour pouvoir efficacement les sélectionner et les contrôler. C'était ignorer les formidables progrès réalisés par les Russes en ce domaine bien précis de l'informatique, grâce, pour une bonne part, à des plans ou à des éléments dérobés en Occident.

Désormais, un ordinateur peut reconstituer les numéros formés sur un cadran en calculant le rythme auquel ils sont composés, ou encore en évaluant les distances grâce à la tonalité. Il compare ensuite ce numéro avec ceux dont la liste est enregistrée dans sa mémoire. S'il n'y figure pas, il abandonne cet appel pour passer au suivant; s'il s'agit bien d'un numéro « sensible », l'appel est immédiatement sélectionné et enregistré.

L'U.R.S.S., à travers de multiples intermédiaires et grâce à un équipement électronique sophistiqué, « intercepte les principales routes à micro-ondes », selon l'expression du sénateur Daniel Moynihan. Les systèmes d'écoute, selon un rapport confidentiel, se trouvent en partie à l'intérieur du consulat d'U.R.S.S. à San Francisco, à deux pas de la Silicon Valley, mais aussi à la délégation soviétique aux Nations Unies, ainsi que dans plusieurs appartements loués dans le Bronx, très exactement près de Riverdale Section. Ces locations en plein cœur de New York, couvertes par l'immunité diplomatique, offrent un champ d'écoute sans égal, puisqu'elles permettent d'espionner les quartiers généraux des plus grands établissements industriels et financiers mondiaux, installés à Manhattan.

Il n'est plus nécessaire d'acheter des complicités ou de voler des documents. Il suffit d'un branchement clandestin sur le réseau des transmissions, d'un répartiteur d'immeuble, par exemple, pour capter les informations les plus confidentielles sur la santé, la stratégie, les options des représentants les plus puissants de la communauté capitaliste.

Si les Soviétiques surent ainsi jusqu'où aller avec les grandes sociétés céréalières, c'est qu'ils connaissaient exactement leurs capacités de vente et les prix auxquels ils avaient acheté le blé aux fermiers américains : 1,40 dollar le boisseau. Ceci leur permit d'exiger un prix de vente inférieur aux barèmes américains : 1,63 dollar, alors que le prix intérieur était de 2,50 dollars. Belousov et Kalitenko furent également informés en permanence des négociations qui s'engagèrent ensuite entre les sociétés céréalières et le gouvernement des États-Unis pour obtenir de ce dernier qu'il acceptât de payer la différence.

Là encore, l'ambassade soviétique à Washington joua un rôle essentiel. Construite à Tunlaw Road, sur la plus haute des collines dominant la capitale fédérale, elle constitue un site d'interception rêvé. A courte distance sont installées les principales tours de relais « micro-ondes » d'Arlington, Virginia et Gambrills. Des experts mirent quelque temps à découvrir qu'une bonne partie des conversations secrètes du Pentagone, relayées par la tour Tenley, installée sur Wisconsin Avenue et appartenant à la Western Union, passaient juste par l'emplacement de l'ambassade.

En 1977, les Russes renforcèrent et affinèrent ces méthodes d'interception en installant de grandes antennes à Cuba. Ils peuvent désormais capter les communications transmises par satellites, qu'il s'agisse de messages téléphonés, de télégrammes ou d'ordres par ordinateurs, entre les États-Unis et plus de cinquante-cinq pays. Les messages sont immédiatement répercutés sur l'un des sept satellites placés sur orbite fixe à 40 000 km au-dessus de l'Atlantique, qui les retransmet à une station terrestre installée en territoire soviétique.

Objectif de cet effort sans précédent de l'U.R.S.S. : l'espionnage économique. Dépassée, cette confidence ironique d'un membre du Congrès américain : « Espionnez les conversations téléphoniques d'un sénateur pendant deux semaines et vous pourrez le faire chanter pendant le restant de sa vie ! » Les Soviétiques savent très bien qu'il est superflu de s'intéresser à ces « acteurs secondaires de l'Histoire » que sont les hommes politiques occidentaux, détenteurs d'une trop mince parcelle de pouvoir. Non, les vrais enjeux sont la crise de l'énergie, la flambée du dollar, la guerre économique et le chaos monétaire.

Comme le démontrait cet épisode du blé, l'accès à un certain nombre d'informations hautement confidentielles sur la santé et l'avenir économique de l'Ouest peut fournir un avantage décisif. Au niveau multinational, un millier de firmes, liées aux grandes banques comme les atomes d'une même molécule, contrôlent l'économie mondiale et assurent les quatre cinquièmes de sa production. Ces sociétés ont acquis force et prospérité en dépassant totalement le stade de l'économie de marché et les phénomènes de la concurrence : huit firmes en situation de monopole dans le secteur des ordinateurs, six dans le pétrole, quatre dans le caoutchouc, neuf dans l'automobile, quinze dans la chimie. Connaître le détail de leurs accords commerciaux, de leurs transactions financières, voire de leurs difficultés, revêt beaucoup plus d'importance que les semblants de décisions qui peuvent être prises par un pouvoir politique le plus souvent impuissant, inadapté, limité au cadre national.

X

DU SABLE ET DES CERVEAUX

« Au fond, qu'est-ce que la Silicon Valley? Simplement du sable et des cerveaux. Du sable pour le silicium et des cerveaux pour s'en servir. La preuve qu'il existe désormais différentes manières d'exploiter un capital de façon intensive... »

Edward Luhrman : propos vifs empreints d'humour, longue silhouette donnant l'illusion de l'austérité. Un des rares historiens de cette révolution technologique qui ébranle les sociétés industrielles, dans ce qui paraît à la fois un ultime défi et leur unique planche de salut.

Son champ d'observation? L'univers de la « Bay Area », la région de San Francisco qui se déploie à travers les larges baies vitrées de sa maison de Grizzley Park, délicieuse demeure en bois accrochée au sommet d'une colline. En contrebas, l'université de Berkeley, et, plus à l'Ouest, dans le soir naissant, le port d'Oakland; puis, les deux masses scintillantes du Bay Bridge et du Golden Gate qui aboutissent au cœur de San Francisco.

Luhrman, qui se consacre désormais à la recherche et à l'écriture, a dirigé durant de nombreuses années le Lawrence Hall of Science. Lieu insolite dans cet univers californien dépourvu d'attirance pour le passé, puisqu'il y reconstitua patiemment les divers maillons de la genèse de l'informatique, rassemblant tous les types d'ordinateurs produits depuis vingt ans et familiarisant un vaste public – des enfants aux patrons d'industrie – avec l'évolution des langages et des systèmes de computers.

« L'étrange, avec les ordinateurs, c'est que tout s'est passé si rapidement qu'aujourd'hui, enfants et adultes se trouvent au même niveau. Mais il existe un fait important, trop souvent oublié : le foudroyant développement de l'ordinateur dans ce pays est dû à des choix scolaires individuels, dans le cadre de communautés locales. Ici, pas de système d'éducation centralisé, mais un complet éclatement. Si, dans une communauté, les parents décident que les enfants doivent apprendre à se servir des ordinateurs, ils se débrouillent pour que ces appareils soient achetés et installés. Mais la Californie ne reflète pas l'Amérique : 65 % des personnes résidant dans cette zone ont effectué des études supérieures, et la plupart travaillent dans des industries de pointe ou sont en rapport avec elles. La familiarité avec l'ordinateur y est donc totale. Mais je crains que le fossé ne se creuse encore davantage avec d'autres régions du pays dont les habitants sont psychologiquement moins préparés aux bouleversements informatiques. Une telle évolution serait grave, car elle conduirait à l'existence de deux Amériques : l'une, peuplée de cerveaux entraînés à toutes les techniques de communication et d'avenir; l'autre, condamnée à végéter, à cause d'une formation devenue inadaptée, anachronique.

« C'est une erreur, poursuit Edward Luhrman, de penser qu'il n'y a que très peu de gens capables de maîtriser l'ordinateur. Le premier venu en est capable, n'importe qui. C'est plus facile à apprendre que votre langue maternelle. Tout le monde devrait se rendre compte que l'enseignement de l'informatique n'est pas quelque chose d'exotique, et personne ne devrait commettre l'erreur de penser qu'elle ne concerne que quelques *happy few*. Tel devrait être aujourd'hui le but de tout système d'éducation. Tout le monde devrait y avoir accès : c'est comme le droit à savoir lire, écrire et compter, considéré comme fondamental dans toute démocratie. »

« Le pire qui puisse advenir? » Le professeur étire ses longues jambes qui viennent buter contre un énorme jouet en peluche, après avoir renversé une pile de livres posée sur l'épais tapis. « Que l'ordinateur soit installé dans les écoles, qu'il y enseigne les mathématiques, les langues, et que les enfants n'apprennent pas à se servir de l'appareil lui-même. Pour moi, ce serait une tragédie. »

Allan Kay vit à Los Angeles et travaille en plein cœur de la Silicon Valley. Sept cents kilomètres entre ces deux lieux.

Obstacle aisément tourné : Kay a installé un terminal d'ordinateur dans sa maison, relié en permanence à son bureau. Il traite et règle toutes ses affaires de chez lui, non loin des plages de Malibu Beach, et ne se rend qu'une fois par semaine, pour une journée, au siège de sa compagnie, à Sunnyvalle. Il est à la fois vice-président d'Atari et directeur des recherches du numéro un mondial du « Video Game ». Quarante ans, trapu, la moustache drue, constamment en mouvement, il donne l'impression que le temps dont il dispose est aussi bref que ses réponses.

Il règne sur un budget de recherches supérieur à 25 millions de dollars, destiné à la fois à consolider la suprématie menacée d'Atari et à assurer sa place sur le marché désormais florissant des micro-ordinateurs. Atari 400 et Atari 800 permettent, selon la formule d'un journaliste, de « gérer sa comptabilité d'une main et, de l'autre, de réduire en bouillie la moitié de la Galaxie ».

En 1982, le marché du jeu-vidéo aux États-Unis a représenté plus de 3 milliards de dollars de chiffres d'affaires, avec 7 millions de consoles et 65 millions de cassettes vendues.

D'après Kay, « l'argument selon lequel l'ordinateur incite les esprits à devenir plus logiques continue de séduire certains spécialistes. Or, penser logiquement est probablement la dernière chose dont vous ayez envie. Le fait essentiel, avec les computers, c'est qu'ils n'ont pas de centre de gravité, au sens où le système logique en est un. Ils constituent donc de merveilleux outils du non-conformisme ».

Éducation et liberté! Luhrman le théoricien et Kay le praticien partagent la même certitude que « la vraie révolution informatique est encore à venir et offrira des possibilités illimitées ».

Utopie dont la Silicon serait l'épicentre? Plutôt « semi-utopie », et la nuance est d'importance, car elle souligne une aspiration constante et déjà ancienne du monde des affaires. La formule est d'Edwind Land, l'homme qui fonda, il y a un demi-siècle, la société Polaroïd, qu'il conduisit au succès avant de disparaître, brisé et ruiné. Il rêvait d'un univers que les industriels auraient façonné selon les principes de Thomas More. Version naïve du rêve américain où, depuis plus d'un siècle, imaginaire et expérience s'interpénètrent inextricablement. Un magazine demanda récemment au romancier John Cheever s'il pensait que les choses allaient empirer dans le pays ; il répondit que les choses empireraient nécessairement si les gens se posaient ce genre de questions : « Car il y a encore plein de nouveauté, de fraîcheur dans ce pays. Nous n'en sommes encore qu'à faire nos preuves. C'est une nation obsédée par le rêve d'excellence. »

Questionnez les étrangers installés en Californie, les seuls peut-être à disposer du recul nécessaire, parce qu'ils sont à la fois acteurs et témoins. Pierre Lamond, cinquante deux ans, ancien vice-président de National Semi-Conductor, le plus gros fabricant de micro-processeurs de la Silicon, avec un milliard de dollars de ventes annuelles : « La force de cette région? Sa jeunesse. Sa faiblesse? – une brève hésitation – : sa jeunesse aussi... »

« Un pays intact, ajoute un scientifique français installé près de Stanford. La Silicon Valley est un lieu où l'on reconnaît les mérites, et si vous détenez un projet intéressant, vos financiers n'auront qu'un objectif : le valoriser au maximum. »

Plus l'Amérique paraît rongée par le doute, plus la Californie se renforce dans ses certitudes, jugées souvent arrogantes. « Nous entendons de partout monter des plaintes venant d'usines vieillies, d'industries en déclin, de secteurs improductifs, déclare Bob Noyce. Mais le bon moment pour se préoccuper des industries du passé qui n'ont pas su se transformer à temps, c'était il y a dix ans. Aujourd'hui, il s'agit d'autre chose : il faut investir nos forces dans les télécommunications, les semi-conducteurs, les robots et la formation. Il n'y a à l'heure actuelle qu'un seul secteur dans l'économie américaine qui soit vraiment porteur d'avenir, il ne faut pas s'y tromper : c'est celui de la haute technologie et de ce qui s'y trouve lié. »

Même constat implacable chez son rival le plus direct, Fred Bucy, président de Texas Instruments : « Avant dix ans, l'ensemble des industries électroniques et informatiques sera plus vaste que tout le secteur de l'automobile et de l'acier. »

Aucune trace de nostalgie, pas l'ombre d'une hésitation. « Les hommes qui vivent et travaillent ici sont des mutants », estime un expert en informatique. « A la fois une nouvelle race d'hommes d'affaires et des scientifiques d'un nouveau type. »

Cocktail détonant d'ingénuité et de pragmatisme chez des

êtres qui – dernier paradoxe – façonnent l'avenir en étant animés par une psychologie de l'éphémère. L'an 2000 s'atteint ici à coups de produits dont l'espérance de vie n'est que de douze, quatorze, au maximum dix-huit mois.

Course épuisante, rivalité commerciale exacerbée qui conduit un chef d'entreprise à pousser un grand soupir de soulagement quand les objets qu'il fabrique ont deux ou trois mois d'avance sur ceux de ses concurrents. Les usines, toutes construites en plastique et en préfabriqué, se montent, s'agrandissent et se démontent au rythme des succès ou des échecs. Les firmes connaissent ici des hémorragies permanentes, vidées d'un personnel attiré chez un rival par de meilleurs salaires, mais qui, en contrepartie, ne bénéficie jamais de la moindre garantie d'emploi. Le transfert de connaissances s'effectue de manière quasi automatique.

Rien n'est jamais acquis, ni les fortunes, ni la notoriété. C'est curieusement de cette précarité que la Silicon Valley semble tirer toute sa vitalité. Sa philosophie? Aussi simple qu'exténuante, telle qu'elle se trouve exprimée par Gordon Moore, co-président et principal actionnaire d'Intel : « Tout le monde doit s'occuper de tout! Tout le monde doit en mettre un coup! Et tout le monde doit savoir pourquoi! »

Psychologie qui n'est pas éloignée de celle de Thomas Murphy, président de General Motors, ce géant en déclin, lorsqu'il répondait en 1976 aux questions de l'hebdomadaire *Newsweek* : « Ce qui me préoccupe dans ce pays, c'est que les gens ont parfois l'illusion que le Bon Dieu aurait levé les bras et dit : " Voilà, c'est l'Amérique, la terre où tout réussit ", et qu'il nous aurait donné quelque chose de plus qu'aux autres. Il ne l'a pas fait. Je pense que c'est le système qui l'a fait pour nous. »

« Écoutez – confie un intellectuel européen qui vit dans le comté de Santa Clara depuis plusieurs années –, en observant le phénomène que représente cette région, une réflexion me venait à l'esprit. Je l'ai longtemps écartée avec horreur, parce qu'elle me paraissait être un véritable chromo. Pourtant, aujourd'hui, je dois admettre qu'elle est profondément juste : Ici, c'est la mentalité *pionnier* et conquérante du début du siècle qui invente le troisième millénaire. »

Mais pourquoi, précisément, cette zone si nettement délimitée? Les réponses avancées n'évoquent que les causes immédiates, jamais les mobiles profonds. Or, par-delà les facteurs logistiques, comme les liens existant entre universités et monde des affaires, il y a bien des traits propres à la Californie.

Dans une société dépourvue de repères essentiels découlant du niveau social, de l'origine familiale, du statut professionnel, il ne reste qu'un code : celui de l'argent. Chacun peut évaluer sa trajectoire en termes monétaires. Ceux-ci engendrent une codification et une identification nouvelles et règlent la compétition. « *Save Your Money* », économiser l'argent, est un slogan fondamental de l'éthique américaine, mais plus encore californienne. Il ne signifie pas que chacun gagne ce qu'il vaut; il serait plus exact de dire que chacun vaut ce qu'il produit. De ce point de vue, le rapport est étroit entre l'argent possédé et la valeur attribuée à chaque être. Dans ce contexte, l'échec essuyé ne revêt cependant aucune coloration négative : il fait partie de l'aventure. Seule compte la manière dont l'individu réagit à ce genre de revers. Il doit manifester un comportement dynamique, quasi euphorique. Le style de sa réaction sera l'élément décisif du jugement qu'on portera sur lui.

Société dépourvue de dogmatisme, à l'inverse de ces univers européens « nés d'églises » où il existe des évaluations objectives, des statuts auxquels on aspire mais dont on ne sort plus, où les citoyens deviennent les « rentiers » de leur propre élévation sociale.

Rien de tel dans la société californienne : toujours produire, toujours faire plus, une volonté de donner le spectacle permanent de son dynamisme, chacun collaborant à cette grande fiction qu'est la « réussite ». Mais aussi, au fond, un univers formidablement inquiet, fait de solitudes nomades, dépourvu de cette sécurité que procure, dans la plupart des autres nations du monde, même si on la rejette, la référence à un passé, à une famille, à une identité culturelle établie. Un sol qui s'effrite constamment, une angoisse associée à l'absence de repos et liée à l'immigrance. Tout le monde ici est une « personne déplacée ». Plus de la moitié de la population de l'État le plus important des États Unis – quarante millions d'habitants – n'est pas née en Californie ni ne possède aucun de ces ancrages que confère l'allégeance à une géographie, à une histoire. La mobilité et la créativité deviennent dès lors des effets de cette absence d'attaches.

Michel de Certeau enseigne depuis plusieurs années à

l'université de Californie du Sud, construite sur les hauteurs de San Diego, non loin de la frontière mexicaine. Expérience et confrontation passionnantes pour cet intellectuel français qui découvre, plus de quinze ans après Edgar Morin et son *Journal de Californie*, un univers aux antipodes de celui qu'il a connu en Europe. Installé dans la superbe station balnéaire de la Jolla, dans une maison proche de celle où vécut, retiré, le grand auteur de romans policiers Raymond Chandler, il parle en ouvrageant chacune de ses phrases : « Vous savez, pendant un siècle, sur les cartes, on a représenté la Californie comme une île, et c'était une fiction plus réelle que les cartes actuelles. Il y a un isolement de la Californie, par rapport à l'ensemble des États-Unis, qui est beaucoup plus fort, beaucoup plus radical que la rupture entre la côte Est et l'Europe. De ce point de vue, c'est probablement un bon point de départ, qui donne le sentiment d'être autonome. Même la presse ne cesse de le cultiver. Le meilleur journal de Californie, le *Los Angeles Times*, est excellent, souvent même remarquable pour tout ce qui se fait à l'intérieur de la Californie, mais il ne dit à peu près rien de ce qui se passe au-dehors; et d'ailleurs, ce qui se passe au-dehors n'est pertinent que si on le trouve aussi en Californie...

« On assiste à une étonnante autonomisation de cette région, mais je pense qu'elle se fonde sur une expérience individuelle. Ce brassage extraordinaire, les pôles où se développent cet avant-gardisme, ce futurisme californien, constituent une espèce de laboratoire fait de conventions extraordinairement subtiles entre individus itinérants. Il n'y a pas d'attaches fondamentales à un lieu, à un « job », à un amour, une origine, une famille. On change constamment et quand vous retrouvez des amis, il faut leur demander à chaque fois avec qui ils ou elles vivent, quel est leur travail actuel, etc. Or, l'espace californien, constitué de ce réseau de mobilité, requiert avec une exigence d'autant plus rigoureuse l'organisation professionnelle de lieux industriels et scientifiques.

« Ainsi je suis frappé, à l'université de Californie, de voir la multiplication des réunions, des rapports, qui au fond ne sont pas indispensables, mais qui correspondent à la production artificielle d'une socialité. Dans nos vieux mondes latins, on a beau critiquer sans relâche les institutions, on est absolument sûr qu'elles résisteront. Ici, aucune certitude de cet ordre. C'est au fond comme le petit village qu'on implante au milieu de la forêt vierge; si, pendant quelques jours, on n'arrache pas les plantes, c'est la forêt vierge qui est à nouveau là. De même, ici, si on ne produit pas tous les jours de la socialité, elle disparaît dans cette itinérance, cette mobilité microbienne... La rigueur de ces constitutions de lieux professionnels et scientifiques – dont la Silicon Valley est l'exemple le plus achevé – est liée à cette mobilité même. »

Le 2 janvier 1967 à minuit seize minutes, Ronald Reagan prêta serment comme gouverneur de Californie. Il avait battu en novembre son prédécesseur démocrate, Edmund Pat Brown, de près d'un million de voix. Sous l'œil de trente-deux caméras de télévision, l'air aussi jeune qu'à l'écran malgré ses cinquante-cinq ans, il se tourna vers son vieux camarade de Hollywood, le sénateur George Murphy, et lança : « Eh bien, nous revoici dans le show de minuit, comme à la télé. »

Chez tous les sceptiques du pays, cette réflexion dut confirmer les idées qu'ils se faisaient de la Californie. C'était le dernier gag : deux célébrités de la pellicule, un acteur politiquement inexpérimenté et un ancien danseur, occupaient les deux postes les plus importants de l'État le plus peuplé et le plus riche du pays. Pour Reagan, il s'agissait là du premier succès politique après huit années passées à sillonner le pays comme orateur itinérant de la General Electric. « A Hollywood, confiait-il avec humour, quand on ne savait pas danser ou chanter, on finissait comme orateur de banquets; alors on a fait de moi un orateur. »

Ce rôle lui avait été confié dans le cadre d'un programme de relations publiques de la puissante firme, qui souhaitait entretenir le moral de son personnel alors qu'elle se décentralisait de plus en plus. Reagan passa ainsi 250 000 minutes debout derrière un micro, et parla devant plus de 300 000 personnes au cours de la visite de 135 usines...

Des hommes riches, influents, conservateurs, virent en lui, après une telle performance, le candidat idéal au poste de gouverneur. Ils étaient ses amis, et, comme lui, presque tous avaient fait fortune à partir de rien. L'objectif de Holmes Tuttle (ancien vendeur de voitures), de Henry Salvatori (le pétrole), d'Alfred Bloomingdale (chaîne de grands magasins) et de Justin Dart (propriété foncière) atteignit son apothéose le 4 novembre 1981 quand leur partenaire au « gin rummy » devint le quarantième président des États-Unis.

Deux ans après cette élection, les effets conjugués de la crise économique et du reaganisme, qui est beaucoup plus un retour aux traditions qu'une véritable doctrine, ont produit près de 12 millions de chômeurs, soit 11 % de la population active. Chiffre qui, par son ampleur, ne peut se comparer qu'à celui de la grande crise des années 30. Des programmes sociaux coupés à la hache, des pauvres exclus de l'économie, un néo-darwinisme social aussi impitoyable que le « chacun pour soi » de l'expansion vers l'Ouest. Le règne de la force et de l'audace d'où seuls émergeront, à terme, les plus entreprenants.

Outrée, stupéfaite, l'Europe découvre le conservatisme d'une Amérique qui l'a toujours été. Tocqueville l'exprimait déjà en ce jugement sévère : « On dirait qu'en Amérique, les esprits ont tous été formés sur le même modèle, tant ils suivent exactement les mêmes voies. »

Avant 1968, il était de bon ton de porter les cheveux en brosse, de rougir à toute allusion au sexe, de suivre les traces de ses parents; puis, du jour au lendemain, qu'on porte les cheveux longs, qu'on fournisse aux statisticiens de la contre-culture des records d'activité sexuelle, et que l'on quitte sa famille pour la tente communautaire. Jean-Marie Domenach a parfaitement diagnostiqué le passage d'une formule à l'autre en écrivant, à la suite d'un séjour dans l'Amérique des hippies : « Entre la foire œcuménique que je voyais battre son plein sur le campus et les foules extasiées qui écoutent le boniment de Billy Graham, ce play-boy de Dieu, prêcheur de l'Amérique profonde, il n'y a guère de différence. Je me suis dit un moment que cette jeunesse harnachée à l'indienne, c'était la revanche des peaux-rouges. Mais je comprends la méfiance de ces derniers devant des imitateurs qui ont la même cruelle innocence que ceux qui colonisèrent leurs ancêtres, la même bonne conscience. Ils ne font rien qui mette réellement en péril le système qu'ils renient. » Fixité dans le changement et pérennité de la vieille formule du « progrès dans l'ordre et par le travail ».

En fait, l'important, chez Ronald Reagan, c'est qu'il dissipe un certain nombre d'ambiguïtés qui encombraient le langage et l'action politiques de l'Amérique depuis quelques décennies, notamment avec des tentatives désordonnées de socialisation de l'économie défendues par les démocrates : interventions étatiques, contrôles administratifs de l'activité économique, redistribution des richesses par l'impôt.

Le langage et la pensée de l'actuel président septuagénaire ramènent à une vision épurée du système originel de valeurs. A l'étranger, il ne veut plus que l'Amérique soit « un pitoyable géant impuissant »; au plan social, la réduction des programmes fédéraux vise à « supprimer les dépenses inconsidérées, les abus et la fraude dont des rapports qualifiés prouvent qu'ils sont fabuleux ». En fait – ajouta-t-il au cours de sa campagne –, « un des adjoints de Mr. Carter a reconnu qu'il y avait au moins pour 7 milliards de dollars de fraude et de gaspillage dans l'aide sociale et l'assistance médicale qui y est associée ».

Enfin, il est clair qu'aux yeux de Ronald Reagan, l'accroissement vertigineux du budget de la Défense des États-Unis constitue non pas un fardeau supplémentaire pour l'économie américaine, mais, au contraire, un moyen de la renforcer à travers le monde. A ses yeux, si la crédibilité de Washington vis-à-vis de ses alliés n'est pas restaurée, notamment en Europe et en Asie, ceux-ci seront de moins en moins disposés à faire des concessions économiques ou à libéraliser leur commerce extérieur.

Le seul trait insolite, dans le conservatisme de Reagan, est qu'il apparaît au fond comme dépourvu de tout complexe, et c'est probablement ce qui explique la séduction qu'il exerce.

Deux formules mathématiques, trois citations latines, une fin de phrase ponctuée d'un énorme éclat de rire : Herman Kahn, le directeur du Hudson Institute, surnommé le « Clausewitz de l'ère nucléaire », ressemble de plus en plus à Falstaff. Bedonnant et truculent, ce physicien et mathématicien a acquis influence et renommée en élaborant la doctrine de la « riposte graduée », puis en imaginant, dans son ouvrage, *L'Escalade, métaphores et scénarios*, les quarante-quatre échelons de la guerre mondiale. Selon Kahn, un conflit nucléaire peut différer de toutes les guerres passées, « en degré, mais non dans sa forme ». Il a étendu ses travaux à l'étude des grands problèmes économiques et sociaux, mais certaines de ses analyses, trop résolument exponentielles, ont paru à maints critiques d'un optimisme contredit par les faits.

Kahn, de passage à San Francisco peu avant sa mort, évoque pêle-mêle notre dernière rencontre, à Athènes, et les observations enthousiastes qu'il vient de faire au cours d'une tournée à Taïwan, Singapour, Hong Kong. Chiffres, statistiques, indices de croissance sont débités au rythme d'un programme d'ordinateur. Est-il optimiste sur l'avenir des États-Unis? « Plus que jamais. Je ne cesse de répéter que l'Amérique est maintenant une contrée saine, parce que les conformistes en reprennent le contrôle et symbolise l'apparition d'un nouveau consensus conservateur ».

Dans le *New York Times*, un article qui sera repris par plusieurs autres quotidiens à travers les États-Unis; il est signé Jerry Rubin, une des figures dominantes de la contre-culture californienne des années 60, l'auteur du manifeste *Do it!* Dix ans plus tard, Rubin vient d'entrer à Wall Street chez John Muir and Co. Il commente ainsi son évolution : « Je sais que je puis être plus efficace aujourd'hui en portant un costume-cravate et en travaillant à Wall Street qu'en me trémoussant en dehors des murs du pouvoir. La politique et la révolte ont marqué les années 60. La recherche du moi a caractérisé les années 70. L'argent et le pouvoir vont être l'obsession des années 80. »

Rubin explique que ce qu'il recherche désormais, ce sont les résultats que donne le pouvoir : « Je vais travailler comme conseiller financier, spécialisé dans l'investissement dans les nouvelles entreprises d'avenir. Mon job sera de repérer, d'analyser et de financer ces petites entreprises indépendantes dont notre société a un besoin vital. » Sans complexes, Rubin termine ainsi son papier : « Salut Wall Street, j'arrive! On va faire en sorte que des millions de dollars viennent aider des petites boîtes qui contribuent à l'amélioration de notre environnement. On va sauver le capitalisme américain de l'écrasement par l'organisation géante! »

Berceau de cette radicalisation ambiguë des années 60, la Californie est également la première, aujourd'hui, à opérer ce vigoureux coup de barre à droite. Aucune contradiction mais, au contraire, le sentiment d'une continuité parfaite : originalité et créativité demeurent les priorités, mais elles s'orientent désormais vers les secteurs productifs. La création d'entreprises relève aujourd'hui de la même démarche et de la même audace que la mise sur pied de phalanstères quinze ans plus tôt. D'ailleurs, les unes comme les autres ne s'articulent-elles pas autour du même principe de vie communautaire?

Deux Amériques paraissent désormais coexister : l'une assistée, passive, désorientée, symboliserait, à travers le spectacle de ses chômeurs, de ses indigents, de ses usines fermées, le déclin industriel et moral; l'autre, toute en vigueur, stimulée par l'esprit de compétition et le goût du succès, incarnerait l'avenir, le sursaut.

En fait, l'une des caractéristiques de l'Amérique semble être que ses phénomènes les plus permanents échappent aux regards de ceux qui se fixent pour tâche de l'étudier. L'écrivain John Dos Passos soulignait déjà, dans les années 30, la coexistence de ces deux univers : « L'Amérique des riches et celle des faibles, celle des zones géographiquement prospères et celle des régions en crise. Nous sommes faits de deux mondes irréconciliables », concluait-il...

« La Californie se met de nouveau à ressembler à l'Amérique que j'ai connue au début des années 60 », confie avec un sourire gourmand Pierre Lamond. Installé dans la Silicon depuis 22 ans, ce quinquagénaire au regard malicieux, dont le physique évoque celui d'Yvon Gattaz, fut le premier Européen à occuper des postes de direction au sein des plus grandes entreprises de la Valley. « Quand vous parliez à des étudiants au cours des années 70-74, rappelle-t-il, ils avaient des idées très orientées vers le social; aujourd'hui ils sont beaucoup plus prosaïques: quel salaire vais-je avoir? comment monter ma propre entreprise? »

« Les plus brillants succès de la Silicon? National Semi-Conductor, créé en 1967 et qui est maintenant à plus d'un milliard de dollars; Intel a démarré en 1968 et en est à 900 millions de dollars; Rohm a débuté en 1974 et dépasse les 500 millions de dollars; Atari, qui s'est créé aussi en 1974, a franchi la barre du milliard de dollars. Tandem, né en 1978, en est à 300 millions de dollars; Apple, qui a commencé la même année, a franchi les 600 millions de dollars... On n'en finirait pas de les citer tous... »

Cette économie de marché qui semble en être encore à son stade idéal fascine les Européens. C'est le mythe, restitué dans sa vigueur et sa rigueur, d'un capitalisme non dénaturé. Ulrich Schreier, d'origine suisse, à créé voici trois ans une petite société de composants électroniques. A 38 ans, il occupe un appartement luxueux au sommet d'un immeuble du quartier résidentiel de San Francisco. « Un étranger, ici, ça n'existe pas. J'ai vécu cinq ans en France tout en étant Suisse : je me sentais étranger, et, pour moi, créer une affaire dans votre pays aurait été très difficile. Ici, la question de ma nationalité ne s'est jamais posée. »

Des bureaux de Jean Deléage, on aperçoit un foisonnement de maisons de bois, aux couleurs à dominantes rose et jaune, encore rehaussées par la luminosité du ciel. Juste dans l'axe, l'ancien pénitencier d'Alcatraz, îlot aujourd'hui abandonné, planté au milieu de la baie de San Francisco et au large duquel passent les ferries à destination des plages de Sausalito.

Deléage, profil de « cadre français intellectuel », ainsi qu'il se définit, est l'un des rares exemples de réussite étrangère dans un genre difficile, typiquement américain : le *Venture Capital*. L'allure classique, un débit saccadé, le visage étrangement lunaire, il raconte son aventure qui remonte à 1976 : « Je suis venu dans cette Mecque du Venture Capital qu'est San Francisco et j'ai pu m'imposer sans connaître les problèmes habituels du nouvel arrivant. J'ai mis pas mal de temps à comprendre pourquoi les gens, aux États-Unis, travaillaient, mais, au bout de quelques années, ce gène bien américain qu'est la création d'entreprise a fini par me contaminer et j'ai monté ma propre société, il y a ving-huit mois. Si nous continuons de marcher au même rythme, ce sera très lucratif. Mais ce métier est passionnant en lui-même. Ce qui me plaît, c'est de traiter avec des hommes en général exceptionnels, de se lancer dans des projets ambitieux, d'avoir à faire face à des problèmes sans cesse différents.

« L'attirance des Américains pour la petite entreprise? Un des aspects fondamentaux de la civilisation américaine. Si vous lisez le préambule de la Constitution rédigée par les pères fondateurs, vous y verrez qu'il garantit le droit imprescriptible de l'individu à créer *sa* propre entreprise. Les pionniers débarqués au XVIIe siècle et ensuite ont tous rêvé de fonder quelque chose. Et d'ailleurs, si on regarde aujourd'hui quels sont les entrepreneurs les plus performants, ceux qui ont le mieux réussi, vous verrez qu'il y a une très forte proportion de gens récemment immigrés. La tradition américaine est celle d'une terre d'accueil pour ceux qui veulent faire quelque chose d'original, et le milieu américain accepte volontiers l'immigrant qui arrive, qui bâtit son business et qui réussit rapidement. »

Octobre 1981. Lorie Harp, visiblement tendue, accueille la petite foule d'invités qui se presse dans les salons de l'hôtel

Drake, au centre de San Francisco. Moment difficile pour cette jeune femme de trente-trois ans qui préside aux destinées de Vector Graphic, une société qui s'est lancée sur le marché des ordinateurs individuels. Dans quelques instants, elle annoncera à ce public d'investisseurs et d'hommes d'affaires l'introduction en Bourse de sa société.

Il y a seulement cinq ans, Lorie, d'origine allemande, et son mari Bob étaient encore des militants actifs de la contre-culture, savourant sans retenue leur marginalité. Puis Bob, ingénieur, a construit un modèle d'ordinateur personnel qui a plu; Lorie l'a commercialisé avec habileté. Aujourd'hui, allure stricte, cheveux blonds sur un visage long et sévère, elle est le principal actionnaire de sa compagnie. Vector Graphic connaît une croissance prometteuse... cependant que le couple formé par Lorie et Bob se défait.

Des rumeurs circulent à ce sujet depuis plusieurs mois et, avec un pragmatisme tout à fait californien, un des membres de l'assistance se lève pour demander à Lorie Harp, debout au pupitre, de préciser un peu mieux sa situation privée.

« C'est vrai, Bob et moi allons nous séparer; il est également exact que j'ai un ami qui dirige une firme concurrente. Mais je tiens à dire que nous avons pris, avec nos hommes de loi et nos actionnaires, toutes dispositions pour que ces situations personnelles n'interfèrent jamais dans la santé et la bonne marche de l'entreprise. »

En retrait, Bob Harp, géant placide et barbu, approuve silencieusement, et le repas frugal, arrosé au jus de pomme, se poursuit. Lorie confie qu'au sein de son entreprise, il existe ainsi des repas rituels. « Je les ai baptisés *déjeuners de l'amitié*, et ils ont lieu chaque semaine. Neuf personnes peuvent s'inscrire à chaque fois; elles vont au restaurant avec un des vice-présidents ou avec moi-même. Mon tour revient chaque cinquième semaine. Ce qui m'a incité à le faire? Je marchais un jour à travers l'usine, je regardais les gens travailler et je pensais qu'au fond, je ne savais rien d'eux. Leur moyenne d'âge est entre dix-huit et trente ans et je me suis dit : " Mon Dieu, ils sont pourtant beaucoup plus représentatifs des États-Unis que toi! Ce sont eux qui voteront pour le prochain président, pèseront sur les décisions importantes, auront un impact sur l'économie! " Bref, je voulais entendre ce qu'ils avaient à dire. Il est vital de savoir comment les gens fonctionnent lorsqu'ils travaillent, et de les convaincre qu'ils ne sont pas des rouages anonymes. »

Novembre 1982. Visite au siège d'Hambrecht and Quist, une des plus puissantes sociétés de Venture Capital, installée dans un vieil immeuble à la façade sévère. Tout surprend. Les bureaux, lors de la précédente visite, paraissaient confortables; ils sont désormais franchement luxueux et se sont considérablement agrandis.

Il y a un an, notre interlocuteur venait juste de quitter la firme californienne Bechtel – dont le président était George Shultz, l'actuel Secrétaire d'État, le directeur, Caspar Weinberger, désormais Secrétaire à la Défense, et le conseiller Philip Habib, devenu ensuite négociateur américain au Proche-Orient – pour entrer chez Hambrecht. Il paraissait plutôt satisfait d'évoluer dans un univers financier qui le stimulait, mais il lui restait encore certains doutes. Aujourd'hui, il est franchement content de lui, pianote sur le clavier de son computer pour montrer les croissances vertigineuses de certaines entreprises dans lesquelles il a investi.

« La Silicon Valley est un boom économique permanent. » Interrogé sur la santé de la firme de Lorie Harp, onze mois après son entrée à Wall Street, son visage se rembrunit et il grimace; un ordre transmis à l'ordinateur et une cotation apparaît sur l'écran : « Mauvais : regardez, aujourd'hui ils ont encore perdu 4 points. » Un geste pour effacer ce qui n'est déjà plus que le souvenir d'un mauvais placement dont le sort semble scellé.

Deux milliards de dollars se sont investis l'an dernier dans la création d'entreprises nouvelles par l'intermédiaire des sociétés de Venture Capital. Chiffre énorme, certainement à la hausse, qui s'explique en partie par la confiance des financiers. Face à un marché boursier déprimé, la bonne tenue des petites entreprises de pointe a étonné, puis incité les investisseurs à s'intéresser à la Silicon. Ici ils réalisent un double objectif : une plus-value substantielle qu'ils peuvent en outre rapidement matérialiser.

Parmi ces nouveaux investisseurs : les fonds de pensions, richissimes; les compagnies d'assurances, prospères; les grandes universités, florissantes; et des étrangers attirés par un monde des affaires plus intuitif et moins bureaucratique.

Des gouvernements étrangers, des firmes rivales pourraient-ils en profiter pour prendre des participations par l'intermédiaire de sociétés-écrans? Sourire condescendant du responsable de Hambrecht and Quist : « Impensable. Tout investissement supérieur à 5 % doit être connu. Non, les Russes ne rachètent pas nos entreprises. Je sais que pour un Européen, c'est probablement difficile à comprendre, mais tous ces problèmes géostratégiques sur les rivalités et l'équilibre des forces n'intéressent strictement personne ici. »

Large éclat de rire du petit homme dont le fauteuil de cuir fait un demi-tour : « Ici, nous sommes d'un dynamisme égoïste et inconscient. »

Les « Venture-capitalists », 359 en 1976, sont plus de 681 aujourd'hui. Toutes tailles, toutes gammes. L'argent à investir leur est confié pour cinq ans, il n'ont aucun compte à rendre avant ce délai. Forte concentration géographique dans les zones où ils souhaitent investir : vingt-trois firmes de Venture Capital se trouvent à la même adresse, sur Sand Hill Road, à Palo Alto. « Il est clair, confie le responsable de l'une d'elles, que si vous êtes installé à 350 km des sociétés dans lesquelles vous investissez, vous avez du mal à les suivre et à réagir rapidement s'il se pose un problème. »

Arthur Rock – un flair légendaire, puisqu'il est à l'origine des deux fleurons de la Silicon, Intel et Apple. Costume gris-bleu, lunettes à fines montures, il évoque les poursuites engagées par Intel contre une nouvelle société de semi-conducteurs : « Ils nous pirataient. Je ne blâme pas le management de cette firme, je blâme les financiers qui ont exigé d'eux une croissance si rapide. »

Une nouvelle société est créée chaque semaine, et une rumeur s'amplifie dans ce monde feutré, selon laquelle « trop d'argent chasse trop peu de bonnes affaires ». Le vrai problème paraît quelque peu différent : trop d'argent, en fait, semble géré par trop peu de talents...

« Regardez, déclare un financier, des entreprises créées aujourd'hui coûtent quelquefois plus de 50 millions de dollars. Le seul espoir pour les investisseurs de réaliser les profits qu'ils espèrent serait que ces sociétés atteignent un chiffre d'affaires supérieur à 500 millions de dollars. Délirant! »

Cette inflation des investissements, Noyce la constate lui

aussi : « Ce type d'activités est devenu très exigeant et intensif en capital et l'époque où vous pouviez faire démarrer un projet dans votre garage avec un peu d'argent et quelques amis compétents, est presque révolue. Désormais, vous avez besoin de cerveaux, mais aussi d'un apport massif, d'instruments chers et sophistiqués. En ce sens, je ne pense pas que ce type d'industrie soit très différent de l'univers automobile dont les fondateurs ont eux aussi commencé à travailler dans des hangars, puis, après une phase de compétition violente, ont consolidé cette industrie. Je crois néanmoins que nous en sommes encore au deuxième niveau, la période d'intense compétition. Il existe pour l'instant 100 à 200 sociétés en concurrence : rien à voir avec les trois grands de l'automobile. »

Afflux d'argent qui permet d'obtenir assez facilement et rapidement des capitaux importants. Une société au niveau zéro, formée de quatre ou cinq individus, une idée de produit, un partage des tâches bien homogène – direction des ventes, des recherches – recevra en l'espace d'un mois des sommes pouvant aller jusqu'à 5 millions de dollars.

Pour ces firmes naissantes, trois seuils : le franchissement des 25 millions de dollars de chiffre d'affaires; le passage des 100 millions; enfin le cap des 250 millions. La moitié d'entre elles traversent les deux premiers. Chiffre malgré tout élevé, même si des idées qui ne sont pas toujours excellentes et qui n'auraient pas trouvé preneur deux ans auparavant finissent par être financées. Des changements récents dans les lois fiscales, notamment sur les plus-values – encore le reaganisme –, ont rendu le Venture Capital très attrayant pour beaucoup de gens. Le mécanisme en est simple. Si l'on croit en une idée et une équipe, on apporte les fonds, une mise décuplée, lors de l'introduction en bourse de la société, moment où les Venture-capitalists revendent leurs actions en augmentant ainsi leur capital.

On évoque des « deals » mirifiques où certains « Venture-capitalists » ont centuplé leurs gains en moins de cinq ans. Légende incarnée par Arthur Rock : « Aujourd'hui, juge-t-il, les diagrammes de présentation sont plus soignés et le volume des *Business Plans* (projets de 30 à 50 pages soumis aux investisseurs) est souvent impressionnant; mais ceci ne rehausse pas la qualité des projets. Lorsque j'ai investi dans Intel, je disposais à peine de deux pages manuscrites, et il me semble que tout a plutôt bien marché. »

Réel désenchantement ou coquetterie d'anciens? Considérés comme des « génies », des intuitifs – en fait, pour la plupart, des joueurs capables de s'enthousiasmer pour un projet même si sa rentabilité immédiate n'est pas toujours certaine – ces hommes paraissent exaspérés par les nouveaux arrivants qui s'introduisent dans ce qui est moins à leurs yeux un métier qu'une « activité ». « Ce n'est certainement pas dans des écoles de commerce que vous façonnerez des "Venture-capitalists", déclare Don E. Ackerman, un vétéran. « Enseigner des techniques, ce n'est pas la même chose qu'enseigner la capacité de jugement. Mais nous commençons à manquer dramatiquement de talents au niveau du management. »

Mot-clé et critère principal pour créer une entreprise : le management. L'idée, fût-elle extraordinaire, qui ne s'appuie pas sur une organisation technique, scientifique et financière, est vouée à l'échec. Disséquer la trajectoire des sociétés qui ne réussissent pas, c'est découvrir presque toujours une absence de « suivi » au niveau de la direction, ou encore une erreur de marketing, un marché mal connu ou abordé de façon erronée.

« Le management, l'équipe de gestion, sont des éléments déterminants et nous sommes là-dessus extrêmement rigoureux, déclare l'un des plus anciens et des plus influents Venture-capitalists de la Silicon Valley. Nous prenons un risque maximum et il est normal que ceux qui veulent créer une entreprise présentent toutes les garanties de réussite passée, de tempérament, de compétence, l'idéal étant de financer une personne qui aura déjà accompli avec beaucoup de succès, au cours des cinq années précédentes, une partie de ce qu'elle dit vouloir faire au cours des cinq années qui viennent.

« Nous parlons là d'individus, mais je crois qu'une notion fondamentale du *Venture-capitalism* est celle-ci : le financement d'individus pris au sein d'équipes. Une chose qui différencie encore les États-Unis de l'Europe, c'est notre habileté à travailler en groupe et à comprendre que si certains sont d'excellents techniciens, peut-être ne sont-ils pas forcément de bons gestionnaires, et que s'ils s'avèrent excellents en gestion, peut-être n'ont-ils pas toutes les compétences requises en marketing... »

Le lendemain, le *San-Francisco Examiner* annonçait dans un entrefilet en bas de première page le 173ᵉ suicide du haut du pont de Golden Gate. Le désespéré avait vingt-neuf ans, une licence d'informatique et une famille installée dans le Middle West. Drame du chômage? Probablement pas, puisque le nombre des offres d'emplois non satisfaites excède, dans la zone de la Silicon Valley, les 50 000 par an.

Drame de l'échec, peut-être? Une question, posée à tous les Venture-capitalists, dissipe chez eux sourire et courtoisie : « Accorderiez-vous une seconde chance à un individu auquel vous auriez prêté de l'argent pour monter son entreprise et qui n'aurait pas réussi? » Exprimée sur tous les tons, dans les lieux les plus divers, avec les pointes d'accent parfois les plus insolites, la réponse tombe, unanime : « Non, jamais! »

L'Amérique de Reagan, même réchauffée au soleil californien, paraît soudain bien glaciale.

XI

Une arme de guérilla

A elle seule, la vallée de San Joachim, où se trouve un ranch de plus de cent mille hectares, fournit 85 % de la production américaine de raisins, 50 % de la production mondiale d'amandes, 20 % de la production mondiale de coton. La gestion et le fonctionnement de ce ranch, situé à trente kilomètres de San Francisco, sont aujourd'hui totalement informatisés. 3 % des fermiers américains sont déjà équipés d'ordinateurs, et, dans ce monde pourtant prudent et conservateur, la proportion devrait dépasser les 20 % au terme des cinq prochaines années. Les exploitants peuvent ainsi être instantanément renseignés sur l'évolution des conditions météorologiques, celle des cours céréaliers, ou encore sur le coût ou le volume exacts de la nourriture consommée par leur bétail.

« Dans vingt ans, estiment des chercheurs de la Rand Corporation, la fonction la plus créative de l'individu sera d'être un consommateur doué d'inventivité. Assis dans son fauteuil, il pourra imaginer un vêtement que les ordinateurs couperont à ses mesures au moyen d'un laser; ou bien la fabrication d'une voiture au gré de sa propre inspiration. »

L'accélération du progrès, si déconcertante, a déjà transformé ces prévisions en réalité. A San Francisco comme à Chicago existe désormais une boutique de tailleur dépourvue de vêtements. Une machine photographie le client sous tous les angles, mémorise sa morphologie, puis découpe au laser le tissu qu'il a choisi. Les pièces du complet sont collées pour l'essayage et, après retouches, le costume est définitivement cousu. Durée totale de l'opération : moins de treize minutes.

Circuler à travers la Californie, dans la zone d'influence de la Silicon Valley, c'est découvrir un laboratoire d'individualités créatrices où tous les standards volent en éclats : modes de vie, de travail et d'éducation. Même si votre propre rapport avec l'ordinateur est encore proche du degré zéro, il ne vous est pas possible de ne pas remarquer l'ampleur des transformations. Telles des esquisses fréquemment reprises, où le trait finit pas s'affermir et s'affiner, les tentatives et expériences poursuivies ébauchent peu à peu la façon de vivre, les méthodes de production, le style de relations de demain. Un code social qui dépasse les critères traditionnels de l'argent, du pouvoir, de la centralisation, de l'énergie. Une nouvelle civilisation? Peut-être; en tout cas, un défi à l'ancienne, à travers une révolution informatique désormais accessible aux non-spécialistes. L'instrument de cette transformation : l'ordinateur individuel.

Si l'industrie aéronautique avait évolué, au cours de ces vingt-cinq dernières années, de façon aussi spectaculaire que celle des ordinateurs, un Boeing 767 coûterait aujourd'hui 3 500 F et ferait le tour de la terre avec 20 litres de carburant : ces progrès correspondraient à peu près à la baisse du prix de revient, à l'augmentation de la vitesse d'exécution et à la réduction de la consommation d'énergie des ordinateurs. Le prix de leurs éléments logiques baisse annuellement de 25 % et celui des mémoires de 40 %. La vitesse de calcul a été multipliée par 200 en vingt-cinq ans et, dans le même temps, le prix, la consommation d'énergie et la taille d'ordinateurs comparables ont été divisés par 10 000.

Résultat : l'avènement d'un ordinateur individuel qui, pour moins de 5 500 F, met à la disposition des particuliers approximativement la même puissance de calcul qu'un gros ordinateur au début des années 60 et qu'un mini-ordinateur au début des années 70. Une machine qui, grâce aux progrès techniques, entretient avec l'homme des rapports beaucoup plus « amicaux », de sorte qu'un large éventail de fonctions est maintenant accessible à tous.

En 1980, deux douzaines de firmes vendaient 724 000 ordinateurs individuels pour plus de 1 milliard 800 millions de dollars. L'année suivante, vingt sociétés supplémentaires, dont I.B.M., se lançaient sur ce marché et les ventes atteignaient plus de 3 milliards de dollars. Selon les études de Dataquest, un institut de recherche californien, près de cent compagnies, en

1982, ont vendu 2,8 millions d'exemplaires, dont 1 million aux seuls Etats-Unis, pour une valeur de 4 milliards 900 millions de dollars.

L'ordinateur a rendu possible la conquête de l'espace, changé les tactiques de combat; il modifie les méthodes de travail et de pensée. Véritable phénomène de société, l'ordinateur individuel est né en 1975. Raconter dans quelles conditions pose un dilemme : s'en tenir au mythe, une histoire aussi belle, simple et exemplaire que celle de la Nativité, ou bien dévoiler une réalité plus prosaïque mais peut-être plus significative des mœurs et comportements de la Silicon Valley?

Proposons les deux versions. La saint-sulpicienne nous ramène à cette étable moderne, ajustée à la réalité californienne, qu'est le garage. Deux jeunes hommes, Steve Jobs, vingt-cinq ans, et Stephen Wozniak, trente ans, travaillent fiévreusement chaque nuit à une machine qui serait à la fois très puissante et très maniable. Jobs est ingénieur chez Atari, Wozniak chez Hewlett Packard. Au bout de six mois, au cours de l'été 1976, les deux hommes peuvent exposer leur prototype dans la vitrine d'un marchand d'appareils électroniques. Bien entendu, succès immédiat : plus de soixante-dix commandes dès la première semaine. Jobs vend alors son minibus Volskwagen et Wozniak sa calculatrice Hewlett Packard. Ils possèdent 1 354 dollars pour débuter. Jobs, qui a grossi, en profite alors pour se mettre au régime : surtout des pommes. D'où le nom de leur invention : *Apple*. Les actions en Bourse s'envolent, le succès ne corrompt pas les deux hommes, ni l'amitié qu'ils se vouent. Ils vendent leur « Apple 1 » pour la somme de 666 dollars 666 cents, le chiffre de la bête dans l'Apocalypse, deux fois répété...

La vérité, maintenant. Elle s'incarne en un homme de vingt-sept ans, Steve Jobs. Il vit désormais sur les collines de Los Gatos et met vingt minutes pour gagner le lieu de son travail, Cupertino, ville de 34 000 habitants à quarante kilomètres au nord de San Francisco. Apple, sa compagnie, est devenue un empire, au point que cette localité où elle est installée est désormais surnommée : « Computertino. »

Il y a sept ans, Apple n'existait pas. En 1983 le chiffre d'affaires atteint les 600 millions de dollars. Steve Jobs, lui, a le même âge que la Silicon Valley. Il en a aussi la dureté. En février 1955, il n'est qu'un enfant abandonné adopté par Paul et Clara Jobs. Aujourd'hui, en tant que fondateur et président du conseil d'administration, Jobs détient 7 millions d'actions Apple. Sa fortune personnelle est évaluée à plus de 15 milliards de francs.

Ce jeune homme brun semble allier le génie commercial de Thomas Watson à la chaleur humaine de William Shockley. « Il est en train de lui arriver quelque chose de plutôt triste et de pas très beau, confie l'un de ses proches collaborateurs; quelque chose qui est lié au pouvoir, à la richesse et à la solitude. Il s'intéresse de moins en moins aux gens et les jette comme des boules de neige. »

Stephen Wozniak, cofondateur d'Apple et véritable créateur des modèles lancés par la firme, n'a rien changé, lui, à ses habitudes. Il circule à moto, vêtu d'un jeans, la barbe mal taillée, et finance un festival de musique pop qui se déroule durant le week-end de la fête du travail et se termina tragiquement cette année par des bagarres et la mort d'un des spectateurs. Il parle avec mesure : « Steve n'a jamais fabriqué un circuit, une pièce de code, un design. Mais il ne m'avait jamais traversé l'esprit de commercialiser ces modèles. C'est lui qui a dit : " Mais il faut les montrer et les vendre! ". »

La trajectoire de Steve Jobs est le parcours en ligne brisée d'un solitaire qui épouse tous les méandres de la culture « post Woodstock ». Il abandonne ses études, s'essaie à la méditation, goûte au L.S.D. et à la nourriture végétarienne. En 1974, il entre chez Atari, qui n'est encore qu'une toute petite société, auréolée par sa découverte du premier jeu vidéo : le ping-pong électronique. Une société sympathique, détendue, conviviale, dont Jobs devient le 40e membre : « Son esprit n'était jamais en repos et fonctionnait trop rapidement, rappelle Al Alcom, à l'époque chef des recherches. Les ingénieurs, au laboratoire, ne l'aimaient pas. Ils le trouvaient trop arrogant. Finalement, nous avons conclu un accord : il venait travailler tard dans la nuit... »

Grâce à l'argent gagné chez Atari, Jobs part pour l'Inde, en revient avec plus de questions que de réponses, tente de retrouver ses vrais parents et de s'adapter à la vie en communauté : échec. En 1975, au sein d'un club d'informatique, il rencontra Stephen Wozniak dont il dira : « Je n'ai jamais rencontré un ingénieur aussi doué. » Wozniak est amoureux fou de l'ordinateur, un poète aussi, capable, selon la formule de Jay Cocks, de *Time*, « de distinguer un sonnet dans un circuit électronique, alors que Jobs, lui, ne verra que le profit. »

Mais la soif de pouvoir du jeune homme se double d'un remarquable talent d'organisateur. Il négocie des crédits, trouve des distributeurs, réussit même à convaincre Mike Markkula, trente-quatre ans, ancien manager d'Intel, un des vétérans de la Valley, de se joindre à l'aventure. Markkula, qui sera limogé en mars 1983, confère une touche de sérieux et d'authenticité à l'initiative des deux débutants. Enfin Jobs trouve le nom et l'impose sous forme d'ultimatum : « A moins que vous ne reveniez avant cinq heures cet après-midi avec un meilleur nom, nous l'appelerons Apple », dira-t-il un jour à ses associés.

Appellation plus qu'habile et judicieuse : elle se révèle proprement géniale. Face aux noms neutres et austères de ses concurrents – Tandy, Commodore, etc... – Apple suggère à la fois fraîcheur et fantaisie; on semble quitter l'univers désincarné de la stricte performance informatique pour aboutir à des retrouvailles complices entre l'homme et la machine. Nul ne s'y trompe : ni les financiers, qui investissent massivement à travers la Bank of America et la société de Venture-Capital d'Arthur Rock, chargé de placer une partie des capitaux de la famille Rockefeller; ni les acheteurs, devenus, selon le langage d'Apple, « des utilisateurs amicaux », qui plébiscitent cet ordinateur vendu moins de 10 000 F et qui apparaît comme une « extension naturelle de l'homme », selon l'expression de Jean-Louis Gassée, directeur général d'Apple pour l'Europe du Sud.

En 1981, Apple détient 17 % du marché mondial de l'ordinateur individuel et apparaît comme la société qui a pénétré le plus rapidement, après sa création, dans le groupe des 500 premières entreprises américaines. En 1982, la société occupe 23 % du marché face à plus de 75 fabricants qui proposent près de 300 modèles différents. L'objectif des prochaines années : diversifier la gamme des produits vendus par la firme qui travaille sur les problèmes de la reconnaissance vocale par un ordinateur et sur les appareils portables.

Pour sceller symboliquement cette victoire, Jobs fait don de 10 000 ordinateurs aux écoles de Californie. Il obtient une exemption fiscale et renoue ainsi avec la tradition du mécénat américain qui veut que l'homme de bien se retrouve normalement à la droite du dieu Dollar...

L'ampleur du phénomène semble dépasser le simple achat de produits. Même si la comparaison peut paraître quelque peu provocante, la diffusion de ces ordinateurs individuels ressemble aux interconnexions de neurones qui tissent entre eux des réseaux aussi denses, fins et subtils à l'intérieur du cerveau. Apparition brutale comme le fut, à un stade donné de l'évolution, celle du néo-cortex auprès du cerveau traditionnel. Mais fabuleux moyen de relever le défi majeur de ce dernier quart de siècle : celui de l'information et de la communication.

En effet, voici qu'autour de l'instrument se développe un bouillonnement de besoins nouveaux. Pour « alimenter » ces ordinateurs, il faut des programmes : nombreux, variés, insolites. Un marché gigantesque. Apple propose à lui seul près de 2 000 programmes de base. A partir de 200 dollars. 2 300 éditeurs d'un type nouveau surgissent à travers tous les Etats-Unis. Les plus brillants cerveaux des universités les plus prestigieuses se lancent dans une activité qui peut se révéler lucrative : lorsqu'un programme devient un « tube », c'est plus d'un million de dollars de royalties qui tombent annuellement dans les poches de l'inventeur. L'un de ces créateurs de « software » a treize ans! Plusieurs de ses programmes ont obtenu un vif succès, et il a eu droit à des articles dans la presse régionale : bon prétexte pour faire encore une fois l'apologie de la « bonne affaire »! L'adolescent est présenté comme un héros et à l'opération bénéficiaire s'ajoute une plus-value morale : elle favorise productivité et compétition non seulement avec les autres, mais avec soi-même, conformément à une éthique américaine renforcée ici par la nouvelle culture californienne.

Simple indication sur l'ampleur de la demande : en 1982, les administrations et le monde des affaires ont acheté pour 4 milliards de dollars de programmes.

A Berkeley, ils sont douze à travailler sur un réseau de petites annonces aux dimensions de l'Amérique : 20 « pôles » de terminaux implantés à travers le territoire des Etats-Unis, et gérés par une association d'usagers. Une gigantesque mémoire connectera les savoirs individuels pour les mettre à la disposition de tous. « Community Memory » permettra à n'importe qui de compléter les messages, de les commenter ou de les corriger.

Aux usagers de définir les règles de gestion de leur filon d'information. Pour le fondateur, Lee Felsentein, qui travaille chez Adam Osborne, ancien journaliste reconverti avec succès dans la fabrication d'ordinateurs individuels, « il s'agit d'aboutir, dans la société de demain, à ce que la réflexion et la prise de décision soient collectives ».

Paradoxe significatif de la mutation en cours : les activistes des années 60 « récupèrent » l'ordinateur individuel ; il devient l'outil devant permettre de « donner le pouvoir au peuple », un moyen de fournir de nouveaux espaces à l'imagination. A la fin des années 60, Andrew Fleugelman éditait le « Catalogue de la Terre ». Ce guide de l'autarcie énumérait les biais les plus ingénieux pour vivre en marge du système : méthodes de culture, usage de l'énergie solaire, etc. Aujourd'hui, Fleugelman dirige une société de software pour micro-ordinateurs. Son nom : « Freeware ». L'utilisateur ne paie que s'il est satisfait du produit obtenu. Pour cet ancien hippie, « l'information est devenue le produit le plus précieux et, ajoute-t-il, l'information électronique se développe à travers une technologie qui permet de la dispenser en toute liberté, très facilement. Ainsi, tandis que l'establishment dépense des millions à perfectionner ses propres ordinateurs, nous sapons la centralisation du pouvoir ».

Le « chip » – le microprocesseur – devient le minuscule bagage dont il est indispensable de se pourvoir pour de nouveaux « trips ». Jean Yates, « présente au festival de Woodstock », vendait des produits macrobiotiques lorsqu'un jour, un ami sortit de sa valise un Apple. « Ce fut un choc, confie-t-elle, quand j'ai constaté que je pouvais détenir à moi toute seule le même pouvoir qu'un super-I.B.M. ». Elle travaille désormais comme consultante pour une chaîne de magasins diffusant des produits informatiques.

Tracy Lickleder était en 1969 dans les Peace Corps, au Salvador, en charge du plus gros ordinateur installé dans ce petit pays : « C'est là que j'ai constaté que la technologie pouvait être utilisée pour des objectifs sociaux. » Lickleder est maintenant vice-président de la société « Software Arts ». Mais il a également créé un club d'informatique, dans un quartier déshérité, « pour que les enfants qui y vivent ne soient pas les oubliés de la révolution sociale qui s'amorce ». Pour lui, l'ordinateur individuel, portable et bon marché, est devenu une « arme de guérilla dans la bataille de la démocratisation ».

Dernier itinéraire, celui de Mitchell Kapor : il étudie la linguistique et la physiologie à l'université de Yale, puis dérive de la musique rock au mysticisme : méditation transcendentale, quête d'un gourou; enfin, retour sur terre en 1978, avec la découverte du maniement d'un ordinateur individuel Apple. Il devient programmateur, puis consultant. Il vend deux programmes à une compagnie de software et, avec l'argent gagné, auquel s'ajoute l'investissement d'un Venture-Capitalist, il crée une firme baptisée Lotus Development Corporation. Ses premiers programmes de software, numérotés 1, 2, 3, connaissent un succès instantané, et il en vend pour plus d'un million de dollars. Sa conclusion : « Nous possédons désormais une maturité qui est venue s'ajouter à notre foi naïve dans nos possibilités de changer le monde. Nos progammes de software s'adressent aux cols-blancs et fournissent aux gens des moyens pour réfléchir. Rien de plus positif. »

Démarches ambiguës aux yeux d'un Européen, mais dépourvues de contradictions ici. Le pragmatisme américain se garde de jamais rejeter un phénomène de société, une mutation d'une telle envergure. Significatif : l'ordinateur individuel est de plus en plus fréquemment baptisé « Home Computer ». Il s'insère dans ce centre nerveux de la vie familiale et affective qu'est l'habitation et beaucoup pensent qu'a la fin des années 80, cet ordinateur « familial » quotidiennement utilisé sera un des super-ordinateurs dont les performances dépassent actuellement, pour certains, les 20 millions d'opérations arithmétiques à la seconde.

L'enjeu à court terme est la future organisation sociale du travail, à partir des deux termes de l'alternative suivante : si de plus en plus de bureaux utilisent des ordinateurs individuels qui peuvent être installés dans des living-rooms, pourquoi continuer d'aller travailler dans un bureau? Poser cette question n'est désormais ni provocant, ni saugrenu.

Toute les études convergent pour conclure que dans une entreprise de pointe employant 2 000 employés, 1 000 personnes manipulent aujourd'hui des informations en lieu et place d'objets, travail qu'elles pourraient donc effectuer à domicile. Alvin Toffler rapporte le jugement du directeur d'une usine de la Western Electric : « En incluant les ingénieurs, 25 % de ce que l'on fait ici pourrait être fait chez soi avec la technologie existante. »

Encore un désaveu pour Marx : la production future n'exige pas que la main-d'œuvre soit concentrée à 100 % sur son lieu de travail. C'est également l'avis de Nathaniel Samuels, chef du service « portefeuille » du très important établissement financier Lehman Brothers, Khun, Loeb. Samuels travaille déjà chez lui près de deux mois par an et pense que « la future technologie augmentera la part du travail à domicile. C'est dans la logique des horaires à la carte. L'important c'est que le travail soit fait. Là où on le fait, est une question secondaire ».

Signe extérieur de cet éclatement des normes traditionnelles de l'activité : la fluidité constante de la circulation. Loin des métropoles engorgées, embouteillées, parce qu'elles vivent encore en respectant la règle la plus désuète de la culture industrielle classique qu'est le « cadre temporel » du travail, les autoroutes californiennes dessinent un graphique assez représentatif de cette évolution : lisses, sans tensions ni heurts, les vaisseaux d'un organisme irrigué avec régularité.

En 1950, il n'existait guère plus de 1 000 ordinateurs recensés à travers les Etats-Unis et presque tous appartenaient aux organismes gouvernementaux ou aux grandes firmes. « Aujourd'hui... avec l'apparition du microprocesseur, chaque individu est potentiellement un utilisateur. » Aveu d'impuissance d'un expert qui ajoute : « Impossible désormais de savoir qui utilise un ordinateur et à quoi il l'utilise. Tout individu peut louer un terminal pour 20 dollars par mois ou 3 dollars par heure. Le nombre réel d'usagers est impossible à chiffrer. »

440 millions de téléphones sont actuellement en usage à travers le monde, et déjà près de 40 millions de micro-ordinateurs. Mais alors qu'il a fallu près d'un siècle pour aboutir à pareille densité du réseau téléphonique, il n'a fallu que sept ans pour diffuser ce nombre élevé d'ordinateurs.

Qu'aujourd'hui le computer soit un facteur par excellence d'individualisation, voilà un constat qui entraîne loin des analyses classiques, inspirées d'une conception centralisatrice, qui faisaient de l'informatique l'instrument mortel de remise en cause de toute vie privée.

De même que l'apparition de la publicité télévisée porta, aux Etats-Unis, un coup fatal à la profession de représentant de commerce, il semble que la généralisation de l'informatique condamne à terme le « middle management », ces cadres intermédiaires dont l'une des principales fonctions était de « communiquer » aux travailleurs les informations et décisions prises par la direction. Création du début du XXe siècle, dans la foulée du taylorisme, ce management moyen est aujourd'hui une forme d'activité proche de l'obsolescence.

L'informatique et le perfectionnement des méthodes de communication permettent désormais un contact d'individu à individu, direct et constant, n'importe où et à n'importe quel moment. Gain de temps et suppression des textes, graphiques et autres mémos, lents à ébaucher, coûteux à diffuser, trop souvent objets de distorsions lorsqu'ils parviennent aux divers niveaux de l'entreprise.

À l'avenir, les firmes seront plus fluides et, débarrassées de divers échelons de management, plus aptes à agir et moins condamnées à seulement réagir.

La disparition ou à tout le moins la « redéfinition » du rôle du cadre moyen risque de s'accompagner du déclin de la dactylo. L'écrit n'est pas condamné, comme se plaisent à le prophétiser certains, il est simplement débarrassé d'un certain nombre de manipulations superflues. Il faut, pour s'en convaincre, dresser le détail de ce véritable parcours d'obstacles qu'est le travail d'une secrétaire : texte ou lettre dictés sur un bloc; une fois tapé, le message est soumis à une correction pour éliminer les erreurs, puis retapé, plusieurs fois peut-être, ensuite photocopié, l'original expédié, une copie classée, etc. Au minimum cinq étapes qui peuvent, avec les machines actuelles, être ramenées à une : quelques touches sur l'écran pour rectifier ou déplacer des phrases, inverser des paragraphes, effacer ou rajouter un alinéa. La lettre une fois achevée est transmise instantanément sur l'écran du destinataire. Qui aura vraiment la nostalgie des paires de ciseaux, des pots de colle et des missives frappées en « pool » à longueur de journées répétitives et éprouvantes?

De même, plus d'erreur de classement, de recherches de comptabilité; la mise à jour s'effectue à tout instant. Fiction? Déjà 20 % des postes de dactylos, dans les 500 plus importantes firmes américaines, ont ainsi été remplacés.

Face à des problèmes de plus en plus complexes et nombreux, exigeant des réactions rapides, les responsables disposent désormais d'atouts : avec une information disponible immédiatement, les décisions peuvent être prises plus vite et avec davantage de précision. Prix, rivalités sur un marché, état des stocks sont tout de suite portés à la connaissance, alors qu'ils exigeaient, il y a peu, des études de plusieurs mois. Avant 1990, 75 % des 10 millions de managers américains auront intégré l'informatique à leur travail quotidien.

Définitivement révolue, cette absurde hiérarchie pyramidale qui exigeait qu'un vendeur dépendît d'un directeur local, lui-même sous les ordres d'un directeur national qui en référait à un vice-président. Chaîne longue, lente et coûteuse, pour vérifier deux choses fort simples :

1 – que la stratégie de la firme est bonne, au niveau des prix et des produits;

2 – que le vendeur fait correctement son travail.

Face à une organisation qui encourage le renforcement des réflexes bureaucratiques, la méthode qui se met en place permet au vendeur, par cassette-vidéo ou câble télévisé, d'obtenir la description complète d'un nouveau produit; il pourra aussi avoir à tout instant un inventaire des stocks et connaître le temps qu'il lui faudra pour livrer le produit à l'acheteur. Enfin, s'il cherche à comprendre dans les moindres détails la nouvelle stratégie de sa compagnie, un des membres de l'exécutif, par une communication télévisée, lui fournira les explications dont il a besoin.

Déjà plusieurs firmes – telle Videonet, installée à Glendale, dans la Silicon Valley – organisent des réunions où les managers conversent à distance simultanément, au cours de télé-conférences. Pratique qui élimine le temps de voyage, la fatigue, réduit les dépenses, et que des chaînes d'hôtel comme Hilton et Intercontinental sont en voie de généraliser.

L'informaticien français Jacques Vallée, aujourd'hui installé en Californie où il préside aux destinées d'Infomedia, décrit un système baptisé Notepad qui permet déjà ces réunions de coordination à distance : « Des écrivains habitant à New York et à Hollywood peuvent ainsi travailler sur une pièce de théâtre ou modifier un scénario de film. Des analystes financiers à Chicago, Bruxelles et Londres peuvent suivre l'évolution d'une situation et arrêter une position commune, tout comme des géologues effectuant des recherches pétrolières en Alaska et à Singapour. Une église coordonnera l'envoie d'urgence de vivres et de médicaments dans une zone sinistrée et un psychologue, installé chez lui, répondra aux questions que lui posent ses élèves ou ses patients. »

Dans un domaine aussi essentiel que la médecine, l'ordinateur ne se contente plus de rédiger des notes d'honoraires. Il diagnostique. Le système CADUCEUS recense quelque 4 000 symptômes de plus de 500 maladies; MYCIN se spécialise dans la détection des maladies infectieuses. Tous sont réunis au sein d'un réseau télévisé – appelé SUMEX-AIM – dont le quartier général, sur la côte Ouest, est à l'université Stanford. Des praticiens dispersés aux quatre coins du globe peuvent se consulter et définir un diagnostic à l'occasion, par exemple, d'une épidémie. Le médecin familier et rassurant ne disparaît pas : il reçoit simplement un renfort précieux en temps et en connaissances.

A l'origine de ces progrès, l'abaissement fabuleux du coût des systèmes de satellites, qui rend une communication à plus de mille kilomètres moins chère que par le réseau téléphonique traditionnel. De même, le prix des transmissions du courrier électronique a baissé des deux tiers.

Accession au « village global » cher à McLuhan? Plutôt apparition d'« archipels de globalité » qui, en fournissant les outils de demain, suscitent maints ajustements politiques et sociaux.

Le renversement de tendances de l'économie mondiale impose deux constats : les matières premières, pas plus qu'une main-d'œuvre bon marché, ne constituent aujourd'hui des atouts suffisants pour un pays. L'essentiel est la formation des hommes. L'obstacle : l'appréhension ou l'absence de familiarité avec une machine trop souvent perçue par le travailleur comme une rivale. Pourtant, les industries n'investissent que là où la population est qualifiée.

« L'ordinateur a toujours fait partie de notre environnement naturel, confie Steve Jobs en montrant la Valley en contrebas. Le microprocesseur a été fabriqué à cinq kilomètres d'ici et pour ceux de mon âge. Les individus se classent en deux catégories : les B.C. et les autres. – Sourire ironique devant la perplexité que fait naître son propos – : B.C. signifie *Before Computer*, et désigne tous ceux qui sont nés avant l'ère informatique... »

En 1983, le jeune prince sombre et solitaire de la Silicon Valley voit son empire s'effriter. Les vingt-deux bâtiments occupés par Apple, ses usines au Texas, à Singapour et en Irlande ont produit une pure merveille : « Lisa ». Plus de liste d'instructions à apprendre par cœur et à taper sur le clavier de cet ordinateur – la « souris », petite boîte de la taille d'un paquet de cigarettes que l'on déplace sur son bureau, permet de choisir instantanément les fonctions désirées. Un simple geste et la machine ouvre un dossier, sélectionne les documents souhaités, puis les range, voire même les jette à la poubelle. Le clavier ne sert plus qu'à faire entrer les données. Un produit parfait, entravé par un obstacle de taille : son prix. Lisa coûte près de 70 000 F, chiffre élevé pour un micro-ordinateur qui, aux yeux des spécialistes, « sera beaucoup plus copié que vendu ».

Coup dur pour Jobs et son état-major, déjà sérieusement éprouvés au cours de l'année écoulée par la contre-offensive du géant I.B.M. Pendant trois années, le leader de l'informatique a paru marquer le pas, ce qui lui a valu d'être débordé sur deux « créneaux » opposés qu'il avait passablement négligés : le super-ordinateur et l'ordinateur individuel. L'explication tenait pour une part à l'évolution de la firme : 340 000 salariés, 33 vice-présidents, 2 directions, l'une orientée vers le marché intérieur, la seconde vers le marché mondial et organisée en divisions recoupant des zones géographiques : Europe, Afrique de l'Est, Moyen-Orient... Une tendance à faire passer la gestion avant l'innovation. Il faut attendre 1980 pour que le numéro un de l'informatique réagisse à la percée fulgurante d'Apple. Mais moins d'un an pour qu'il redresse la situation. A l'été 1981, le premier ordinateur individuel I.B.M. est lancé, après avoir été testé pendant des mois auprès de ce vaste public d'utilisateurs obligés que sont les quelque 300 000 employés de la firme ; l'annonce en est faite à l'hôtel Waldorf Astoria de New York... En 1981, I.B.M. réalise moins de 2 % du chiffre d'affaires global du marché de l'ordinateur individuel. Un an plus tard, sa part est passée à 21 %. Tous les spécialistes s'accordent pour dire que son plus récent modèle – nommé « Peanut » (cacahuète) – est moins novateur et aussi coûteux que les produits d'Apple ; mais il bénéficie d'un avantage décisif : la réputation de la marque, sa suprématie, la variété des services qu'elle offre. « L'entrée d'I.B.M. sur ce marché marque le début d'une guerre des prix, annonce le dirigeant d'une firme. Un fort volume permet de pratiquer des tarifs plus bas. »

« La firme la plus *attractive* au monde », selon les banquiers de Wall Street, a donc une fois encore coupé court aux germes de dissidence et « normalisé » l'univers de l'informatique sur lequel elle règne avec plus de 65 % du marché mondial. Mais I.B.M., ce bastion du conservatisme, tolère les hors-la-loi et accorde la vie sauve à Apple. Règle qui relève des fondements philosophiques de la firme tels qu'il furent édictés par son créateur, Thomas Watson : « Les hors-la-loi sont excentriques, mais, en général, hautement compétents. Ils violent délibérément les normes culturelles, mais, dans le même temps, ils ont assez de talent pour nous faire toucher du doigt les impératifs d'évolution qui assureront la survie même de notre culture. »

Grâce à son audace, Steve Jobs est le vrai gagnant : en obligeant I.B.M. à se battre sur le terrain qu'il avait choisi, il a contraint la firme à une évolution radicale. Ce nouveau public gagné à l'informatique approuve probablement l'ambition du « mutant-président » d'Apple : « Que l'ordinateur individuel devienne aussi usuel dans la famille qu'une Volskwagen. »

13 h 15, le Greyhound quitte la gare routière de San Francisco, emportant une vingtaine de passagers, apparemment des laissés-pour-compte de la prospérité californienne. Une adolescente aux yeux tristes n'a pour compagne de voyage qu'une vieille valise en carton bouilli, tandis qu'un couple jeune, aux vêtements aussi usés que son espoir, paraît gauche et las. Mexicains et Américains, travailleurs immigrés et immigrants sans travail se côtoient dans l'autobus qui les emporte en direction de Los Angeles. Le chauffeur annonce les étapes. Dans quatre heures, Santa Barbara; dans six heures, Hollywood; dans vingt minutes, San Jose.

La première halte surprend. Officiellement, San Jose est, en importance, la seconde ville de la région. Seul problème : où est la ville? D'immenses avenues prolongées jusqu'à l'infini; la même succession régulière et morne de magasins, snack-bars, motels devant lesquels passent, impavides, de luxueuses limousines. Car San Jose est l'épicentre de la Silicon Valley. Un argent chèrement gagné et violemment affiché. Ici, être pauvre, c'est d'abord tenter d'utiliser les rares transports en commun. Une interminable attente aux arrêts d'autobus, qui peut atteindre près d'une heure et vous donne le sentiment humiliant d'être un naufragé abandonné sur une plaque de bitume. Pour compliquer les choses – ou peut-être les simplifier –, San Jose n'a pas de cœur, autrement dit pas de centre. Rien du tissu dense et vivant des villes européennes qui se développent autour de grands bâtiments, de monuments. En un mot, Sans Jose, lieu éclaté d'ambitions rassemblées, n'a pas d'identité. Comme toutes les cités prospères, elle s'inquiète de la délinquance, et les passagers descendant du Greyhound sont considérés par la police avec la même méfiance que les occupants des diligences s'arrêtant dans un bourg au début du siècle. Mais, puisqu'en Californie tout peut être proposé, si ce n'est appliqué, un juge de San Jose a fait une suggestion qui, au regard des mœurs et de la justice, apparaît déconcertante à certains, novatrice à d'autres. Robert Weigle, quinquagénaire débonnaire, plutôt surpris par la violence des réactions à son projet, propose de greffer un émetteur électronique, relié à un ordinateur, aux poignets ou dans le cerveau de prisonniers qui seraient ensuite remis en liberté surveillée. Dans les mois qui suivraient l'implantation de l'appareil, le condamné serait autorisé à se déplacer dans une zone allant de sa maison à son lieu de travail et qui pourrait ensuite être élargie aux domiciles de sa famille et de ses amis. Toute tentative pour franchir ce périmètre déclencherait un signal d'alarme sur l'ordinateur installé dans une salle de contrôle de la police; le prisonnier, localisé, serait immédiatement arrêté.

« Nous sommes en train de perdre la guerre contre le crime, clame Weigle, et quand la défaite sera totale, alors seulement nous commencerons à nous rendre compte qu'il faut utiliser de nouvelles armes. »

Le projet a suscité une vague de rejet à San Francisco; mais pas à San Jose, beaucoup plus conservatrice, et Weigle, accusé de tenter de mettre à bas le principe, si cher aux Américains, de la protection des libertés individuelles, s'indigne et réplique : « Lorsqu'un crime sera commis, l'ordinateur pourra immédiatement prouver que le prisonnier en liberté surveillée n'était pas sur les lieux. » Il a reçu de nombreux encouragements et formé un comité composé de sociologues, de médecins, d'avocats et de scientifiques. Le juge Weigle est un homme décontenancé par ceux qui lui reprochent d'être devenu trop réceptif à l'environnement créé par les mille compagnies d'informatique travaillant autour de San José :

« Bien sûr, mon projet soulève des problèmes éthiques. Mais enfin, dites-moi : si un homme doit choisir entre passer quinze années de prison, avec toutes les horreurs que cela comporte, et être remis en liberté surveillée, ne croyez-vous pas qu'il préférera la dernière solution? »

Confrontée à des interrogations essentielles, cette région fournit des réponses surprenantes. Palo Alto, dimanche matin, 10 h 30 : fin de l'office, sortie du temple. Les modèles de voitures garées alentour vont du coupé Mercedes ou Porsche à la Ferrari. Citoyens haut de gamme, comme les produits qu'ils créent pour la plupart en tant que chefs d'entreprise ou top-managers. Dans la topographie financière de la Valley, Palo Alto consacre la réussite absolue. Villas spacieuses, esquisses d'habitations européennes, parcs verdoyants. Sur les marches de l'église, les tenues vestimentaires sont de coupe stricte, mais débordantes d'imprévu quant aux coloris : costumes trois pièces à gilet soigneusement boutonné pour les hommes, aux teintes jaunes, roses, blanches. Des tracts circulent, lus avec attention : « Mobilisez-vous! Aidez-nous à modifier la législation pour que soit enseignée la " science de la création ". » De petits groupes se forment, discutent posément.

Science et instruction en Californie posent une soudaine énigme. Cette région regroupe probablement la population la mieux éduquée des États-Unis : intelligente, informée et, qui plus est, imprégnée d'une rigueur toute scientifique qui ne lui fera accepter un fait que s'il a été irréfutablement vérifié. Pourtant, il semble que ces mêmes individus, en rentrant chez eux après avoir raccroché au vestiaire leur blouse de chercheurs, chaussent les lunettes de l'irrationnel. La Valley est devenue un des sanctuaires du « créationnisme ». Débat qui divise les États-Unis autour d'un dilemme élémentaire : la Bible ou Darwin. Les créationnistes rejettent la théorie de l'évolution. Pour eux, Dieu a créé le monde en sept jours, il y a 6 000 ans, et Eve provient bien de la côte d'Adam. Cette vérité fondamentale, Ronald Reagan la défend et la Valley défend Reagan quand il s'expose aux sarcasmes en la développant. Dans trente-trois États, les créationnistes ont exigé que les écoles dispensent un enseignement où les livres de science traiteront la création divine comme relevant de la biologie. Étrange conviction chez des hommes et des femmes tout prêts à admettre le bien-fondé du darwinisme au plan social – rivalité, sélection des meilleurs, pression du milieu –, mais qui le rejettent tout aussi brutalement dans la sphère des croyances religieuses. Là encore, manifestation extrême d'une majorité morale avec laquelle tous les

Présidents doivent compter. Les sondages n'ont-ils pas révélé que 65 % des Américains déclarent avoir vécu une expérience de « seconde naissance » ou d'illumination en lisant la Bible, semblable à celle que narra Jimmy Carter durant sa campagne électorale?

Ed Penhöet est enthousiaste. Cheveux bouclés, trente-cinq ans, visage ouvert, allure massive et décidée, il longe les docks en direction de son entreprise. Il y a quelques mois encore, Penhöet était un des plus brillants biologistes de Berkeley, et ses travaux avancés sur les maladies tropicales auraient pu faire de lui, à terme, un nobélisable. Il a préféré stopper net cette carrière, chercher des financements auprès de venture-capitalists et créer sa firme avec quatre confrères. Sur le port d'Oakland, bas-fonds où Jack London adolescent faisait le coup de poing, il a trouvé un immeuble en ruine appartenant à la Shell et entouré d'entrepôts lugubres. Il s'emploie à le remettre en état. Entassé dans des caisses, le matériel attend le long des couloirs, tandis que la quinzaine de scientifiques engagés par Penhöet repeignent les murs, changent les carreaux. Ambiance détendue. La firme s'appelle Chiron, du nom d'un des disciples d'Hippocrate, et travaillera d'abord sur le vaccin de l'hépatite virale où les études de Penhöet ont marqué de grands progrès. Pas question d'une recherche pondérée : il faudra faire vite, car la société doit être rapidement rentabilisée. La voix nasillarde, coincé entre un échafaudage et une caisse d'éprouvettes, Penhöet raconte : « Un jour, quand j'étais petit, on m'a donné un gâteau d'anniversaire sur lequel était écrit : " Il est facile de créer une entreprise, mais difficile de la maintenir en vie ". Je crois que c'est très vrai, dans n'importe quelle société de la Silicon Valley. La bonne idée, on la trouve toujours, mais le bon management est difficile à mettre en place ; personne n'échappe à cette règle. Avoir des diplômes ne suffit pas pour résoudre ce genre de problème. Mon défi, en montant cette entreprise, est d'offrir à ceux qui travaillent pour nous un cadre plus stimulant. »

Chiron relève du dernier objet de fascination des investisseurs californiens : la biotechnologie. Selon le président de CETUS, une des plus importantes sociétés de ce type, « dans moins de trente ans, la biologie aura détrôné la chimie ». Nombreux sont ceux qui croient que l'industrie génétique connaîtra un développement comparable à celui de la production automobile, des vaccins ou des ordinateurs. « Chaque fois qu'un nouveau progrès en génétique deviendra exploitable, un nouveau besoin se créera, donc un marché. » Pour beaucoup, les technologies du vivant exploitées à des fins industrielles, les potentialités offertes par les micro-organismes, les cellules animales et végétales, ont toute chance de donner lieu à une révolution scientifique et industrielle du même ordre que celle qu'a engendrée l'informatique.

On se prend à rêver aux effets de la biotechnologie sur la situation des pays en voie de développement : le pétrole éliminé de la production d'engrais, la transformation des méthodes de stockage des produits alimentaires, etc. Mais ces firmes, aussi soigneusement ciblées que leurs homologues du monde informatique, suivent pour l'heure les mêmes règles de croissance rapide et de profit à court terme.

La mise au point d'un vaccin contre le paludisme reste une des grandes priorités de la recherche médicale. Depuis dix ans, l'Organisation mondiale de la Santé y consacre une part importante de ses activités. Deux chercheurs de la New York University, Ruth et Victor Nussensweig, ont réussi à mettre au point un vaccin qui neutraliserait le protozoaire, agent du paludisme, au moment où il se trouve inoculé dans le sang par un moustique. La production en masse de ce vaccin ne peut être assurée ni par l'O.M.S., ni par l'université de New York. Le 12 février 1981, après que le brevet eut été déposé, des négociations ont été engagées avec le numéro un du génie génétique, la firme Genentech, basée dans la Silicon Valley. Il lui fut demandé d'assurer le développement du vaccin et ses essais cliniques. Comme elle l'avait toujours fait jusque-là, Genentech exigea la « totalité des droits » sur ces produits. L'O.M.S., qui subventionne des recherches destinées au secteur public et qui aurait souhaité que ce vaccin fût produit dans les pays utilisateurs, refusa. Les deux chercheurs de New York et leur équipe, quant à eux, attendent le versement de royalties qui leur permettront de poursuivre leurs travaux en parasitologie.

Dans ce conflit significatif entre l'intérêt général et l'intérêt industriel, Genentech tient bon, sachant qu'elle est probablement la seule à pouvoir diffuser le vaccin sur grande échelle. Le retard pris dans la production du vaccin est aujourd'hui dramatique : plus de deux ans, soit 17 millions de nouvelles victimes.

L'univers de la recherche médicale songe ainsi au profit quand celui de la recherche militaire facilite les progrès en médecine et en... électroménager! Incohérence? Non. Paradoxe? Pas davantage. Plus simplement, une démarche pratique et amorale qui brouille les systèmes de référence. La fameuse poêle Teflon qui « n'attache pas » est une invention des laboratoires de l'armée, découragés alors par son absence d'utilisation. C'est en 1961 que les chercheurs de Du Pont identifièrent la composition de cette substance ». Aujourd'hui, en plus des poêles, le téflon est utilisé dans les magasins d'armes portatifs et surtout dans la fabrication d'anneaux fixés aux valves artificielles dans les cas d'opérations à cœur ouvert. De même que le projet de bombardier B 9 a abouti au Boeing 247, le premier avion commercial moderne, les méthodes utilisées pour refroidir les moteurs des sous-marins nucléaires servent à abaisser la température du corps d'un patient avant une opération importante...

Dans la cafétéria du Stanford Research Institute, mon interlocuteur éclate de rire face au scepticisme que font naître ces chassés-croisés ou cette imbrication entre secteurs privé et militaire : « Souvenez-vous. C'est lorsqu'il servait comme ingénieur militaire dans les troupes de César Borgia que Léonard de Vinci a dressé ces cartes topographiques dont l'influence est restée durable sur la cartographie moderne. En 1983, le ministère de la Défense dépensera 24 milliards de dollars uniquement pour la recherche et le développement. Les retombées civiles d'une telle manne seront énormes, vous m'entendez... Et il détache les mots, à quelques mètres de l'océan d'un calme retrouvé : Des bé-né-fi-ces é-nor-mes! »

XII

L'EMPIRE DE LA CONNAISSANCE

« A la fin août 1945, le Japon est complètement en ruines », témoigne Edvin Reishauer, ex-ambassadeur des États-Unis à Tokyo. Deux millions de morts, 40 % du tissu urbain anéanti, la moitié de la population des villes tuée ou dispersée, une industrie rasée, une agriculture stérilisée par le manque prolongé d'engrais et d'équipement. Un peuple épuisé qui a usé ses forces et son énergie dans l'effort de guerre, convaincu jusqu'au bout que ses chefs triompheraient et que le " vent divin " sauverait, comme naguère, le Japon. Un peuple à présent vidé de toute substance matérielle et spirituelle. Un peuple affamé, perdu, stupéfait. »

Revenu par tête d'habitant en 1945 : 20 dollars; en 1956 : 300 dollars, le niveau d'un pays du tiers monde; en 1967 : 1 000 dollars, le seuil du « décollage »; en 1970 : 1 800 dollars, soit presque un doublement en trois ans; 1973 : 3 600 dollars, malgré le premier choc pétrolier et les mesures de redressement; 1980, second choc pétrolier : 10 000 dollars, le niveau américain; 1982 : 13 000 dollars, presque autant que les économies passives des émirats producteurs d'or noir...

Le Japon ne possède aucune des ressources dont il a un besoin immense et permanent, et cette dépendance vis-à-vis du monde extérieur devient la clef de sa survie. Alors que l'économie mondiale vacille en quête d'un nouveau centre de gravité, le Japon peut-il en devenir le pôle dominant?

Difficile aujourd'hui d'affirmer que ce pays est un modèle. Impossible de nier qu'il est un exemple. L'historien Fernand Braudel le compare à la Hollande du XVIIe siècle : « A une époque où partout l'économie allait mal, elle a constitué le seul point lumineux. Sans ressources, sans matières premières, elle a fini par être maîtresse du monde. Le Japon, lui aussi, fait venir ses matières premières de très loin, et vend très loin ses produits. Comme un cœur qui absorbe et qui rejette. Mais un cœur, c'est fragile... »

Cette fragilité, le Japon la ressent. Il sait qu'il n'est pas de nations qui aient exercé un rôle politique majeur sans détenir le leadership économique. Or, si les performances de l'économie japonaise sont impressionnantes, ses résultats ne suffisent pas à asseoir une suprématie.

Étrange confrontation que celle du Japon et de son voisin californien pour qui le commerce avec les pays de la zone Pacifique représente plus des deux tiers de ses échanges. Les investissements de Tokyo dans la seule Californie représentent à peu près un tiers de ceux qu'il réalise sur l'ensemble du territoire américain. Plus de 800 firmes nippones sont déjà installées en Californie du Nord, tentant de pénétrer dans le secteur de la Silicon Valley, comme l'a fait Fujitsu en prenant une participation dans AMDHAL, fabricant d'ordinateurs concurrent d'I.B.M.

La Californie fascine et exaspère ses rivaux japonais. Une insolence créatrice et une apparente dispersion dans l'effort, si loin des méthodes de travail qui ont cours à Tokyo, Kobe et Osaka; au fond, un univers qui semble privilégier le talent, et non l'application. « Les Américains ne veulent jamais admettre qu'ils sont mauvais, même lorsqu'ils savent qu'ils le sont. Avec une pareille attitude, ils se retrouveront dépassés. » Cette phrase va susciter d'énormes remous dans les chancelleries, à Tokyo comme à Washington. Il s'agit en effet de beaucoup plus que la simple maladresse d'un homme politique; ce jugement émane d'un des symboles du nouveau Japon industriel : Akio Morita, soixante-treize ans, fondateur et président de Sony. Ses propos ont été reproduits à 10 millions d'exemplaires par le premier quotidien du pays, le *Asahi Shimbum.* Le *Washington Post* se verra refuser le droit de citer cette déclaration. Il est des paroles, au Japon, dont l'étranger ne doit pas avoir connaissance.

Mais « domo-domo », le fameux sourire japonais, semble soudain se figer, tout comme s'estompe la patience légendaire des Nippons lorsqu'ils répondaient par des courbettes aux leçons, aux conseils ou aux reproches qu'on leur administrait. Le Japon est désormais conscient de sa force, parfaitement préparé aussi à son objectif : devenir le leader indiscuté de la société post-industrielle. Ses atouts : une formidable capacité de mobilisation en hommes, en talents, en moyens financiers et scientifiques. Les citoyens de ce monde clos et homogène sont probablement les mieux informés sur l'état de la planète. Ils savent qu'au sein d'un univers américain en crise, la Californie est une comète, brillante certes, mais peut-être éphémère.

Pour Peter Schwartz, ancien responsable des « études du futur » à l'université Stanford, le « " chip " remodèle un monde où l'information sera la plus grande richesse ». Or, l'ambition du Japon est justement de rester un « univers du signe », tout en devenant un « empire de la connaissance ». Nul n'y est mieux préparé : les jeunes Japonais qui ont terminé leurs études n'ont pas seulement recueilli un ensemble de connaissances, ils ont appris à apprendre. Ce mode de recherche collective et permanente constitue leur capital principal.

M. Abe sourit et on chercherait en vain le moindre signe distinctif chez ce Japonais de cinquante-huit ans, ministre des Affaires étrangères après avoir été le patron du M.I.T.I., l'âme et le glaive de l'industrie japonaise, tout-puissant ministère qui regroupe les secteurs de l'Économie, du Commerce extérieur, des Finances et de la Recherche scientifique. Dans son bureau de Tokyo, à la question : « Quelle sera l'attitude de votre pays face aux accusations de protectionnisme lancées par les États-Unis? » M. Abe répond en s'inclinant légèrement, les yeux mi-clos : « Si l'Amérique souffre alors que le Japon est dans une situation relativement confortable, il est normal que le Japon aide l'Amérique. »

Derrière cette fiction de solidarité, des paroles empreintes d'arrogance, alors que le champ de l'affrontement se resserre. Ce sera un duel auquel l'Europe ne pourra à aucun moment se mêler. Pourtant, le poids économique et technologique de l'Europe de l'Ouest est enraciné dans une exceptionnelle concentration d'activités qui attire l'échange. Ce million de kilomètres carrés, urbanisé à 75 %, présente une densité de peuplement huit fois plus forte que celle des États-Unis, une densité de production intérieure vingt fois supérieure. En dépit de l'écart technologique qui sépare l'Europe des États-Unis, la densité scientifique y est dix fois plus élevée.

Densité, mais non créativité. 11 000 dépôts annuels de brevets en France, contre 20 000 en Grande-Bretagne, 30 000 en R.F.A. et ...165 000 au Japon. Thomson en dépose 600 par an, Hitachi, 12 000. Nuance qui résume tout le drame d'un continent vieilli, trop souvent à l'écart des grandes mutations. Pour réagir dans une crise, il faut un retournement des esprits, une acceptation de l'effort, un partage des sacrifices. « Une mentalité spartiate », selon Braudel, dont, en l'état actuel des choses, l'Europe se montre incapable, à l'image de sa classe politique qui gère un pays comme on tente de sauver une circonscription électorale à demi perdue : par un dosage de chance et d'habileté.

Le paysage industriel mondial est celui d'une dislocation : démembrement de l'automobile, disparition de l'acier, et même réajustements profonds dans des secteurs plus dynamiques et nouveaux comme l'industrie pétrolière. Seules des firmes comme A.T.T., I.B.M., Nippon Electric restent indemnes. Seul changement, pour ce qui les concerne : l'accroissement de leur pouvoir et de leur influence. La crise de l'économie mondiale est d'abord une crise industrielle qui implique une remise en cause des spécialisations traditionnelles. Le Japon l'a compris, l'Amérique le pressent; l'Europe, elle, continue mois après mois, semaine après semaine, à se déchirer un peu plus. La faiblesse de ses firmes dans les secteurs-clé des communications prend des proportions alarmantes.

Un projet de 9,5 milliards de francs, étalé sur cinq ans, pourrait amorcer la coopération européenne dans le domaine de l'informatique. Pour l'instant, 11 millions de dollars sont seulement disponibles. Chiffres dérisoires, en tout état de cause, lorsqu'on sait que le budget de recherche dégagé par A.T.T. pour ses laboratoires Bell dépassait 1,8 milliard de dollars pour la seule année 1982.

L'Europe ne produit plus, elle contingente. La fabrication de chaque kilogramme d'acier produit par les onze partenaires est décidée à Bruxelles où, à défaut d'édifier des empires industriels, on consolide les empires bureaucratiques. Les technocrates du Marché Commun « harmonisent » : tout, depuis les rétroviseurs jusqu'aux diplômes universitaires, en passant par la taille des crevettes. Le combat d'arrière-garde d'un monde à bout de souffle et dont la dépendance envers l'électronique se révèle encore plus forte que pour le pétrole, estime Michel Albert qui conclut : « l'Europe rate la 3e révolution industrielle ».

C'est en octobre 1981 que le Japon dévoile au monde ses objectifs. Le cadre : l'immense auditorium de la Chambre nationale de Commerce de Tokyo. Puissance invitante : le M.I.T.I. Dans la salle, une majorité de scientifiques et d'industriels nippons, mais aussi de nombreux experts américains qui attendent, intrigués. Le président de séance, le professeur Tohru Moto-Oka, de l'université de Tokyo, est un des universitaires les plus respectés du Japon. Il s'exprime en anglais, d'une voix posée : « La richesse des nations qui dépendait, durant ses phases agricoles et industrielles, de la terre, du travail et du capital, des ressources naturelles et de l'accumulation de monnaie, reposera à l'avenir sur l'information, la connaissance et l'intelligence. »

Entrée en matières plutôt sage, qui n'est qu'un constat déjà largement admis et répandu. Plus insolite est la suite du propos : « La technologie japonaise en matière d'informatique a été tout d'abord développée en imitant et en développant la technologie occidentale, notamment celle d'I.B.M. Maintenant que le Japon est devenu, dans l'informatique, le deuxième pays du monde, il serait impardonnable de suivre la même voie; obligation est faite aujourd'hui au Japon d'être le premier au monde dans ce domaine, en développant de nouvelles technologies. »

Le professeur à l'allure réservée continue après un bref silence : « Nous voulons mettre au point un ordinateur dix fois plus puissant que ceux qui sont actuellement en service; une machine capable de traiter des connaissances et pourvue de capacités de raisonnement. Notre objectif est de produire avant 1990 l'ordinateur de la cinquième génération. »

Dans la salle, la stupéfaction est totale. Le défi japonais, plus qu'un pari sur l'avenir, est un saut dans l'inconnu. Vouloir créer la cinquième génération d'ordinateurs, alors que la quatrième n'a pas encore été inventée, c'est nourrir la présomption de maîtriser un univers qui se situe bien au-delà de la performance informatique : celui de l'intelligence artificielle.

A Stanford et à l'université de Carnegie Mellon, des chercheurs travaillent depuis des années sur l'infinie complexité de ce problème, qui aboutirait à l'élaboration de machines qui « pensent », capables de développer des capacités de raisonnement autonome en des domaines d'activité extrêmement variés; de dialoguer avec les humains en langage naturel – japonais,

français, anglais –, par texte écrit ou par l'image et la voix.
Il s'agit là d'une rupture complète avec l'ordre informatique existant, et John Opel, président d'I.B.M., n'a pas tort de juger cette conférence « comme relevant de l'opération de relations publiques ». Mais il oublie d'ajouter : « Au service d'une stratégie. » Premier pays exportateur de la planète, le Japon n'assure encore hors frontières qu'à peine 2 % des ventes mondiales d'ordinateurs.

Pressé de questions, M. Tohru Moto-Oka confie : « Nous ne pouvons pas définir cette 5e génération, sinon par le désir de dépasser tous les systèmes informatiques existants. » Des paroles sans ambiguïté : l'ordre informatique à venir doit être japonais. Le professeur se penche vers la salle pour mieux entendre une question. Il sourit : « Non, nous n'avons pas de véritable cible, exceptée la recherche, encore la recherche. » Il semble hésiter, puis, mis en confiance, ajoute : « Laissez-moi exagérer, mais à peine. Ce projet ambitionne d'être la navette spatiale du monde de la connaissance. Nous voulons prouver qu'il est économiquement viable de tenter de maîtriser l'inconnu. »

Pour mener à bien ces recherches, un budget de 440 millions de dollars, réparti sur dix ans, est alloué. Deux fois le montant des dépenses engagées par le gouvernement américain pour des études semblables. Trois cents chercheurs travaillent depuis juin 1982 à l'élaboration « d'une intelligence artificielle généralisée ». Tous proviennent d'organismes associés au projet. Le M.I.T.I., bien sûr, mais aussi la société d'État Nippon Telegraph and Telephone, et 8 sociétés privées d'informatique : Fujitsu, Hitachi, Nippon Electric, Mitsubishi, Toshiba, Oki, Matsushita, Sharp. Moyenne d'âge des chercheurs : trente ans. A leur tête, un homme de quarante-six ans à l'allure timide et au visage sévère : Kazuhiro Fuchi. Il dirigeait un institut de recherche informatique, Electrotechnical Laboratory, pourvu jusqu'alors d'un minuscule budget. Sa nouvelle tâche le comble : « Depuis vingt ans, nous discutions avec nos amis des moyens de doter le Japon d'une stratégie de recherche originale. »

Fuchi était présent à la conférence de Tokyo d'octobre 1981, engagé dans une conversation passionnée avec des confrères américains auxquels il déclara sur le mode de la métaphore : « Votre pays est comme un adulte et le Japon ressemble à un adolescent. C'est amusant pour moi d'avoir à suggérer des codes de conduite, mais les enfants doivent apprendre des adultes, les écouter et respecter leurs opinions. » Son visage devint souvent enjoué : « Il arrive aussi que les adultes croulent sous l'expérience. »

Handicap du Japon : une approche toute théorique du problème de l'intelligence artificielle. « S'asseoir dans un fauteuil et gamberger sur la construction de systèmes intelligents ne les conduira nulle part », ironise un savant américain. Face aux travaux des chercheurs de Stanford, le groupe de Fuchi ne possède qu'une expérience de seconde main.

Mais c'est oublier l'aptitude du Japon à anticiper les mutations radicales : 67 435 robots, installés dans les entreprises de l'archipel, contre un peu plus de 4 000 aux États-Unis. 65 % du parc mondial. Une des clés de sa réussite. Une production annuelle de 24 000 robots qui sera triplée au cours des quatre prochaines années. Des machines désormais « reprogrammables, multifonctionnelles ». Matsushita en implantera 60 000 de ce type dans ses usines avant la fin de cette décennie.

Une évolution qui ne sera pas sans impact sur la structure de la société. Déjà, chez Fujitsu Fanuc, leader des constructeurs d'équipements automatisés, 200 robots remplacent l'équipe de nuit. Les syndicats évoquent la perte de cotisations syndicales qui en découlent. La direction examine longuement leurs revendications et décide que les 200 robots, comme les ouvriers, paieront leur cotisation mensuelle au syndicat.

Aux États-Unis, passé le premier moment de surprise, personne ne traite à la légère l'objectif japonais. Au laboratoire californien de recherches navales, un expert confie même : « La méthode qu'ils suivent ressemble à un entraînement en vue d'une attaque terroriste sur notre base industrielle. L'arme que les Japonais ont en tête, l'intelligence artificielle, est redoutable. Généralisée, elle rendra idiots et inutilisables les anciens ordinateurs, incapables de " déduire, conclure et apprendre ". »

Le moment choisi pour lancer cette offensive est tactiquement excellent. La Silicon Valley est ébranlée par de graves affaires d'espionnage – que nous évoquerons plus loin –, mais aussi partiellement stoppée dans sa croissance. Les fabricants de microprocesseurs, les fameux « chips », employant 40 000 des 160 000 techniciens de la Valley, connaissent des difficultés.

Depuis une décennie, cette industrie progressait en moyenne de 30 % par an. Croissance prévue en 1983 chez Intel : 0 %. Texas Instruments, le numéro 1 mondial, a accusé une chute des bénéfices de 48 % au cours du troisième trimestre 1982, et, fait sans précédent, licencié 2 000 des 14 000 salariés de son usine de Dallas. Leur concurrent, National Semi-Conductor, fait état de chiffres alarmants et annonce un gel des salaires pour 6 mois. Pour la première fois depuis 1974, Motorola a dû supprimer des emplois.

L'informatique américaine reste prospère, puisqu'elle « pèsera » 62 milliards de dollars en 1986; mais les fabricants de composants électroniques ont fini par être touchés par la crise que traversent leurs clients. Deux raisons essentielles à cette mévente momentanée de « cerveaux électroniques » qui n'ont pourtant jamais été aussi fiables et perfectionnés :

La surproduction : 5 milliards de circuits intégrés sont fabriqués annuellement dans la Silicon par près de 800 firmes. Une rivalité quasi suicidaire et dont, à terme, aucun constructeur ne pourra sortir indemne. Les Japonais l'ont compris, qui développent à Kyushu, l'île la plus méridionale du Japon, un « cœur électronique ». Rien à voir avec ce tissu infinement dense et varié de cellules de recherche qu'est la Silicon. Non, Kyushu n'est qu'un centre manufacturier, mais hyperrationalisé : 1,2 milliards de micro-processeurs sont produits annuellement par seulement 30 firmes.

La seconde raison découle de la réduction des prix. « C'est maintenant le problème-clé, estime Gordon Moore, coprésident d'Intel. Le marché en excédent a conduit à un abaissement des tarifs, alors que notre industrie conserve des frais fixes extrêmement élevés. » Trois chiffres suffisent à montrer l'ampleur du problème, d'après Charley Sporck, président de National Semi-Conductor : « En février 1981, nous vendions le plus élaboré des microprocesseurs pour 5 dollars pièce; en septembre, il était à 2 dollars; en février 1983, à 1 dollar; et il continue de baisser. Quand vous êtes conduit à une telle évolution, impossible d'éviter de perdre de l'argent. »

Cette baisse des prix entraîne une course effrénée aux produits nouveaux et, malgré la crise, la majorité des firmes tentent de maintenir leurs investissements en recherche et en développement (20 % en moyenne du chiffre d'affaires). A la fin de l'année 1982, la situation restait inchangée. L'industrie du microprocesseur ne fonctionnait qu'à 60 % de ses capacités... lorsque furent rendus publics les termes d'une alliance pour le moins stupéfiante! John Opel, président d'I.B.M., et Gordon Moore, cofondateur d'Intel, s'étaient déjà rencontrés à plusieurs reprises sur la côte Est et en Californie. Mais lorsqu'ils quittèrent, ce 22 décembre à 11 h 30 du matin, les locaux du centre de recherche d'I.B.M. à San Jose, véritable jeu de cubes argentés planté sur les collines de Santa Teresa, ils laissaient derrière eux un communiqué lu par les porte-parole de leurs états-majors respectifs...

I.B.M. achetait 12 % du capital d'Intel pour la somme de 250 millions de dollars, *cash* (1,7 milliards de francs), et obtenait un siège au conseil d'administration de la firme. Soumis à l'approbation des ministères de la Justice et du Commerce, l'accord prévoit qu'I.B.M. rachètera 6 250 000 actions, au prix de 40 dollars l'action, devenant ainsi le plus important actionnaire d'Intel, devant Gordon Moore dont les 4 312 828 actions représentent 9,8 % du capital de la société. Selon le communiqué, « I.B.M. pourra accroître sa participation dans Intel jusqu'à 30 % du capital. »

Pour John Opel – visage rond, allure stricte, interrogé alors qu'il s'apprête à monter dans le Boeing de sa firme qui le ramènera à New York –, « cette affaire est pour nous un investissement et nous n'interviendrons pas dans la gestion quotidienne d'Intel. Nous voulons seulement renforcer un des principaux fabricants de semi-conducteurs, qui est également un important fournisseur d'I.B.M. ».

La Silicon Valley s'est édifiée et développée en réaction contre tout ce que symbolise I.B.M. : ses méthodes et son gigantisme. L'alliance-surprise du numéro 1 de l'informatique et de la « forge à puces la plus géniale » de la Valley, marque un sérieux glissement stratégique. Face à la violence de la concurrence s'est imposée une alliance des talents et des moyens.

Intel fournira à I.B.M. les plans et les procédés de production de sa dernière invention, une puce-mémoire à grande capacité, de 64 K, créneau sur lequel les Japonais ont acquis de solides positions. Intel a sorti 6 mémoires de ce type avant de parvenir à un résultat jugé satisfaisant. I.B.M. pourra le fabriquer et en équiper tous ses matériels informatiques. Pour les spécialistes, Intel réalise un « bon » coup, même si I.B.M. est déjà son plus gros client. L'accord fournit à la société californienne une source de revenus stable qui va lui permettre d'élaborer des programmes de recherche sur des technologies encore plus complexes.

Berceau de la libre entreprise, la Silicon Valley va devenir le foyer de la résistance au danger japonais. L'artisan de cette prise de conscience se nomme Gordon Bell. Il est vice-président de la puissante firme informatique Digital Equipment. Cinq de ses chercheurs ont participé à la conférence d'octobre 1981 à Tokyo, et jamais il n'a négligé le Japon dont il ne cesse d'étudier les progrès informatiques. De son ton bourru et direct, il lancera un avertissement, en février 1982, au cours d'une réunion à Washington avec le ministre du Commerce Lawrence Brady : « Si nous ne trouvons pas la bonne réplique, dans dix ans, peut-être n'existera-t-il plus d'industrie informatique américaine. »

De tels propos trouvent un écho d'autant plus favorable au sein de l'Administration républicaine que bon nombre de membres de l'équipe Reagan possèdent dans leurs portefeuilles d'actions des parts de sociétés de la Silicon Valley...

L'élaboration d'une véritable « politique industrielle » – expression jusqu'ici bannie du vocabulaire américain – est une idée qui s'impose rapidement. Face à des coûts de recherche et de développement qui, en électronique, ne cessent de croître, Gordon Bell propose aux grandes firmes de ce secteur d'unir leurs forces pour mener des recherches en commun sur des objectifs précis. Méthode qui a fait ses preuves depuis plus de quinze ans au Japon même où, une fois les études communes achevées, chaque groupe, copropriétaire des brevets de base, adapte, fabrique et commercialise les matériels comme il l'entend. Application du principe de Confucius selon lequel l'harmonie interne vaut mieux que toute immixtion étrangère.

Au cours de l'été 1982, plusieurs fabricants américains de circuits intégrés et d'ordinateurs mettent sur pied un comité de recherche pour étudier les composants de base de cette 5ᵉ génération. 20 millions de dollars sont affectés aux études préliminaires. Pour Marvin Minsky, un des pionniers de la recherche sur l'intelligence artificielle, « d'ici quelques décennies, nous produirons des machines qui nous ressemblent et qui représenteront nos visions et nos pensées ». Par-delà ce lyrisme à la Jules Verne, il ajoute une réflexion peut-être plus fondamentale : « Le silicium est le véhicule par lequel la vie intelligente se perpétuera longtemps après que l'homme, dans sa forme actuelle, aura rejoint dans le crépuscule de l'évolution les grands dinosaures... »

Le cadre exact des recherches sur l'intelligence artificielle est d'autant plus difficile à préciser que les critères d'évaluation de l'intelligence « naturelle » sont eux-mêmes controversés. Un des pères de cette discipline, Joseph Weizenbaum, élabora au M.I.T., en 1963, un programme baptisé Eliza, du nom de l'héroïne de *Pygmalion.* Il s'agissait d'un répertoire de conversations psychiatriques reposant sur la réaction à certains mots-clé. Le mot « mère », par exemple, déclenchait la réponse : « Dites-m'en plus sur votre famille. » En voici un extrait, consigné par Weizenbaum :

Patiente : Tous les hommes sont pareils.
Eliza : De quelle façon?
Patiente : Ils sont toujours en train de nous critiquer pour une raison ou une autre.
Eliza : Pouvez-vous m'en donner un exemple précis?
Patiente : Eh bien, mon ami est venu me voir.
Eliza : Oui, votre ami est venu. Et alors?
Patiente : Il m'a dit que je suis souvent déprimée.
Eliza : Je suis désolée d'apprendre que vous êtes dépressive.
Patiente : C'est vrai, je suis malheureuse.
Eliza : Ne pensez-vous que ça changerait si vous obteniez de l'aide?
Patiente : Peut-être; je pourrais apprendre à en parler avec ma mère.
Eliza : Dites-m'en plus sur votre famille.

Weizenbaum fut violemment troublé par les réactions des psychiatres qui assistèrent à son programme. « Ils affirmèrent, rappelle-t-il, que la généralisation d'Eliza permettrait de traiter une centaine de patients par heure dans un hôpital d'État. J'étais choqué de constater qu'au fond, une majorité de psychiatres n'en faisait pas davantage que mon programme. »

Le chercheur fut aussi fâcheusement impressionné par le rapport de dépendance de l'homme vis-à-vis de la machine. Il raconte la visite amusée d'un éminent professeur de psychologie, curieux d'expérimenter Eliza : « Il est venu en souriant, dans un esprit de jeu, prêt à dire : " Un petit homme vert me suit. " Au cours de ses dialogues avec le robot, il s'est transformé, pris au jeu, parlant d'une voix haletante et formulant des aveux tels que : " J'ai toujours haï ma sœur. " »

Comment savoir si une machine pense, et comment détacher ses systèmes de raisonnement des croyances personnelles des programmateurs ou du contexte de l'époque? Au début des années 60, un programme mis en place visait à simuler les réponses de Barry Goldwater, alors candidat républicain à la Présidence des États-Unis. La « machine Goldwater » commentait la conjoncture, ses implications, prédisait ses répercussions, faisait des suggestions pour une action gouvernementale appropriée. Le programme, cependant, ne pouvait réellement analyser la réalité. Il prédit que Castro « construirait le mur de Berlin », uniquement parce que c'est l'U.R.S.S. qui l'avait érigé; dans la logique du programme, si les Russes avaient accompli un projet aussi répréhensible, des communistes comme Castro ne pouvaient que faire de même...

Joseph Weizenbaum est aujourd'hui professeur d'informatique à l'université de Stanford, et dans son dernier livre, *Computer Power and Human Reason*, il demande que l'on freine les recherches sur l'intelligence artificielle, « en raison des conséquences d'ordre moral, psychologique et humanitaire qu'elle risque d'entraîner ». Il y explique que « l'homme, pour être vraiment lui-même, doit explorer éternellement ses réalités intérieures et extrêmes. Sa vie est pleine de risques, mais de risques qu'il a le courage d'accepter, car, comme l'explorateur, il apprend à se fier à ses propres capacités pour lutter et vaincre ». Et de conclure : « Comment parler encore de luttes et de victoire lorsque des machines sont impliquées? »

Cette attitude courageuse est celle d'un humaniste, soucieux que l'intelligence artificielle ne devienne pas un jour une menace pour l'image que l'homme se fait de lui-même. Mais il ne peut rejeter le fait que les progrès économiques et sociaux résultent d'une familiarité, de plus en plus poussée au fil des âges, de l'homme avec des machines sans cesse plus perfectionnées.

Vouloir atteindre à l'équivalent de la créativité humaine est absurde, et personne n'y croit vraiment : « Je continuerai toujours, confie Bob Noyce, à considérer l'homme comme un animal capable de créer des instruments, et l'ordinateur uniquement comme l'un de ces instruments. »

Ce débat sur l'intelligence artificielle est important : il nous conduit à nous pencher moins sur les éventuels « modes de penser » de telles machines que sur nos propres mécanismes de réflexion, sur l'élaboration de notre perception du monde, et sur les créations qui sont les nôtres à partir de ces perceptions.

Mais Weizenbaum, en écartant la machine de toute victoire humaine, commet un contresens historique. Là encore, l'historien Fernand Braudel exprime la vérité en une formule lumineuse : « Le progrès est une constante reprise en main de l'acquis. Le robot, symbole de l'avenir, est en fait tourné vers le passé; il est modelé sur les gestes de l'homme. »

Le président du Dartmouth College, John Kemeny, pionnier de l'informatique, et inventeur du langage BASIC, envisage la relation ultime entre l'homme et l'ordinateur comme l'union symbiotique de deux espèces vivantes, chacune dépendant totalement de l'autre. Pour l'instant, cette familiarité a pris des formes beaucoup plus prosaïques : depuis août 1982, une société a été créée par les dix plus grandes firmes de microprocesseurs, « afin d'essayer de maintenir la prééminence américaine en micro-électronique ». Baptisée Micro-Electronics and Computer Technology, dotée d'un budget initial d'environ 100 millions de dollars, elle sera uniquement consacrée à la recherche et se spécialisera, dans un premier temps, dans les problèmes d'architecture des systèmes informatiques et de production des logiciels. Cette nouvelle société est installée à Palo Alto, mais, fait étrange et révélateur, l'homme placé à sa tête en janvier 1983 est un des personnages les plus secrets des États-Unis. Sa nomination illustre le rôle déterminant joué par l'espionnage dans la rivalité États-Unis-Japon, et peut-être les liens étranges tissés entre le monde des affaires et celui du renseignement.

Le directeur de Micro-Electronics se nomme Bobby Ray Inman. Il est amiral, et exerçait jusqu'alors les fonctions de directeur général de la N.S.A...

XIII

SECRETS À VENDRE

Le 22 juin 1982 à 8 h 50, Kenji Hayashi, quarante ans, gara sa voiture sur un parking discret face à un immeuble de bois et de verre construit au milieu des pins. Il resta quelques minutes à l'intérieur du véhicule à discuter avec son compagnon Isao Ohnishi, puis, peu avant 9 heures, les deux hommes pénétrèrent dans le bâtiment. Ils montèrent au deuxième étage, longèrent un couloir, puis s'arrêtèrent devant une porte sur laquelle était fixée une simple plaque portant les mots « Glenmar Associates ». Alex Harrisson, l'ancien professeur de Stanford, responsable de cette petite société, vint leur ouvrir avec affabilité. Tous trois travaillaient en étroite collaboration depuis près de cinq mois et leurs relations étaient désormais empreintes d'amitié. Mais, ce matin-là, lorsque Harrisson porta la main à sa poche, ce ne fut pas pour en sortir les documents tant convoités, mais une carte à en-tête du F.B.I.

Harrisson, auquel les deux Japonais avaient versé plus de 600 000 dollars, se nommait en réalité Garreston et agissait comme agent fédéral. Tombés dans un piège adroitement tendu, Hayashi et Ohnishi sortirent les menottes aux poignets.

Au même moment, le F.B.I. délivrait des mandats d'amener contre vingt et un autres citoyens japonais, deux citoyens iraniens et un Américain, tous installés dans la Silicon Valley. Ainsi s'achevait le premier épisode d'une histoire d'espionnage dont l'ampleur allait contribuer à ternir et à durcir encore un peu plus les relations entre les États-Unis et le Japon.

Zenko Suzuki, le plus effacé des Premiers ministres japonais, véritable apparatchik du parti libéral-démocrate au pouvoir depuis plus de trente ans, fut informé le lendemain des détails de cette affaire. Il la qualifia de très choquante. Quelques heures plus tard, il prenait la parole à la tribune de la Diète (le parlement), pour tenter de calmer l'émoi des députés : « Nous devons, dit-il, nous mettre soigneusement d'accord sur ce sujet, de façon à ne pas saper les relations cordiales et empreintes de coopération existant entre le Japon et les États-Unis. Toute tension menacerait l'équilibre délicat du commerce entre nos deux pays. »

A.B.C., N.B.C., C.B.S., les trois grandes chaînes nationales de télévision américaines ouvrirent leurs journaux du soir, suivis par 80 millions de téléspectateurs, sur les images de ces Japonais enchaînés, pénétrant, encadrés par des policiers, dans les locaux du F.B.I. pour y être interrogés. L'affaire devenait désastreuse pour l'image de marque de Tokyo, car les individus appréhendés n'appartenaient pas à un réseau du crime organisé, mais aux états-majors de deux des plus grandes firmes japonaises : Mitsubishi et Hitachi.

Hayashi et Ohnishi, les deux hommes tombés dans la souricière de « Glenmar Associates », étaient respectivement ingénieur en chef et manager d'Hitachi Limited, la première firme électronique nippone, quatrième producteur national d'ordinateurs. Ils coordonnaient depuis six mois le travail d'une équipe dont l'unique objectif, dans la Silicon Valley, était de tenter de s'approprier les secrets du dernier modèle des ordinateurs I.B.M., le 3081. Un appareil « révolutionnaire » dont la mémoire à « architecture élargie » pouvait emmagasiner et trier 3 millions d'éléments d'information à la seconde. Pour la société japonaise, l'acquisition de ces plans aurait permis de faire l'économie de trois à cinq années de recherche, donc de plusieurs millions de dollars.

Quelques heures à peine après cette vague d'arrestations, les télex crépitaient au siège de Mitsubishi. Pour tous les habitants de l'archipel, le nom de ce *zaibatsu* – cet empire industriel – s'identifie à la puissance restaurée de l'économie nippone; à sa diversité aussi. Mitsubishi, à travers ses multiples branches, fabrique des navires, des voitures, mais aussi des réacteurs nucléaires, des locomotives lourdes, des stylos ou des magnétoscopes. Banque, construction, industrie chimique, il n'est pas de secteur d'activité qui échappe à ce conglomérat qui est aussi, à travers Mitsubishi Corp., la plus grande société commerciale au monde. 65 milliards de dollars de ventes annuelles, une activité intense, apparemment éclatée, en réalité parfaitement coordonnée. Une pugnacité qui repose aussi sur une stratégie rigoureuse en matière d'information. Mitsubishi, comme ses concurrents nationaux, dispose d'un réseau mondial de renseignements, réparti sur tous les continents, sans équivalent dans aucune autre firme privée occidentale. La collecte d'informations, vitales, confidentielles, est une consigne absolue donnée à chaque agent de la société installé en pays étranger.

La qualité des informations obtenues, l'usage qui en est fait confèrent à Mitsubishi une supériorité écrasante sur les agences officielles de renseignements japonais. En 1973, lors du détournement par un groupe terroriste d'un airbus de Japan Air Lines sur l'émirat d'Abu Dhabi, le ministère des Affaires étrangères de Tokyo s'en remit totalement aux rapports et aux télex qui affluaient au siège de Mitsubishi pour compléter son information et arrêter son attitude. Un journal japonais évoqua même, à cette occasion, le rôle important joué par un des administrateurs de cette société, en négociation avec des personnalités politiques américaines, et le qualifia « d'ambassadeur de Mitsubishi à Washington ». Il est vrai que les subsides versés par le trust au parti libéral-démocrate sont considérés comme colossaux : plusieurs centaines de millions de dollars par an.

En 1972, la firme fut la seule à connaître le détail des négociations secrètes menées par les Soviétiques avec les grandes sociétés céréalières, à l'insu du gouvernement de Washington. Elle utilisa les renseignements que lui fournirent ses informateurs à Moscou et aux États-Unis pour infléchir quelque peu le marché des céréales avant que la nouvelle ne soit connue de tous et ne fasse monter le cours du riz.

Cinq heures à peine après l'arrestation de ses employés dans la Silicon Valley, Hidéo Oto, directeur de Mitsubishi, tenait une conférence de presse. Les hommes inculpés avaient-ils tenté de voler des secrets de fabrication? Dénégation de Oto : « Nous pratiquons une collecte légale de l'information et nous n'avons aucun goût pour l'action criminelle, c'est ce que nous plaiderons devant le tribunal. » De l'argent n'a-t-il pas été versé par un employé de Mitsubishi à un agent du F.B.I. qui se faisait passer pour un intermédiaire, en échange d'informations dérobées et secrètes? Visage tendu, mal à l'aise sous les projecteurs et les batteries de caméras, le dirigeant de la firme bute sur les premiers mots : « Nous venons de parler avec un de nos employés, Takaya Oshida, qui vient d'être relâché sous caution par le F.B.I. à San Francisco. Il nous a indiqué en effet qu'une somme avait été versée, mais en échange de simples informations sur certains modèles d'ordinateurs. » Quel montant? Oto se tourne un bref instant vers les deux collaborateurs qui l'encadrent, avant de lâcher dans un souffle : « Environ 20 000 dollars. » Somme dérisoire pour une affaire qui fait plus que ternir le nom de Mitsubishi.

En effet, tout étranger présent à Tokyo lorsque éclata le scandale put constater l'ampleur du désarroi dans la population. A travers ces compatriotes piégés et humiliés sur l'autre rive du Pacifique, c'était tout le Japon qui semblait en accusation. Un grand magazine reproduisit la lettre d'un de ses lecteurs qui écrivait : « Désormais, nous sommes haïs à travers le monde. Je souhaiterais vivre dans un pays plus pauvre, mais qui soit encore honnête. »

La conviction se répandait aussi dans une bonne partie de l'opinion que ces cadres d'entreprise ne faisaient que se livrer à des pratiques exercées par tous dans la Silicon Valley, mais qu'ils avaient eu la naïveté de tomber dans le piège que leur avaient tendu les autorités américaines, décidées à faire exemple et à exercer des pressions dans leurs négociations commerciales avec le Japon.

Un éditorial publié deux jours après l'arrestation par le quotidien *Yomiuri Shimbum,* tiré à sept millions d'exemplaires, liait les accusations du F.B.I. à la montée des sentiments anti-japonais aux États-Unis, et s'interrogeait sur les « intentions réelles » des autorités américaines. Un de ses concurrents, *Mainachi Shimbum,* estimait lui aussi que l'opération policière avait des mobiles politiques : « Nous espérons que cet incident n'accélérera pas le glissement des États-Unis vers le protectionnisme. »

Mais – et c'était probablement le fait le plus douloureusement ressenti – cette indélicatesse semblait surtout révéler la faiblesse du Japon, les limites de ses prétentions au leadership technologique. Les objectifs fixés pour 1990 par le ministère du Commerce international et de l'Industrie étaient ambitieux : détenir 30 % du marché mondial des ordinateurs et 18 % du marché américain. Or, le pays pouvait-il relever un tel défi et mener à bien un projet aussi complexe que celui de la 5e génération s'il en était réduit à voler les secrets de ses concurrents américains pour rester compétitif?

Intel, I.B.M. demeuraient autant d'épines pour le nationalisme économique japonais. La firme de Bob Noyce possédait 24 % du marché japonais des micro-processeurs. International Business Machines détenait 30 % du marché de l'équipement électronique du pays, à égalité avec la première firme de l'archipel, Nippon Electric. Mais comprendre l'emprise d'I.B.M. et la fascination qu'elle exerce sur ses adversaires, c'est admettre que la firme est beaucoup plus qu'un simple fabricant. Elle crée les programmes, la logistique adaptés à ses matériels, et il est impossible d'acheter d'autres « softwares » que ceux fabriqués par elle. Une situation de monopole absolu qui pourrait être comparée à celle de General Motors produisant non seulement les voitures, mais aussi l'essence pour les faire rouler.

Pour les Japonais, entamer cette prééminence impliquait de produire et revendre du matériel compatible avec celui d'I.B.M., afin de grignoter l'éternelle avance technologique de leur rival. D'où cette surveillance épuisante, sans relâche, d'un secteur aussi « sensible » que la Silicon Valley, de peur d'être pris à contre-pied par quelque nouvelle découverte.

A San Francisco, l'attorney général Joseph Russoniello, personnage affable et prolixe, annonça le 24 juin que les accusés seraient traduits, la semaine suivante, devant le grand jury et qu'ils risquaient pour la plupart cinq années de prison.

A Tokyo, dans un étrange chassé-croisé, Yasukichi Hatano, responsable de la division informatique d'Hitachi, plaide l'innocence de ses collaborateurs. Il parle d'une voix lente, lasse, ponctuée de silences : « Ils ne savaient pas que les renseignements qu'ils achetaient étaient... volés! » Longue hésitation avant de lâcher ce dernier mot...

Le détail de l'enquête montre pourtant que 548 000 dollars (plus de 400 millions de centimes) ont été transférés en mai et en juin au siège californien d'Hitachi, par le canal d'une filiale, Nissee Electrics, basée à Tokyo. Le F.B.I., grâce aux témoignages et aux perquisitions, est en mesure de prouver que cet argent était destiné à l'achat d' « informations ultra-secrètes » concernant les sous-systèmes des mémoires électroniques.

Il y a un an, cet ingénieur rencontré au bord de la piscine de sa société résumait l'opinion la plus couramment répandue dans la Silicon Valley : « Ici, confiait-il dans un éclat de rire, il faut deux ou trois années pour concevoir un produit et, ensuite, moins d'un an aux Japonais pour le voler. » Le jugement était ironique, légèrement condescendant envers des rivaux apparemment si dépourvus de brio. Puis l'exaspération, conjuguée à l'âpreté de la compétition et à la récession internationale, a tendu les esprits, gommé l'ironie. Dans le *Wall Street Journal*, une page entière de publicité, achetée par le fabriquant de microprocesseurs Motorola, pose la question : « L'innovation japonaise a-t-elle remplacé la bonne vieille ingéniosité yankee? »

Le ton est désormais à l'escalade; le langage, celui d'un temps de guerre. Exagéré? Les responsables des firmes de la Valley, unis pour une fois, n'ont cessé de se rendre à Washington pour faire pression sur le gouvernement fédéral. Et ils ont imposé un slogan qui frappe les esprits, parce qu'il sollicite les réflexes les plus nationalistes : « Souvenez-vous de Pearl Harbor! » – cet appel à la vigilance, diffusé à travers les États-Unis durant toute la Seconde Guerre mondiale, est devenu désormais : « Souvenez-vous de la Silicon Valley! »

Jerry Saunders, président d'Advance Micro-Device, dont les salariés touchent des paquets d'actions s'ils acceptent de rester au moins deux ans dans la société, a la réputation d'être le plus impitoyable commerçant de la Valley. Sa carrière part des bas-fonds de Chicago pour aboutir à cette silhouette légèrement voûtée de quinquagénaire milliardaire collectionnant les Rolls Royce et les résidences secondaires dans les Rocheuses. Il confie : « J'ai déclaré aux autorités : ce qui est en question, c'est le respect des règles du jeu capitaliste. Nous sommes trente-trois entreprises privées, contraintes de nous battre contre un État souverain, le Japon. L'indépendance des firmes nippones vis-à-vis de leur gouvernement est une plaisanterie. Moi, pour l'argent que j'emprunte, je paie dans le meilleur des cas 18 à 20 % d'intérêt; elles, jamais plus de 7 %; le reste est pris en charge par les pouvoirs publics qui leur allouent des crédits de plusieurs centaines de millions de dollars pour la recherche et le développement. »

En 1981, les exportations du Japon augmentaient de 17 %,

dépassant les 140 milliards de dollars. Mais, dans le même temps, ses importations ne s'accroissaient que de 1 %, la plus grande part provenant de l'Asie du Sud-Est. En 1983 l'excédent commercial du Japon battra tous les records, dépassant les 30 milliards de dollars. Des barrières invisibles et sournoises bloquent l'accès au marché japonais et prouvent que ce pays ne se comporte pas loyalement, estime-t-on au Congrès. La puissante commission parlementaire des « voies et moyens », qui traite de tous les problèmes d'échanges internationaux, exhibe plus de cent lois japonaises contenant des clauses si restrictives qu'elles interdisent toute importation. Malgré son ouverture au monde extérieur durant l'ère Meiji, un siècle plus tôt, le Japon entretient avec une étrange permanence son goût de l'isolement. Les industries qu'il édifie sont soigneusement protégées, à leurs débuts, de toute concurrence étrangère. Ce fut le cas de l'automobile à la fin des années 1950; c'est celui de l'informatique aujourd'hui.

« Il n'est absolument pas question que le Japon continue d'édifier son industrie la plus moderne à partir de technologies empruntées à d'autres. » Larry Speakes, porte-parole de Reagan, répond aux questions des journalistes au cours de son briefing quotidien, dans la petite salle de presse à l'entresol de la Maison Blanche. Atmosphère amicale où officiels et représentants de la presse s'interpellent par leur prénom. Speakes s'est montré catégorique, mais s'avère beaucoup plus vague quand on l'interroge sur les moyens qui pourraient être employés.

Renforcement de la réglementation? Elle est dramatiquement floue et faible. Revers d'un système, celui de l'économie de marché, peuplé d'espaces de liberté commerciale, mais dépourvu de règles juridiques précises. Multiplication des contrôles? Au début de l'année 1982, les Américains ont lancé l' « opération Exodus » pour tenter de stopper les exportations illégales de technologie. Le ministre du Commerce, Lawrence Brady, a détaché trente-trois de ses proches collaborateurs dans la Silicon Valley, devenue la première ligne de défense dans cette « guérilla économique ». Leur tâche : coordonner l'action de la C.I.A., du secrétariat à la Défense, du F.B.I. et des services des douanes, entre San Francisco et Los Angeles. Des dispositions qui « conduisent à une dangereuse érosion des libertés ». Mais ce jugement d'un prestigieux universitaire de Stanford ne vise qu'une part du problème. Personne, en fait, parmi les acteurs de la Silicon Valley, ne souhaite de tels contrôles...

Bar, lumières tamisées, rumeurs assourdies de la circulation sur l'autoroute. Andrew Forbes, trente-deux ans, informaticien hors pair, règle dilemmes et conflits entre deux gorgées de bière : « Nous gagnerons cette guerre, parce qu'après tout c'est notre pays qui a inventé la compétition. Face aux sociétés japonaises, nous disposons d'une nette supériorité dans l'infrastructure, le software et, par-dessus tout, l'innovation. » Déclaration éminemment idéologique dans un pays où chacun se plaît à faire référence aux valeurs fondamentales lorsqu'il ressent la gravité d'une crise. L'Amérique, « détentrice d'une espèce supérieure de moralité publique?... »

La Silicon Valley apparaît du coup comme un étrange conglomérat de pouvoirs et de complicités. L'éthique y est peu compatible avec l'immuabilité du système de valeurs. L'univers industriel y est trop changeant pour ne pas sécréter de multiples contradictions. En fait, « un monde où plus personne ne sait ce qui est bien ou mal ». Peter Gorn n'est pas réellement un philosophe, simplement un orfèvre en la matière ; il est passé de l'autre côté du miroir et a tiré un certain nombre d'enseignements d'un séjour en prison pour « trafic de technologie ». Car cette crise est l'essence même du dynamisme californien : elle en assure la force et trace ses limites.

Ceux qui souhaitent que l'on agisse contre un rival économique, le Japon, ne désirent absolument pas que l'on intervienne avec la même vigueur contre un rival politique : l'U.R.S.S. Au fond, ils veulent avant tout continuer d'exporter vers les pays de l'Est. Pour eux, la différence est de nature, non de degré. La « mort de la détente » est apparemment un rite funéraire célébré avec joie parmi l'élite politique de Washington mais peu prisé à 6 000 kilomètres à l'Ouest, au sein d'une population pourtant ultra-conservatrice. Pour Miles Costick, président de l'Institut du Commerce stratégique : « Ici, les capitalistes sont prêts à vendre leur âme pour montrer un bilan agréable à leurs actionnaires. »

Une atmosphère viciée. Le 23 juin, lors de leur coup de filet contre Hitachi et Mitsubishi, les policiers arrêtèrent aussi deux hommes. L'un, Barry Saffaie, trente-huit ans, fut appréhendé à son bureau ; cet Iranien, installé depuis vingt ans aux États-Unis, travaillait dans une filiale de National Semi-Conductor, le plus gros fabricant de « puces » de la Valley. Dès août 1981, il avait livré à ses interlocuteurs japonais des documents volés à I.B.M. Il était en possession de onze dossiers confidentiels qui lui avaient été transmis par un autre Iranien, Tabass Ayazi, vingt-deux ans, qui les tenait lui-même du responsable d'une petite société de consultants, Tom Yoshida, président de N.L.C. Data-In.

Une chaîne de l'indélicatesse somme toute banale; un réseau sans envergure, mais aussi un de ces multiples canaux grâce auxquels vit, croît et prospère une fraction des industries de la Silicon Valley : « Nombre de types qui ont fait fortune par des méthodes illégales ou discutables hurlent comme des loups contre ceux qui se livrent aux mêmes pratiques », confie un observateur.

Il est clair que si l'opprobre a pu être jeté sur les agissements des Japonais, c'est parce que ceux-ci ont plongé, avec un mélange de maladresse et de détermination, au sein d'un monde glauque d'intermédiaires, de trafiquants et de manipulateurs, faune qui constitue à la fois l'envers et une conséquence du succès de cette région.

Glen Johnson, condamné l'an dernier pour détention de « chips » volés, accepta d'informer la police. Agé de quarante-cinq ans, c'est un homme profondément désabusé, qui met en cause l'atmosphère de la Valley : « Au cours des deux années que j'ai passées dans cette région, j'ai été exposé à une forme de vie très différente de celle dont j'avais jusqu'ici l'expérience : l'argent apparemment facile, l'alcool, l'absence de loyauté. Les firmes suscitent, créent l'environnement favorable à de tels procédés. »

Johnson touchera 40 000 dollars pour avoir vendu un équipement électronique volé. Peu auparavant, au cours d'un rendez-vous nocturne dans un motel d'El Camino Réal, la grande avenue qui traverse la Silicon Valley, il a livré des pièces d'ordinateur à deux hommes. En échange : « 150 000 dollars en liasses de 10 000 et en billets de 100. L'argent était dans une petite mallette, raconte-t-il, et j'avais peur : peur d'être enlevé, peur d'être abattu. » Un léger sourire, à la fois amer et ironique : « Un ami m'avait conduit à ce rendez-vous. Je lui avais donné des instructions. Si je ne ressortais pas, il devait téléphoner à la police. »

Psychose? En septembre dernier, on retrouvait, dans les

collines de Santa Cruz, le corps de David Roberts : fracture du crâne et sept coups de poignard. Roberts, quarante-deux ans, vendeur en équipements électroniques, se droguait à l'héroïne et s'apprêtait à témoigner dans une affaire de trafic de technologie.

L'an dernier, cette région a vendu pour près de 9 milliards de dollars de produits hautement perfectionnés, stratégiques, ultra-secrets même. La part détournée ou dérobée se chiffre pour la même période à plus de 200 millions de dollars. Malgré un renforcement draconien des mesures de sécurité dans les entreprises, les fuites et les vols n'ont jamais cessé. La taille, ridiculement petite, des produits, l'ingéniosité des délinquants ont jusqu'à présent permis de tourner aisément toutes les mesures prises.

Principaux accusés, les *Gray Market dealers,* traduisez : les intermédiaires. Leurs compagnies ont proliféré, épousant la courbe de croissance des grands producteurs de la Valley. En principe, le rôle et l'action de ces firmes sont irréprochables : elles se chargent de trouver et de vendre tous les modèles de « puces » et autres composants électroniques qu'un acheteur ne peut obtenir assez rapidement auprès d'un fabricant, et souvent même à un prix plus intéressant. Marché en fait incontrôlé, qui permet à n'importe qui de passer commande de n'importe quoi, sans qu'on lui pose de questions.

Nom étrange : « marché gris », révélateur de cette frontière floue entre légalité et illégalité, où évoluent ces petites sociétés. « Les hommes qui les animent – estime l'un d'eux, Marshall Cox, président de Western Micro-Electronics –, sont les derniers adeptes de la libre entreprise. Des types qui répondent à la demande, vivent uniquement de leur ingéniosité et de leur énergie, et sont totalement axés sur le profit. » Face à un marché versatile, soumis aux fluctuations des prix et de l'offre, ils doivent en permanence réagir, trouver, proposer.

« Deux ans auparavant – raconte Martin Lyon, témoignant au cours d'auditions préliminaires au procès de Larry Lowery, négociant en produits électroniques accusé de détention de " chips " volés –, le prix d'une puce " 2716 " était de 45 dollars; un an plus tard, il était tombé à 20 dollars. Aujourd'hui, elle ne coûte que 4,50 dollars. »

Mémoire extraordinaire que celle de ce « 2716 » fabriqué par Intel. 16 384 transistors si parfaitement miniaturisés qu'en effet, cette puce peut tenir sur la pointe d'une aiguille. Ses usages, correspondant aux multiples exigences d'un marché si divers, montrent aussi la difficulté qu'il y a à vouloir classer de façon rigoureuse un matériel considéré pourtant comme stratégique. Le « 2716 » équipe les jeux vidéo et permet d'abattre avec précision les astéroïdes; il permet aussi d'assurer le système de guidage du plus perfectionné des chasseurs américains, le F 16, qui transporte des charges nucléaires. Un spécialiste d'Atari le dit ingénument : « Les jeux ont les mêmes exigences que les systèmes d'armement : vitesse décisive, intelligence artificielle, support d'un bon programme... »

Nuances qui n'ont guère cours dans le milieu du *Gray Market*, où l'on s'attache uniquement à spéculer sur le prix de certains produits. Tous se rappellent avec nostalgie les débuts du jeu vidéo et la demande incroyablement élevée émanant du Japon pour l'achat de tels produits. Le « chip » qui équipait ces premiers jeux était le « 2708 ». Son tarif : 7 dollars; mais, face à une demande qui ne pouvait être satisfaite, les prix grimpèrent jusqu'à 24 dollars pièce. Pour un intermédiaire de Hong Kong : « Vous pouviez commander les " chips " aux fabricants, et vous attendiez des mois. Ici, vous sortiez, vous remontiez deux rues et trouviez les produits, vendus 7,50 dollars. » Principal centre d'intérêt, aujourd'hui : le dernier modèle japonais 64 KD R.A.M. Introuvable. Ses prix sont passés en trois mois de 6 à 13 dollars sur le marché parallèle.

En 1981, il y eut rupture d'approvisionnement sur de nombreux composants. Les firmes ne pouvaient plus faire face aux commandes : de nombreux intermédiaires s'envolèrent alors pour Bruxelles, Francfort, Londres, achetèrent les productions européennes de « chips » américains et revendirent plus de 6 dollars pièce des équipements qu'ils avaient payés à peine 75 cents en Europe.

Ces sociétés ont réalisé en 1982 plus de 1,6 milliard de dollars de ventes. Mais il est clair qu'elles n'existeraient pas – du moins de manière aussi prospère – sans l'accord tacite des grandes firmes de la Valley auxquelles elles peuvent rendre d'inappréciables services. Un produit « délicat », relevant du secret stratégique, mais que l'on souhaite vendre malgré tout, pourra ainsi être cédé à une compagnie du *Gray Market*. En moins d'un mois, il transitera par une demi-douzaine de sociétés-écrans, ne laissant aucune trace : ni reçus, ni factures. Un système dont les ramifications s'étendent largement au-delà du comté de Santa Clara, à l'Europe, à l'Asie et aux pays de l'Est.

William Webster, qui a succédé à la tête du F.B.I. à l'inamovible Edgar Hoover, est aujourd'hui un homme perplexe face à ces pratiques. Selon lui, « les motivations économiques et financières qui ont permis d'édifier le leadership technologique des États-Unis sont à l'heure actuelle en train de l'éroder ».

D'après la description qu'en fait un journal de San Jose, « John Henry Jackson était un homme heureux durant l'été 1979. Son magasin d'équipements électroniques marchait bien. Il portait des vêtements de prix, mangeait la meilleure chère et vivait avec une femme ravissante. Pas mal, pour un homme qui avait déjà été condamné cinq fois en justice... ». Jackson, quarante-quatre ans, surnommé Jack-un-œil en raison d'une cécité de l'œil gauche, aimait à se rappeler les soirées où, assis à sa table de cuisine, il comptait et recomptait les liasses de billets neufs de 100 dollars qu'il venait de recevoir. Quelquefois, la somme totale était de 350 000 dollars; elle dépassait même parfois les 400 000. Jackson finit par révéler aux policiers admiratifs qui l'arrêtèrent qu'il avait été, au cours de l'année 1979, un des plus gros trafiquants de « puces » volées de la Valley. Ses méthodes étaient audacieuses et ingénieuses, mais l'enquête révéla des faits plus étonnants encore. Un de ses principaux clients était le géant ouest-allemand de l'électronique Siemens A.G., dont le chiffre d'affaires annuel s'évalue en milliards de dollars...

Tout commença par l'arrestation banale, en 1978, de deux hommes qui circulaient dans Los Angeles à bord d'une Lincoln Continental volée. Le chauffeur et son passager finirent par avouer qu'ils appartenaient à un gang dirigé par Jackson et spécialisé dans la revente des « puces » dérobées. Ils fournirent un ordre de grandeur stupéfiant : plus de 100 000 « chips » avaient ainsi été illégalement écoulés.

Pour comprendre l'origine de cette affaire et l'ampleur qu'elle revêtit, il faut rappeler l'extraordinaire croissance de l'industrie du micro-processeur, passée en moins de dix ans de 0 à 16 milliards de dollars de ventes annuelles, avec un degré d'innovation sans précédent dans l'histoire industrielle. Chaque acheteur est avide d'obtenir dans les plus brefs délais les derniers modèles ou les plus récents perfectionnements.

En 1979, la passion de l'industrie informatique se portait sur les modèles de puces 2732 et 2732-6, fabriqués par Intel. Pourvus de 32 000 *bits* avec programme effaçable, ils offraient des centaines d'utilisations nouvelles dans les domaines de la communication, de la médecine, du contrôle des machines et de la recherche spatiale, ainsi que dans celui des ordinateurs individuels. En dépit d'un prix élevé – 100 dollars pièce –, la demande fut énorme et Intel, qui, comme beaucoup d'autres fabricants, vendait directement ses produits, ne put faire face à l'afflux de commandes. La société décida alors de procéder à une sorte de contingentement en limitant le nombre de « chips » fournis à chaque client.

Siemens, bien qu'il fût le plus important et le plus régulier des clients étrangers d'Intel, se vit attribuer un quota de 1 000 modèles par mois, largement insuffisant pour faire face aux besoins de l'entreprise. En novembre 1979, une société allemande de distribution électronique, E.B.V. (Elektronik Bauelemente Vertriebs), approcha la direction de Siemens et lui fit une offre qu'elle pouvait difficilement refuser : 10 000 modèles 2732 à 108 D.M. pièce – à peine plus de la moitié du prix normal.

Le 16 novembre, l'état-major européen d'Intel transmet un long rapport au siège californien, dans lequel il est précisé que « Siemens est en mesure d'acheter des 2732 à raison de 10 000 par mois et d'une source inconnue ». Selon ce document confidentiel, « les Allemands refusent de révéler comment et où ils se sont portés acquéreurs de ces unités ». Et de conclure : « Ceci a un effet tout à fait néfaste sur notre marché. »

Devant l'insistance d'Intel, les dirigeants de Siemens acceptèrent une entrevue. Elle eut lieu le 7 décembre à Bruxelles, sous la forme d'un déjeuner entre « Jean-Claude », représentant la firme de micro-processeurs, et le Dr Oswald, membre du directoire de la société allemande. Cette rencontre s'expliquait par la grave inquiétude régnant chez Intel. Ses services de sécurité enquêtaient sans relâche sur un vol découvert plusieurs mois auparavant. Des milliers de pièces – le nombre total n'était pas encore précisé – avaient été dérobées dans un entrepôt gardé jour et nuit, entouré par des rangées de barbelés hautes de trois mètres. Cette vente étrange et aussi abondante à Siemens pouvait n'être pas sans lien avec le vol.

Un rapport d'Intel, à usage interne, fournit une description probablement assez révélatrice du ton et de l'intensité des propos échangés lors de la rencontre bruxelloise : « Quand nous avons demandé au Dr Oswald les noms de ses fournisseurs, il nous a répondu que s'il le faisait, Intel tenterait probablement de couper ces sources d'approvisionnement. Peu après, pressé de questions par Jean-Claude, Oswald répondit qu'il n'était pas tout à fait sûr de l'identité de ses vendeurs. Jean-Claude a alors dit à Oswald que Siemens avait probablement acheté des " pièces volées ". Il lui a rappelé le problème que nous avions. Oswald a répondu qu'il connaissait ce problème et que si sa firme avait acheté " ce lot " litigieux, c'était uniquement parce qu'ils en avaient un besoin urgent et qu'Intel ne pouvait pas fournir. Jean-Claude a senti qu'Oswald ne voulait pas lui révéler les noms de ces " dealers ". Mais il croit qu'Oswald les connaît. »

La firme de Bob Noyce et Gordon Moore ne va pas relâcher sa pression sur son client ouest-allemand. Le 7 janvier 1980, un mois après cette confrontation tendue dans la capitale belge, Bill Bankert, chef de la sécurité d'Intel, transmet un mémo secret à Robert Borovoy, conseiller à la direction : « Oswald est toujours aussi réticent à nous révéler où Siemens a acheté ces produits et s'ils ont été volés. Selon les termes de la loi allemande, cet achat litigieux pourrait être bloqué par les tribunaux jusqu'à ce que l'affaire soit élucidée. Oswald ne souhaite probablement pas qu'une telle chose arrive. Nous détenons assez d'éléments pour agir en ce sens, mais ce serait certainement mieux si nous pouvions amener Siemens à coopérer. Cependant... nous devons être prêts à agir. »

En quelques semaines, les choses se précipitent. Le 10 janvier, Oswald livre le nom du fournisseur, E.B.V. Quinze jours plus tard, Albert Williams est arrêté par la police de Palo Alto. Cet ancien ingénieur d'Intel, chargé de contrôler la qualité des produits, a « sorti » les 10 000 puces volées en l'espace de deux mois, entre octobre et novembre 1979, en les cachant dans la doublure de ses vêtements. Il aurait bénéficié de la complicité d'un agent de sécurité : Lorna Laurie.

Préjudice subi par Intel : plus d'un million de dollars pour ces 10 000 pièces qui, toutes rassemblées, auraient à peine rempli une valise.

Le lien entre ce vol et l'affaire allemande n'apparaît pas

encore aux yeux de la police. Pourtant, il existe et se nomme Jackson. Williams, inculpé, sera le premier à l'évoquer en révélant qu'il livrait les produits dérobés au propriétaire d'une petite chaîne de magasins, Dyno Electronics.

Peu après, un ancien collaborateur de Jackson, John Silvera, entre en contact avec la police. Il apporte d'intéressantes précisions, bien que ses aveux aient l'allure d'un règlement de comptes. Il révèle en effet que les « chips » dérobés n'avaient pas encore été testés et ne portaient donc aucune marque permettant d'attester leur validité : or, dans une cité appelée Oakword Garden, à l'ouest de San Jose, les faussaires disposaient d'une machine à timbrer installée dans un appartement loué. Sur chaque puce fut apposé le label 2732 et la formule F.P.O., abréviation de « Finish Process Order ». Chaque pièce présentait ainsi toutes les garanties d'authenticité. Silvera révéla qu'il avait estampillé 100 000 exemplaires revendus 25 dollars pièce et que Jackson, qui lui avait promis 5 dollars par pièce marquée, ne lui avait en fait versé qu'un dollar.

Jackson, arrêté, passa trois mois en prison avant d'accepter de parler. Et ses aveux, bien loin de clore l'affaire, lui apportèrent une dimension supplémentaire. Il révéla que les produits étaient écoulés par le biais de trois sociétés. L'une, Mormac Microtechnology, était installée à Tarzana, petite ville située non loin d'Hollywood et qui devait son nom insolite au fait qu'Edgar Rice Burroughs, créateur de Tarzan, y avait passé la plus grande partie de sa vie; la seconde, Space Age Metal Products, était aussi basée en Californie du Sud, non loin de Los Angeles. Arnold et David Klein, ses propriétaires, qualifièrent les accusations d'« absolument fausses », tout comme Patrick Ketchum, propriétaire de Mormac, qui menait cependant grand train, possédant Porsche et Mercedes et dépensant plus de 300 000 dollars par an. Le troisième intermédiaire se nommait, selon Jackson, « Tony Maluda ». Il s'agissait en fait d'Anatoli Maluta, propriétaire de Consolidated Protection Development, une firme qui se chargeait – ironie! – de missions de surveillance pour le compte de grosses compagnies. Maluta, né en Union soviétique, avait pris douze ans auparavant la nationalité américaine, et il allait très vite se révéler le personnage central de ce puzzle, à la fois pivot et chef d'orchestre.

L'enquête poursuivie parallèlement en Allemagne révéla en effet que la firme munichoise E.B.V., qui avait proposé les

« chips » volés à Siemens, était dirigée par un certain Walter Bruchhausen qui, sur plusieurs affaires, était aussi l'associé de Maluta. L'intermédiaire allemand affirma qu'il avait acheté 5 000 des « chips » volés à Mormac, une des firmes dénoncées par Jackson.

Mais nouveau rebondissement en avril 1981 : Oswald, le dirigeant de Siemens, déclare dans une interwiew au très influent *Wall Street Journal*, organe du monde des affaires américain, que Bruchhausen était un « homme à nous, un partenaire en affaires, qui fournissait à la totalité de l'industrie allemande les produits électroniques dont elle avait besoin ».

Plus les détails s'accumulent et plus l'affaire semble gagner en ampleur et en complexité. On pénètre dans un univers trouble aux confins du commerce illégal et de la manipulation politique.

Les renseignements amassés par Intel lui permettent d'affirmer qu'en décembre 1979, son dernier modèle de puce, le 2764 (successeur du 2732) était proposé à la vente en Europe alors même qu'Intel ne l'avait pas encore lancé sur le marché. Des échanges de télex entre firmes du *Gray Market* le confirmaient.

Une société, là encore ouest-allemande, l'Anatol and Digital Technik, se déclarait en mesure de répondre à toute demande et de fournir cet appareil. A la tête de cette société, allégrement passée du « marché gris » au « marché noir », on retrouvait encore l'entreprenant Bruchhausen... Il y avait là beaucoup plus que le signe de la réussite soudaine d'un dealer chanceux. L'ampleur des marchés couverts par ce couple d'intermédiaires germano-russe révélait une stratégie parfaitement affinée.

Au cours des mois de septembre et octobre 1980, le shérif adjoint du comté de Santa Clara, Wayne Brown, un ancien du Bureau des narcotiques, abandonna tous les attributs de sa fonction et se fit passer pour un intermédiaire. Il lui fallut peu de temps pour entrer en contact avec Roger Pitkin, président d'une petite société, Quest Electronics. Il offrit de lui vendre des « puces » volées. Pitkin, « l'ami de rêve, le gars sympa, le voisin idéal », selon la description qu'en fit Brown, accepta.

« D'après Pitkin, les " chips " devaient être expédiés à un Allemand associé à Siemens, en R.F.A. », précisera un des rapports de l'officier de police, ajoutant que « cet homme dont le nom n'est pas dévoilé traite directement avec la firme allemande au sein de laquelle il possède de solides contacts ». Un mois plus tard, en décembre, les pièces furent expédiées au « correspondant ». Où?... à l'adresse d'A.D.T., la firme de Bruchhausen.

Ce dernier fut dès lors placé sous surveillance. Les deux traits marquants du personnage étaient une énergie peu commune et une réputation de play-boy. Il avait créé en Europe une série de sociétés-écrans : California Technology Corp., Continental Technology. Adepte du commerce illégal Est-Ouest, il avait mis au point une méthode qui offrait des perspectives quasi illimitées à l'espionnage technologique : celle des « trois sociétés ». Une firme allemande vend un produit, importé clandestinement des États-Unis, à une société autrichienne qui, elle-même, le cède à un pays de l'Est. « Impossible – confie un responsable américain chargé de combattre ces transferts illégaux de technologie – de porter un coup d'arrêt à de tels circuits qui fonctionnent souvent avec l'encouragement direct des responsables commerciaux soviétiques. »

L'homme de Bruchhausen en Autriche se nomme Dietmar Ulrichshofer. Cet ancien cadre d'une chaîne de self-service habite sur la frontière autrichienne, à Bad Reichenhell, non loin des Alpes bavaroises, et il est connu et apprécié de tous les douaniers. Parmi ses contacts à Vienne, Rudolf Sacher, un ingénieur dont la firme, Sacher Technik, installée au second étage d'un immeuble de l'Appollogassestrasse, assure la fourniture d'équipements électroniques, notamment de microprocesseurs. Sacher a même investi dans une firme de consultants de la Silicon Valley, dirigée par Peter Gopal, qui fut accusé, l'an passé, d'avoir volé des secrets à trois sociétés.

Pour tous les spécialistes, les liens de Sacher avec l'Allemagne de l'Est sont étroits. Cet homme élégant à la fine moustache rejette néanmoins toutes les accusations : « Je ne crois pas que les méthodes américaines permettront d'empêcher les Japonais ou les Français de fournir des équipements à l'Est... dans les mêmes quantités et peut-être d'une qualité meilleure. »

Nombre des rendez-vous entre les principaux protagonistes de ces affaires se déroulaient au vénérable café Demel, en plein cœur de Vienne, dans un décor suranné, peuplé de chandeliers, de fauteuils profonds et d'une infinie variété de gâteaux. Parmi les personnes liées aux négociations, le propriétaire du Demel lui-même, Udo Prockosh, multimillionnaire, actionnaire d'une société d'optique.

La Silicon Valley, considérée en 1983 « comme le centre mondial de l'espionnage industriel », renouait ainsi, par une étrange ironie de l'histoire, avec son ancêtre viennoise décrite en 1946 comme « un extraordinaire bazar où s'épiaient et s'affrontaient les espions de tous les pays ».

Autre voisinage qui rend encore plus saisissant l'analogie : celui de l'Institut de Laxenburg, à quelques kilomètres au sud de la capitale autrichienne. Cette ancienne résidence d'été des empereurs d'Autriche, réaménagée en centre d'études Est-Ouest, fut, au cours des années 1970, un des fleurons de la politique de détente. 150 chercheurs communistes et occidentaux, toutes barrières idéologiques abaissées, y pensaient et aménageaient notre avenir dans cette Autriche enfoncée comme un coin au sein des démocraties populaires. L'idée de créer cet institut fut évoquée pour la première fois en 1966, à Moscou, par McGeorge Bundy, principal conseiller de politique étrangère de Lyndon Johnson. L'accord fut paraphé en octobre 1972, du côté soviétique par German Vishyany, vice-président du comité pour la science et la technologie, mais aussi gendre de Kossyguine et adjoint d'Andropov au sein du K.G.B. Le signataire du côté américain était toujours Bundy, devenu entre-temps président de la Fondation Ford. Nouvelle conjonction, combien révélatrice, entre fonctions officielles et activités privées. Vishyany présenta cet organisme, qui se voulait une preuve et un symbole de la détente, comme « la première institution scientifique multilatérale de caractère non gouvernemental ».

Laxenburg, créé peu après la signature du traité soviéto-américain de mai 1972 par Nixon et Brejnev, travaille au niveau planétaire et tend à dégager une méthodologie, un mode de pensée nouveau et commun. Le directeur de l'époque, Roger Levien, est d'ailleurs fort explicite sur ce point : « Les différences entre l'Est et l'Ouest sont loin d'être aussi grandes qu'on le croit. »

L'institut organisa sa première réunion en octobre 1975, en Bulgarie, et accepta sans difficultés les exigences posées par ses membres communistes. Ainsi les sciences humaines, qui « prêtent à des discussions objectives pouvant dégénérer », sont absentes des études et des réflexions. En fait, ce club de penseurs va assez vite se révéler, pour l'Est, un bon moyen de réaliser une collecte d'informations hautement confidentielles, fournies par les travaux des chercheurs occidentaux. Pour mieux atténuer les méfiances, les Soviétiques, dont le pouvoir politique, dans sa détermination, est probablement le plus réaliste qui soit, vont même accepter qu'à Laxenburg l'on travaille à l'élaboration d'une « réflexion supranationale » et aux moyens de « se substituer aux programmes nationaux dans des domaines-clés comme ceux de la santé et de l'éducation... ».

L'illusion de la détente a sombré, et Laxenburg avec. Le gouvernement américain a vigoureusement coupé ses crédits et demandé à ses chercheurs de regagner les États-Unis. Plus grave, l'un des responsables, un Soviétique, est considéré par les experts comme un espion, l'homme qui assure pour le compte du K.G.B. le passage à l'Est de documents ou de matériels secrets et dérobés.

Ainsi se trouvent maintenant cernées l'action et l'organisation d'un réseau qui allait désormais se voir porter des coups sévères. En janvier 1982, sur l'insistance des autorités américaines, Bruchhausen est arrêté pour évasion fiscale. Il ne restera en prison que quelques mois. L'objectif des Américains était d'obtenir son transfert aux États-Unis pour y être jugé et condamné. En effet, un an plus tôt, le grand jury fédéral de Los Angeles l'avait inculpé, ainsi que Dietmar Ulrichshofer, également par défaut, Anatoli Maluta et leur complice Sabrina Tittel. L'accusation portait sur l'achat d'équipements de haute technologie aux États-Unis, et leur transfert en Union soviétique et en Bulgarie par l'intermédiaire de sociétés européennes. Ampleur du trafic : officiellement, 8 356 126,76 dollars entre 1978 et les trois premiers mois de 1980, portant sur des matériels comme les récepteurs de micro-ondes W.J. utilisés par l'U.S. Navy pour le repérage des sous-marins nucléaires, ou encore des équipements destinés à fabriquer et tester les puces les plus complexes et les plus secrètes.

Selon l'accusation, Maluta et Bruchhausen ont « systématiquement dissimulé, dans leurs déclarations d'exportation, la valeur des matériels, présentant des équipements sophistiqués et secrets comme de simples compteurs électriques ».

Condamné en décembre 1981 à cinq années de prison, mais laissé en liberté jusqu'à la décision d'appel, Maluta se mit alors à parler d'abondance... Il accusa d'hypocrisie les fabricants américains, affirmant qu'ils détournaient simplement le regard lorsqu'ils savaient à l'évidence que leurs produits quittaient illégalement le pays. Il affirma aussi que son associé Bruchhausen versait de l'argent aux responsables aux achats des plus grandes firmes européennes, y compris le géant électronique (fabricant de matériel militaire) Telefunken, en échange de l'exportation en contrebande de haute technologie.

« Telefunken, ajouta Maluta, fabrique tellement d'armements pour l'O.T.A.N. que tout ce que vous lui expédiez est automatiquement autorisé par le Secrétariat au Commerce. Mais, à la direction, personne ne connaît ce genre de trafic. Ce groupe est si étendu – plus de 10 divisions en Europe – qu'il est impossible de retrouver et de remonter la trace de telles opérations. La société ne sait même pas que cet équipement est expédié. A son arrivée, le responsable commercial l'intercepte, déclare à ses collaborateurs qu'il a probablement été commandé par erreur et ajoute : " Nous allons le payer et je verrais si je peux le revendre. " Peu après, l'agent revend le matériel à Bruchhausen, qui à son tour le cède aux Soviétiques au double du prix qu'il vient de payer. »

Un communiqué de Telefunken, laconique, précisa que la société n'avait pas « la preuve que les allégations de Maluta soient exactes ».

Dans son jeu de massacre à la fois jubilatoire et désespéré, Maluta évoqua aussi l'irresponsabilité des hommes d'affaires de la Valley, soumis à la loi du dollar. « Si une entreprise avait des craintes sur la destination réelle de sa marchandise, elle pouvait fort bien refuser de me la vendre. » Et de citer l'exemple d'une société de Tucson, en Arizona, Burr-Brown Research Corporation : « Ils m'ont répondu qu'ils ne souhaitaient pas réaliser d'affaires avec moi, et ils ajoutèrent qu'il y avait quelque chose de suspect dans le choix du type d'équipement que je souhaitais commander. » Par contre, il décrivit ses contacts avec plusieurs autres sociétés très importantes auxquelles il souhaitait acheter du matériel fonctionnant à 50 cycles, la fréquence européenne. Il racontait à ses interlocuteurs qu'il destinait ces équipements à ses propres laboratoires de recherche, installés en Californie et en Arizona. Une de ces sociétés, basée à Palo Alto, demanda à les visiter : « Je leur ai répondu qu'ils ne pouvaient pas. Ils n'ont pas insisté; ils m'ont dit : " Bien, O.K., ne vous fâchez pas; nous allons vous livrer. " Dans une autre firme, Maluta envoya un camion prendre livraison d'un équipement couvert par le secret militaire. Un des dirigeants, se rappelle-t-il en riant, lui téléphona peu après, inquiet : " S'il vous plaît, soyez plus discret la prochaine fois! " Et de conclure : Toutes ces respectables sociétés n'ignoraient rien de ce que j'allais faire, mais elles ne voulaient pas le savoir.

« En Bulgarie, à l'heure actuelle, conclut Maluta, plus d'un demi-million de dollars de technologie étrangère tombe en poussière. Je leur ai fourni ces produits sans aucune pièce de rechange et je sais aujourd'hui qu'ils ont plusieurs éléments précieux, dont une machine à tester les mémoires d'ordinateurs, qui sont en panne. Que peuvent-ils faire? Ils ne connaissent même pas le fournisseur et seraient de toute façon incapables d'expliquer correctement ce qu'ils recherchent. »

XIV

La corde qui pendra les capitalistes

Jeudi 4 mars 1982, 15 h 30. Arthur F. Van Cook, responsable de la Sécurité de l'information au Pentagone, s'assied à la table des témoins. Face à lui, les membres du sous-comité permanent du Sénat ; ils enquêtent trois jours durant sur l'hémorragie de produits, d'inventions et d'informations, tous hautement stratégiques, tombés entre les mains de l'U.R.S.S. et de ses alliés. « Une guérilla technologique incessante », selon les mots d'un proche de Reagan, qui mine le leadership et la capacité de défense des États-Unis.

Les rapports parvenus sur le bureau présidentiel témoignent tous de la gravité de la situation. « Les plans et produits volés ont permis à l'Union soviétique de combler, dans le domaine militaire, un retard de près de dix ans. » Pour l'Administration républicaine, répliquer devient plus qu'un impératif, une obsession face à ce qui est décrit comme « l'offensive d'espionnage la plus sophistiquée à laquelle l'industrie américaine ait jamais eu à faire face de toute son histoire ».

George Keyworth, conseiller scientifique du Président américain, souligne néanmoins les limites et la fragilité d'une démocratie face à ce type d'agression, déclarant : « Même pour nous protéger, la dernière chose que nous souhaiterions faire, ce serait d'adopter le modèle répressif soviétique qui étouffe toute innovation technologique par son obsession du secret. »

En termes mesurés, Arthur Van Cook, dès le début de son audition, sème la consternation chez ses interlocuteurs. En quelques phrases, et par des exemples à ses yeux anodins, il va révéler ce qui, dans une démocratie, est encore plus grave que sa fragilité : son inconséquence. « Plus de 70 % des secrets technologiques passés aux communistes, affirme-t-il, sont obtenus grâce à des documents accessibles au public. Cette fuite d'informations hautement techniques, à implications militaires, vers des pays hostiles, est un des problèmes les plus graves auxquels soit confronté le Secrétariat à la Défense américain. »

Van Cook révèle aussi que chaque année, 10 000 décisions, prises au sein du Pentagone, aboutissent à déclasser des documents ultra-secrets et qui restent pour la plupart de grande valeur. Une manne pour les services spéciaux de l'Est! Un rapport de la C.I.A. indique que « par ce biais, les Soviétiques ont obtenu des informations d'un prix tel qu'ils ont décidé d'affecter plusieurs milliers d'agents à la seule collecte et à la lecture de ces rapports tombés dans le domaine public ».

Devant des parlementaires médusés, Van Cook explique la procédure à suivre pour obtenir ces documents. Elle repose sur le principe de l'Acte fédéral sur la liberté de l'information. Il faut tout simplement en faire la demande et les textes vous sont envoyés. Il indique avoir lui-même reçu 23 requêtes, dont bon nombre furent honorées, émanant d'un citoyen norvégien accusé d'espionnage dans son pays. Certaines de ces demandes arrivèrent alors que se déroulait son procès et, indique Van Cook, « rien dans la loi ne permettait d'interdire l'envoi de tels documents, même à un espion ».

Le sénateur Sam Nunn, qui dirige les débats, l'interrompt, abasourdi : « Vous voulez donc dire que si Fidel Castro écrivait au Secrétariat à la Défense en demandant qu'on lui fasse parvenir ce genre de renseignements, il les obtiendrait?

– Oui, répond Van Cook.

– Mohamed Kadhafi aussi? demande le sénateur Nunn.

– Oui.

– Et l'ayatollah Khomeiny?

– Également.

– Ne pensez-vous pas, conclut Sam Nunn, atterré, que c'est là une situation grotesque? »

Van Cook incline légèrement la tête en signe d'acquiescement.

Selon l' « Export administration Act », institué en 1949, le contrôle des exportations au départ du territoire américain incombe au ministère du Commerce. Pourtant, dans les faits, son action a été discrète, voire nulle selon certains. D'après un responsable des douanes, « pas une affaire au cours de l'année écoulée, démantèlement de réseau ou interception de matériel illégalement exporté, qui ait été le fait de ce ministère ».

L'homme placé à sa tête depuis maintenant près de deux ans apparaît pourtant, dans l'entourage reaganien, comme un des plus intransigeants croisés de la guerre froide. A cinquante ans passés, Lawrence Brady a derrière lui une belle carrière de haut fonctionnaire d'un strict conservatisme. Son chemin de croix fut la période de la détente et de l'extension des relations économiques Est-Ouest dont il dit : « Je pense que nous avons maintenant compris que nous ne modérerons pas la conduite des Soviétiques en leur exportant de la haute technologie. » Il travailla à divers postes touchant au commerce international et aux exportations jusqu'en mai 1979, date à laquelle il démissionna peu après l'invasion de l'Afghanistan. Il mit notamment en cause la gigantesque usine russe de camions construite sur les berges de la rivière Kama avec des capitaux occidentaux, équipée d'ordinateurs I.B.M. 370, et dont une partie de la production était destinée aux forces d'occupation soviétiques à Kaboul.

Brady, qui est réellement très proche des vues du Président américain, dénonce inlassablement depuis un an « l'existence d'un lobby soviétique » parmi les hommes d'affaires et certains leaders occidentaux. Il termine presque toujours ses interventions par une phrase qui fascine les anticommunistes, car, empruntée à l'adversaire, elle donne l'illusion de bien le comprendre : « Lénine a prophétisé que le jour où les communistes voudront pendre les capitalistes, ceux-ci seront ravis de leur vendre la corde pour le faire. La construction du gazoduc sibérien par les Européens est une telle corde. »

Décalage habituel entre la rhétorique et l'action politique, ce langage dur ne paraît guère suivi d'effets. Probablement parce qu'aux États-Unis le libre-échange est, beaucoup plus que toutes les doctrines qui se succèdent au gré des présidences, un principe intangible, lié au système de valeurs américain. Mais, par un étrange aveuglement, ou peut-être par simple volonté de nier que le nœud du problème se trouve chez eux, les gens de Washington en déplacent le centre de gravité : ce n'est plus la

Silicon Valley et ses méthodes, « champ fertile pour l'espionnage », mais les pays européens, fragiles, incertains, soupçonnés d'une trop grande complaisance dans leur commerce avec l'Est, qui font figure d'accusés...

Le mardi 22 janvier 1982, le centre de conférences internationales de l'avenue Kléber, où se tinrent jadis les pourparlers sur le Viêt-nam, est sur le pied de guerre. Quinze délégations pénètrent par une entrée latérale pour une réunion qui, officiellement, « n'existe pas ». Les États-Unis tentent de réactiver le C.O.C.O.M., comité de coordination pour le contrôle multilatéral des exportations. Créé en 1950 à l'occasion de la guerre de Corée, il regroupe le Japon et les pays de l'Alliance atlantique, moins l'Islande. Sa mission : empêcher toute exportation capable de renforcer le potentiel de guerre des régimes communistes. Pas de statut ni de reconnaissance officielle pour le C.O.C.O.M. dont la liste des représentants est tenue secrète, comme le détail de ses réunions. Son siège : une annexe de l'ambassade américaine, rue La Boétie. Depuis le début des années 1960, le C.O.C.O.M. était plutôt en veilleuse. Avec l'invasion de l'Afghanistan et la crise polonaise, les États-Unis tentent de lui redonner un second souffle.

Pour eux, l'Europe est la plaque tournante d'où les produits « stratégiques » américains sont réexportés le plus légalement du monde vers l'Union soviétique et ses satellites pour être utilisés à des fins militaires. Il s'agit de produits initialement destinés à l'Europe de l'Ouest par le biais d'accords de licence.

La conférence s'ouvre alors qu'à 600 kilomètres de là, dans une station de sports d'hiver des Alpes, les négociations franco-soviétiques sur le gazoduc sibérien reprennent. Pour les Américains, c'est une preuve de ce double langage pratiqué constamment par les Européens.

A la tête de la délégation américaine, un millionnaire qui est aussi un « faucon » : James Buckley. Sa famille a fait fortune dans le pétrole au Mexique, et son frère, William, est un polémiste de droite réputé qui écrit dans le *New York Times* et dirige la *National Review*, un des magazines préférés de Reagan. James Buckley, alors sous-secrétaire d'État chargé des affaires de sécurité en matière de science et de technologie, a toujours été d'une grande constance dans ses jugements sur le communisme. En 1960, il le décrivait comme « la plus grande menace que le monde civilisé ait jamais connue ». Aujourd'hui, il continue d'évoquer « la force disciplinée, fanatique, manipulée qui est celle du communisme ». Élégant et arrogant, il n'accorde qu'une confiance limitée aux alliés européens qu'il considère comme trop faibles pour résister efficacement aux pressions de l'U.R.S.S.

Buckley, dès son retour à Washington, fera un récit détaillé... et optimiste de cette réunion parisienne. Il évoquera « les progrès mesurables, le consensus concret auquel tous les participants sont parvenus dans leur détermination à augmenter l'efficacité du C.O.C.O.M. ». Il précisera aussi que les États-Unis souhaitent réexaminer les listes de produits interdits, et y inclure « les moteurs de turbines à gaz, certains procédés métallurgiques, la robotique, les communications, les technologies de hardware et de software destinées aux ordinateurs ».

Huit mois plus tard – unité de lieu : encore Paris. Unité de thème : toujours la volonté américaine de contrôler les exportations de technologie. La réunion du C.O.C.O.M. se tient cette fois, deux jours durant, du 3 au 5 octobre, au ministère des Affaires étrangères. Du côté américain, le ton pressant montre que, malgré l'euphorie de Buckley, rien n'a avancé au cours de la dernière période. Cette fois, la personnalité placée à la tête de la délégation américaine est Richard Perle, Secrétaire-adjoint à la Défense. Cet homme jeune fut, durant de longues années, l'assistant du sénateur Henry Jackson qui joua un rôle déterminant dans l'accroissement du complexe militaro-industriel américain et que deux hommes au moins considèrent comme l'architecte du « pouvoir stratégique » américain. Il s'agit du vice-amiral Hyman Rickover, père de la force nucléaire navale, mentor de Jimmy Carter, qui travailla longtemps sous ses ordres, et du général de l'Air Force Bernard Schreiwer, responsable des bases de lance-missiles intercontinentaux.

Mais Jackson reste avant tout l'homme qui soutient et épouse la politique commerciale du premier employeur de son État, Boeing (75 000 employés, 5 milliards de dollars de ventes annuelles). La firme de Seattle domine depuis plusieurs années le marché aéronautique mondial, civil et militaire. Son catalogue, extrêmement diversifié, va du long-courrier 747 au missile balistique intercontinental Minuteman, en passant par le S.A.M., missile nucléaire de courte portée, lancé des chasseurs FB 111 et coûtant 1,5 million de dollars pièce.

Pendant dix ans, au Congrès, Jackson et Perle agirent en virtuoses. Furieux du succès remporté par Kissinger dans les pourparlers Salt I, ils œuvrèrent aussitôt, avec leurs alliés au sein de l'exécutif, pour tenter d'empêcher le Secrétaire d'État d'aboutir dans les négociations Salt II. Non contents de faire adopter le fameux amendement Jackson-Vanik qui subordonnait l'octroi de crédits à l'U.R.S.S. à la liberté d'émigrer des Juifs soviétiques, ils réussirent à empêcher la nomination du délégué nommé par Carter pour les négociations sur les armements stratégiques. Perle a la réputation d'être dur, opiniâtre, et, selon un de ses interlocuteurs, « il n'y a guère de place chez lui pour les compromis ». C'est aussi quelqu'un qui connaît admirablement les arcanes du Congrès, les lobbies dont il convient de jouer.

A Paris, au cours de cette rencontre au quai d'Orsay d'où ne filtre pratiquement aucune information, les Américains dressent un tableau on ne peut plus dramatique. Selon eux, quelque 150 composants occidentaux auraient été incorporés aux systèmes d'armements soviétiques, notamment au missile SS 20. Les avions d'espionnage fabriqués par Moscou l'auraient été à partir des plans des avions-radar américains Awacs. Une administration spéciale comprenant 20 000 techniciens, en U.R.S.S. et à l'étranger, aurait été mise sur pied par les Soviétiques pour se procurer les innovations de la technologie occidentale.

Richard Perle et ses collaborateurs produisent des exemples concrets : ainsi une bouée sous-marine soviétique dont plusieurs composants seraient « une copie exacte d'éléments micro-électroniques fabriqués aux États-Unis ».

Seul résultat tangible de cette réunion : une commission d'experts va commencer à réviser les listes noires de produits stratégiques interdits, travail qui s'étendra sur une période de sept mois à un an. Délai beaucoup trop long pour les Américains, d'autant que le C.O.C.O.M. a déjà cessé d'être « un filtre pour devenir une passoire ». Les technologies sont devenues si diversifiées et parfois si diffusées que les pays de l'Est se les procurent sans problèmes. Surtout, la discipline du C.O.C.O.M. est des plus vagues, aucun gouvernement n'est tenu a priori de lui soumettre tous ses contrats d'exportation à l'Est. Ainsi le contrat de télé-surveillance du gazoduc sibérien, remporté par Thomson, n'a-t-il jamais été examiné par cet organisme.

Durant son voyage vers Paris, Richard Perle a longuement étudié un rapport qui lui avait été remis quelques heures à peine avant son départ. Intitulé « Communications scientifiques et sécurité nationale », il est le résultat du travail de 18 éminents chercheurs, désignés par l'Académie nationale des Sciences avec, à leur tête, Dale Corson, président de l'université Cornell. Leur conclusion : « L'existence de fuites sérieuses et substantielles de technologie américaine vers l'U.R.S.S.; une situation dommageable pour la sécurité nationale. » Ce rapport, destiné à l'information de l'entourage présidentiel, estime que les technologies militaires les plus importantes, obtenues par l'Est, portent sur le software et le hardware en matière d'ordinateurs; la technologie des miroirs appropriés aux armes-laser; les systèmes de guidage pour missiles; les plans de moteurs d'avions de chasse; les équipements pour la navigation sous-marine et les informations sur la technologie spatiale dans le domaine des satellites. Sur les méthodes utilisées par les pays communistes pour se procurer ces informations, le groupe évoque « les ventes légales de produits à l'Union Soviétique durant la période de détente, les ventes illégales de produits interdits, les transferts de technologie américaine à l'U.R.S.S. à travers certains pays du tiers monde, et, surtout, des opérations d'espionnage hautement organisées ».

Ce dernier point rejoint la conclusion de l'exposé de Daniel Webster, directeur du F.B.I., devant le Sénat : « La technologie américaine, militaire ou à usage purement industriel, est la cible numéro 1 des opérations de renseignement ennemies. » Jusqu'en 1981, pour faire face à cette offensive, le F.B.I. disposait en tout et pour tout de deux agents dans la Silicon Valley. Aujourd'hui, malgré un net renforcement et la coopération de la C.I.A. et des douanes, la réplique n'est ni proportionnée, ni ajustée. Tout simplement parce que ces secrets que l'on s'efforce de protéger sont en fait à vendre... à n'importe quel prix!

Homme étrange que Miles Costick. Plutôt que de faire carrière dans les affaires, il préfère, grâce à l'Institut pour le Commerce stratégique, qu'il a créé à Washington, enquêter et alerter sur la gravité du danger. Il observe et juge ce monde de la haute technologie qui l'entoure; sa conclusion est simple : « La détente nous a conduit à une sorte de désarmement moral et a émoussé la perception du danger que les Soviétiques représentent pour l'homme libre. »

Le spectacle est inabituel : protégé par un paravent de verre dépoli qui cache sa silhouette et l'isole de l'assistance, un homme témoigne. Face à lui, assise à la même table, une sténotypiste enregistre ses déclarations. Dans cette salle du Capitole, ce témoin insolite est un transfuge soviétique. Son nom d'emprunt : Joseph Arkov. Ingénieur en électronique, il travaille désormais dans une fabrique d'optique de Californie du Sud. Il a accepté de passer à l'Ouest et de collaborer, à condition que sa véritable identité ne soit jamais mentionnée. Arkov parle un anglais parfois hésitant, mais curieusement dépourvu d'accent. Beaucoup plus que des révélations ponctuelles, ses propos apportent un éclairage précis sur les mœurs, les méthodes et les objectifs de l'U.R.S.S. : « Le développement des produits civils et commerciaux n'est jamais une priorité, dit-il. Si un nouvel ordinateur tombe entre les mains des Soviétiques, ils lui chercheront immédiatement une application militaire. » Les « chips » volés, ajoute-t-il, sont généralement examinés et exploités à Zélénograd, un centre scientifique proche de la cité des cosmonautes, à une vingtaine de kilomètres au nord de Moscou. Il révèle aussi l'importance que les services de renseignements communistes accordent aux foires commerciales, « où souvent des équipements sont volés », et aux échanges scientifiques et universitaires. « Ceux qui sont envoyés aux États-Unis pour poursuivre leurs études ne sont jamais des étudiants au sens habituel du terme. Ils sont en majorité beaucoup plus âgés et déjà largement spécialisés dans leur champ d'activité. Il s'agit fréquemment de professeurs ayant déjà obtenu leur diplôme du 3ᵉ cycle, et qui ont satisfait à une sélection rigoureuse. » Pour Arkov – le visage refait afin d'échapper aux recherches du K.G.B. –, « la naïveté américaine est sans égale » : l'étudiant américain en Union soviétique étudie peut-être Dostoïevski; mais l'objectif de l'étudiant soviétique aux États-Unis n'est certainement pas d'étudier Faulkner!

Les effectifs du consulat soviétique à San Francisco sont pléthoriques : 190 diplomates, autant qu'à l'ambassade à Washington. Pour le F.B.I., 90 % ont pour objectif et activité l'espionnage. Travail de routine pour les trois quarts d'entre eux, puisqu'il consiste à fréquenter les librairies scientifiques, à s'abonner aux revues spécialisées et à suivre les séminaires qui se succèdent dans la région à un rythme soutenu. A l'occasion d'une de ces conférences, l'homme du K.G.B. pourra chercher à entrer en contact avec quelque savant présent. Tel ce mathématicien appartenant à une firme travaillant pour le Pentagone et qui, à l'issue d'un symposium à Palo Alto, fut abordé par un Soviétique qui lui dit qu'il effectuait les mêmes recherches; il lui remit une note qu'il avait rédigée et demanda en retour au mathématicien une copie de ses travaux.

En fait, les agents soviétiques n'ont pas même à fournir cet effort. Il leur suffit, de photocopier les pages de magazines bimensuels comme *Defense Electronics* ou *Military Electronic Countermeasures* pour y trouver les détails les plus précis sur les derniers systèmes d'armement, leurs perfectionnements, les éléments qui les composent, les noms des fabricants.

Surenchère stupéfiante et suicidaire : dans la Silicon Valley, avant de vaincre un adversaire hypothétique, il faut d'abord devancer un concurrent immédiat, donc séduire les acheteurs potentiels. D'où cette sidérante débauche de publicité, révélant les détails les plus intimes d'armes secrètes, ainsi condamnées à tomber entre les mains ennemies.

Ici le monde des armements reste avant tout un marché qu'il convient d'enlever, d'arracher. Impression étrange : les spécialistes qui y travaillent sont souvent les mêmes qui ont élaboré les jeux vidéo et leurs batailles d'astéroïdes. S'ils travaillent à rendre les armes « plus intelligentes », le concept de jeu paraît toujours imprégner leur mentalité : d'où l'appellation dont ils continuent de parer ces recherches militaires : *Electronic Games* (jeux électroniques). Grâce à leurs travaux, le moindre mouvement, bruit ou changement, à des milliers de kilomètres, est immédiatement repéré et répercuté à un ordinateur central. Sur terre, sur mer, dans le ciel, les cerveaux électroniques que sont les « puces » guident les sous-marins et les satellites, espionnent, lancent des missiles. Parmi ces armes du futur : un satellite tueur de satellites ennemis; un système de détection permettant de repérer à plus de 5 000 kilomètres la trace d'un sous-marin nucléaire, uniquement en fonction des changements de température de l'eau provoqués par sa poussée; ou encore ces ordinateurs spéciaux, obéissant uniquement aux incitations du cerveau et qui permettent à un pilote de faire l'économie du geste en expédiant ses missiles par simple « pensée ».

Tout ceci est détaillé et accessible à longueur de catalogues et, grâce aux fuites, les Soviétiques ont pu élaborer une version améliorée du MIG 25, le MIG 29, en préparation, et doté de ces systèmes...

Au cœur de la Californie, l'institut Hoover « sur la guerre, la révolution et la paix », a, par ses travaux, inspiré une bonne partie de la doctrine Reagan et fourni au Président de nombreux collaborateurs. Pour ce « bunker » du conservatisme, la familiarité avec le pouvoir est ancienne. Depuis Nixon, nombre de ses experts ont travaillé au Bureau des affaires de Sécurité internationale du département de la Défense, chargé de coordonner la politique étrangère et l'activité militaire. Dans l'esprit de son fondateur, l'ancien président Herbert Hoover, l'institut doit, par ses recherches, « démontrer les méfaits des doctrines de Karl Marx et du communisme, et permettre de réaffirmer la validité du système américain ». En fait, par-delà ce langage à l'agressivité désuète, l'institut Hoover est un organisme dont le sérieux et la rigueur ne sont plus niés par personne.

D'après une de ses études publiée en janvier 1981, les armes soviétiques, au début des années 1970, étaient loin d'être aussi perfectionnées que celles des États-Unis. En 1980, toutes les déficiences constatées sur les matériels militaires soviétiques ont non seulement été surmontées, mais, dans certains secteurs, l'avance de l'U.R.S.S. est devenue impressionnante. Le développement de nouvelles générations d'armes, reposant notamment sur l'usage des lasers et des systèmes de communication, a été, selon le rapport, rendu possible grâce aux multiples vols, emprunts et transferts illégaux de technologie.

Pour de nombreux hommes d'affaires, cependant, renforcer les restrictions à l'exportation de « chips » d'ordinateurs serait non seulement erroné, mais contre-productif. « Ne détruisez pas l'industrie pour quelques puces », déclare un des responsables de Texas Instruments. Cette puissante firme de microprocesseurs a commercé avec les pays communistes durant la détente, et son président, Fred Bucy, est partisan, vis-à-vis de l'Est, de « vendre cher des produits, et non plus de la technologie ». Pour lui, un contrôle des exportations ne sera réellement efficace que s'il se concentre sur des « technologies hautement critiques ». « Il faut d'abord, estime-t-il, définir ce qui est réellement important. Quand des milliards de puces sont fabriquées de par le monde, il n'est pas très réaliste d'essayer de contrôler chacune d'elles. »

De même probablement n'est-il guère réaliste de vouloir placer sous tutelle le monde universitaire et scientifique. Il y a quelques mois, un étrange avertissement a été formulé par le dernier directeur de la N.S.A., l'amiral Bobby Inman. Ce Texan de cinquante ans, sourire narquois et visage chaussé d'épaisses lunettes, est la superstar du monde du renseignement. Il dirigea l'Agence de Sécurité nationale comme un manager de la Valley : en privilégiant la performance technique. Ce jour-là, Inman, sortant de son silence habituel, s'adressait à l'Association américaine pour le développement de la Science. Face à un public de chercheurs, il déclara : « Devant la détermination de l'Administration américaine à stopper l'hémorragie de technologies à destination des pays communistes, la coopération sera pour tous plus profitable que la confrontation. Mais, ajouta-t-il, si les scientifiques ne coopèrent pas, le gouvernement fédéral pourrait être incité à réagir sévèrement. »

Peu après l'avertissement d'Inman, un expert soviétique en robotique, Nikolaï Umnov, se vit interdire de se rendre à l'université de Stanford. En septembre 1982, le Pentagone, à l'initiative de la N.S.A., interdit la présentation de 100 communications à un congrès d'engineering optique qui devait se tenir à San Diego. Raisons avancées : certains travaux revêtaient des implications militaires et les scientifiques soviétiques présents à la réunion attendaient leur diffusion.

Cette volonté de réduire les échanges d'idées et de travaux est mal comprise, et vécue comme un réflexe de guerre froide, dans une région dont le dynamisme et la prospérité se sont justement édifiés sur les principes de l'échange total, quasi libertaire, d'informations. Les présidents de cinq grandes universités américaines – Cornell, M.I.T., Caltech, University of California et Stanford – expriment publiquement leur désaccord : « Restreindre le libre flux d'informations entre scientifiques et ingénieurs modifierait fondamentalement le système même qui a suscité l'avance scientifique et technologique que le gouvernement tente de protéger, et nous laisserait dans un avenir très proche sans rien à protéger du tout. »

Le 5 mai 1983, nouveau pas dans l'escalade : les consulats américains reçoivent l'ordre d'examiner avec plus de vigilance les demandes de visas émanant des pays du bloc communiste : « Toute personne soupçonnée de vouloir se rendre aux États-Unis pour chercher à obtenir illégalement de la haute technologie américaine se verra désormais refuser l'entrée du territoire. » L'avertissement est proféré par William Schneider, le nouveau sous-Secrétaire d'État à la sécurité pour la science et la technologie. Schneider, lourd, massif, ressemble physiquement à celui qui fut longtemps son patron, Herman Kahn, le fondateur et président du Hudson Institute. Dans la surenchère à l'intransigeance envers l'U.R.S.S., Schneider semble largement déborder sur sa droite son prédécesseur James Buckley. Dès 1974, dans une analyse de 38 pages financée par Heritage Foundation, institution d'extrême droite, il se prononçait radicalement contre les accords Salt. Proche de Caspar Weinberger, actuel Secrétaire à la Défense, il a également joué un rôle important dans l'élaboration de la nouvelle doctrine du Pentagone. Il recommande que le gouvernement alloue 2 à 4 milliards de dollars supplémentaires à la recherche et au développement militaire, afin d'édifier des équipements ultra perfectionnés qui, « en cas de crise politique d'une durée de trois mois à deux ans, pourraient être déployés rapidement ». Lors de sa déposition devant le Sénat, qui devait approuver sa nomination, il confia à Charles Percy, président de la commission des Affaires étrangères : « La sécurité et le contrôle doivent être nos priorités pour les prochaines années. » Le 5 mai, lors de l'annonce des restrictions apportées à l'octroi de visas, Schneider ajoute : « Les États-Unis souhaitent également empêcher les pays communistes d'acquérir notre technologie par l'intermédiaire de sociétés fictives qu'ils ont créées, notamment en Europe de l'Ouest. »

Peu après, Ronald Reagan reçoit à Washington le Chancelier Bruno Kreisky. Le Premier ministre social-démocrate autrichien tente de maintenir un équilibre subtil entre les politiques des deux super-puissances, mais, à Washington, il fait figure d'accusé. On le soupçonne de tolérance excessive à l'égard des menées des agents de l'Est et de la prolifération de sociétés commerciales créées et manipulées par Moscou et ses satellites.

William Casey, directeur de la C.I.A., participe à une séance de travail à la Maison Blanche en présence de Bruno Kreisky. Le patron de l'agence de renseignements, toujours vêtu avec élégance, a l'allure prospère d'un homme d'affaires vieillissant. Son vaste bureau est situé dans l'immeuble de l'Executive Office, à quelques centaines de mètres de la demeure présidentielle. Ami personnel de Ronald Reagan, il est l'un des dix hommes de son entourage à « peser » plus d'un million de dollars. L'examen détaillé de son portefeuille d'actions permet d'affirmer que ses actifs sont d'au moins trois millions de dollars, répartis entre des sociétés aussi diverses que Philipp Morris, Exxon, Du Pont, I.B.M., etc. La C.I.A., sous sa direction et pour la première fois de son histoire, est autorisée, à la suite d'un ordre présidentiel, à mener des « opérations spéciales » sur le territoire nord-américain, et à placer sous surveillance des citoyens et des organisations suspects. Pour Casey, l'« Acte sur la liberté de l'information », qui permet les aberrations décrites par l'agent du Pentagone cité au début de ce chapitre, est un « cancer » dont il souhaite l'ablation complète.

C'est donc un homme déterminé qui énumère d'un ton ferme, face à Kreisky légèrement irrité, la liste des agents de l'Est, de leurs complices autrichiens et des firmes-écrans répertoriées par la C.I.A. en Autriche. Dans ce pays charnière, trente entreprises financières, immobilières et commerciales fournissent des assises solides à l'Est, au centre du Hinterland capitaliste. Avec de tels liens tissés au sein du système occidental, l'Autriche apparaît comme l'illustration du principe illusoire selon lequel la détente serait bonne pour le commerce : en fait, le commerce est bon pour le renforcement du potentiel militaire soviétique.

Au cours de cet échange d'arguments, Casey déclare : « Nos hommes d'affaires estiment que si une firme allemande vend à une firme autrichienne, il est impossible de savoir ensuite si le matériel n'est pas écoulé à l'Est. » Il exhibe des informations transmises par les services spéciaux ouest-allemands qui affirment : « Lorsque des produits " sensibles " sont transférés en Autriche et en Suisse, nous perdons leur trace. »

Les conditions posées par les dirigeants américains à Kreisky sont draconiennes : le maintien du soutien américain au Chancelier, en cette année électorale, et la non-divulgation d'affaires délicates qui pourraient s'avérer embarrassantes pour son parti, sont subordonnés à sa coopération active. Un protocole signé entre les deux parties définit cette « coopération » qui « aura pour but d'éviter la réexportation illégale vers les pays de l'Est d'équipements de haute technologie américaine vendus à l'Autriche ».

A l'issue de sa visite aux États-Unis, le vieux Chancelier, dont le pouvoir jusqu'ici sans partage est déjà déclinant, se présente devant la presse. Des propos lénifiants, d'un ton plus désabusé que jamais, et qui frappent par leur tonalité pro-américaine. Kreisky souligne « la coopération étroite entre nos deux pays, dont les relations sont exemptes de frictions ». Plus tard, il confiera à l'un de ses proches, blessé par le marché qui lui a été imposé : « La politique n'est que l'art de la dissimulation et des apparences. Lorsqu'on se présente devant les gens, on leur ment toujours ; les choses importantes se déroulent lorsque les portes se sont refermées sur les négociateurs. »

Pour décider quelles sont les « technologies sensibles au niveau militaire », le gouvernement dispose d'un guide. 700 pages régulièrement remises à jour par le Pentagone et qui, ligne après ligne, énumèrent les produits ou informations qui doivent être interdits. Car l'Union soviétique et ses alliés ne cherchent pas seulement à voler des produits. Ils veulent avoir la capacité de les fabriquer. En fait, il est aisé de tourner les restrictions américaines sur les exportations. Une firme américaine peut obtenir une licence pour vendre à une firme française, qui vendra à son tour à une firme suisse, laquelle revendra à l'Union soviétique. La firme américaine ne risque aucune poursuite, à moins que l'on puisse prouver que ses responsables connaissaient l'ultime destination de leurs produits. Le pire, pour les firmes étrangères qui se sont prêtées à l'opération, est d'être alors inscrites sur la liste noire du Département du Commerce. Si l'homme d'affaires américain n'est pas curieux, ou si le profit anesthésie cette curiosité, il n'a nul besoin de savoir qu'au bout de la chaîne se trouve un acheteur russe, est-allemand ou chinois.

Les peines officiellement encourues en cas de violation des lois sur l'exportation sont au maximum d'un million de dollars pour les sociétés, et de 250 000 dollars et 10 ans de prison pour les individus. Mais les délais pour obtenir des licences à l'exportation peuvent se monter à plusieurs mois et, face aux pressions de la concurrence, aux exigences du marché, peu de sociétés, même parmi les plus respectables, hésitent à tourner la difficulté en rejoignant momentanément le florissant marché du commerce illégal.

Pour le shérif du comté de Santa Clara, chargé de la Silicon Valley, « il n'existe pas, depuis la drogue, de trafic aussi important et aussi remarquablement organisé ». Par pudeur, il n'ajoute pas que le développement d'un tel trafic est largement facilité par une frontière américaine « aussi étanche qu'une passoire », selon les propos d'un autre enquêteur. La Silicon Valley est probablement l'univers le plus mal adapté pour faire appliquer des lois. Rien ne s'y prête à une coopération harmonieuse : certes pas les mentalités et pas davantage certaines dispositions en vigueur.

Telle cette section 30-39 des règlements statistiques du commerce avec l'étranger, disposition apparemment austère mais qui permet à 92 des plus grandes firmes de la Silicon Valley d'exporter sans avoir à en faire la demande. Elles doivent seulement, une fois par mois, envoyer au ministère du Commerce une déclaration indiquant que leurs exportations sont toujours « destinées aux mêmes pays ». L'objectif initial de cette disposition était de limiter au maximum toute procédure bureaucratique. Dans les faits, elle rend impossible le contrôle des expéditions. Bref dialogue entre Peter Carey et Steve Johnson, journalistes du *San Jose Mercury* enquêtant sur ce problème, et un employé des douanes, désabusé : « Mais si les produits sont expédiés directement en U.R.S.S.? – Avec cette disposition, nous n'avons aucun moyen de le contrôler. »

Autre méthode : le passage par le Canada. Ce pays est le seul à ne pas être soumis aux lois américaines sur les contrôles à l'exportation. Les produits sont acheminés jusqu'à Vancouver, puis repartent pour Toronto, Zurich, Vienne ou Cologne, avant de passer le rideau de fer. Si le destinataire est la Chine, le circuit part de Vancouver jusqu'à Hong Kong ou Singapour.

M. Lee Kuan Yew, Premier ministre à poigne de la minuscule presqu'île de Singapour, est fasciné par le modèle japonais. Dans un discours prononcé à l'occasion de la fête nationale, il a lancé le slogan : « Apprendre des Japonais. » De ce territoire exigu, dépourvu de tout, même d'eau, il a réussi à faire l'un des quatre pays que l'on dit « nouvellement industrialisés », avec Hong Kong, Taïwan et la Corée du Sud. Une croissance annuelle de plus de 10 % au cours des dernières années, mais qui s'est réduite à 6 % sous l'effet de la crise. Ce fléchissement inquiète Lee Kuan Yew, ancien avocat défenseur des syndicalistes, devenu chef de gouvernement d'un État autoritaire. Froid et hautain, il déclare : « Personne ici n'apprécie que je dise que les Japonais sont bons ; c'est pourtant la raison pour laquelle ils dégagent de tels surplus commerciaux. »

Il est revenu extrêmement impressionné par une récente tournée à travers l'archipel nippon et par le fossé existant à ses yeux entre le comportement des travailleurs japonais et celui de leurs homologues singapouriens. Il fournit un étrange exemple illustrant ce contraste : « Au Japon, un maçon est un expert, fier de son métier; ici, rien de tel. » Réformer les mentalités, encadrer davantage encore la population est donc devenu une priorité gouvernementale. On répète aux travailleurs, à la T.V. et dans les journaux, qu'ils sont paresseux, matérialistes, égoïstes. On leur demande d'augmenter leur productivité, « sinon Singapour perdra la compétition face à des pays plus efficaces ».

Une augmentation des cadences qui a fait le bonheur de nombreuses grandes sociétés de la Silicon Valley, séduites par une main-d'œuvre docile, qualifiée et bon marché : 50 cents de l'heure. Fairchild, Motorola, I.T.T., Intel, Advance Micro Device ont implanté des usines entre Singapour et Penang, en Malaisie. En baissant leur garde. La surveillance dont ils entourent leur personnel et leurs entreprises en Californie n'est plus de mise dans cette Asie du Sud-Est où, selon l'appréciation du directeur d'une de ces firmes, « les types ont près d'un siècle de retard ».

Résultat : dans ces usines qui assemblent les produits créés dans la Silicon Valley, des vols incessants qui touchent les composants stratégiques, lesquels sont ensuite écoulés, à travers certains intermédiaires, à Singapour. Depuis peu, on parle même de syndicats du crime basés à Hong Kong et qui jouent un rôle important dans l'approvisionnement en technologie de Pékin. Plus de 400 000 dollars de « puces » ont ainsi été dérobés à Mostek et Intel, et retrouvés dans les bureaux d'une firme de courtage de Singapour.

Par contre, ce que l'on ne retrouve jamais, ce sont les équipements volés qui passent de Hong Kong en Chine populaire : « Pour ce genre de trafic, confie un membre de la police britannique, la frontière est aussi étanche que celle entre les États-Unis et le Mexique. Ça coûte de l'argent au gouvernement de Pékin, mais, en contrepartie, il est en train de rattraper son retard et d'édifier une industrie moderne. » A Hong Kong, douze sociétés de commerce au moins fournissent des ordinateurs à la Chine. En moins de trente jours. Délai qui serait impossible à respecter si les licences américaines à l'exportation étaient requises. Un ordinateur I.B.M. à usage militaire a été expédié de Californie au Canada, puis en Europe, à Zurich, d'où il a été renvoyé à Hong Kong...

Bien que la population de Singapour soit à dominante chinoise, l'attitude officielle consiste à nier cette filiation ethnique afin d'éviter tout problème politique pouvant résulter d'une ingérence de Pékin. Les 2,4 millions de citoyens de la presqu'île ont deux obligations : se considérer avant tout comme des Singapouriens et témoigner d'un anti communisme sans nuance. Pourtant, dans le port de Singapour, les cargos soviétiques, est-allemands et bulgares sont nombreux. Tout comme les sociétés de courtage travaillant pour eux.

A quelques centaines de mètres derrière la masse blanche de l'hôtel Raffles, survivance de l'époque coloniale, un bureau sale au deuxième étage d'un immeuble du quartier chinois. Sous la pale d'un ventilateur tournant au ralenti, deux hommes autour d'un téléphone. L'un note avec application des chiffres et des références que l'autre lui répète à voix haute au fil de sa conversation téléphonique. Le ton est détendu, et le Chinois qui tient l'appareil répète en riant, toutes les deux phrases : « *Yes, no problem, no problem.* »

A la suite de cette commande passée par téléphone, 12 000 « cerveaux » d'ordinateurs à usage militaire sous embargo viennent d'être achetés, ainsi que 40 détecteurs à ultra-sons tout juste lancés sur le marché américain. Valeur totale du matériel : plus de 350 000 dollars. Il sera chargé dans deux jours à bord d'un cargo soviétique en partance pour Vladivostok. Type d'opération courant.

Au service des exportations du ministère du Commerce, le fonctionnaire explique, amusé, que ce genre de transactions n'a rien d'illégal : « A Singapour, il n'y a aucun contrôle sur les exportations d'ordinateurs et autres éléments informatiques. » Quand on lui demande s'il ne trouve pas qu'il existe quand même une certaine contradiction entre l'attitude officielle intransigeante envers l'U.R.S.S. et ce commerce parallèle qui favorise le monde communiste, il éclate de rire : « Des ventes d'ordinateurs à l'U.R.S.S. ? Mais nous trouvons ça très bien. » En fait, certaines enquêtes auraient révélé l'implication de l'ambassade soviétique à Singapour dans la vente en contrebande de ces équipements. Mais l'affaire fut alors étouffée par le gouvernement, peu disposé à affronter une détérioration de ses relations diplomatiques.

Autre point de passage, l'Inde, qui accueille à la fois nombre de succursales de sociétés européennes et de sociétés d'État d'Europe de l'Est. Les commandes passées en Europe sont ensuite réexpédiées à Moscou, via Delhi, Bombay et même le Népal. Des commerçants indiens, travaillant pour des sociétés communistes, viennent même à Bangkok acheter une partie des produits volés dans les usines de la région. La capitale thaïlandaise tient une place de plus en plus importante dans ce marché noir régional.

Les voies de ce trafic sont quelquefois impénétrables. Dernier réseau mis en place, et qui fonctionne avec efficacité malgré les soubresauts politiques : un axe Cologne-Téhéran-Moscou. La technologie est expédiée de la Silicon Valley en Allemagne, puis commandée par une société iranienne qui en assure le passage en U.R.S.S. L'homme qui a mis sur pied cette combinaison est le plus puissant et le plus étrange des intermédiaires mêlés à ces grandes manœuvres clandestines autour de la technologie. Son nom : Bereck Beroush. Né en Iran, naturalisé Ouest-Allemand, il partage son temps et ses activités entre Cologne, où est installé le siège de sa société, International Processing Systems, son spacieux appartement de Manhattan et la luxueuse datcha qu'il possède dans la banlieue de Moscou, surnommée par tous ses voisins « l'endroit où sont toujours garées les voitures étrangères ». Sa femme, une Soviétique, passe beaucoup de son temps à New York, mais Beroush, lui, est fréquemment en Union soviétique où on le dit proche de Vishyany, l'homme du K.G.B. qui passe pour être le chef de file du clan des « modernisateurs ». Vishyany, à travers sa vice-présidence du comité d'État pour la science et la technologie, est aussi l'un des principaux artisans de l'importation illicite de matériel top secret.

Dans sa villa moscovite où il organise de brillantes soirées, Beroush reçoit fréquemment Pietro Sovoretti. Installé lui aussi dans la capitale soviétique, cet homme richissime – sa fortune personnelle est estimée à plus de 10 millions de dollars – est le principal intermédiaire du P.C. italien pour les opérations commerciales avec l'Est. Certains matériels stratégiques sous embargo, transférés directement des États-Unis dans des pays d'Europe occidentale, sont ensuite réexpédiés en Europe de l'Est par l'intermédiaire d'une société installée à Zurich et dont Beroush et Sovoretti sont les dirigeants.

Depuis deux ans, l'intermédiaire russo-iranien est placé sous la surveillance du F.B.I. à chacune de ses visites aux États-Unis. Il a été prouvé qu'il a eu, lors de ses précédents voyages, des contacts avec des agents du K.G.B. en poste sous diverses couvertures. Il est cependant impossible de lui refuser l'entrée du territoire américain, « parce que, confie un attorney de New York, nous ne pouvons apporter la preuve qu'il connaissait la véritable activité des espions rencontrés ». Beroush achète de nombreux produits dans la Silicon Valley et, confie l'un de ses clients, « c'est un homme qui doit vendre chaque année pour plus de 500 millions de dollars de produits occidentaux à l'U.R.S.S. Vous pensez bien que la publicité est la dernière chose qu'il recherche... ».

L'adresse du restaurant, fournie par Hoefler, était pourtant précise, du moins pour lui : « Quatre kilomètres sur le freeway n° 3, prenez ensuite l'embranchement A, puis passez sur l'échangeur en direction de Passadena; à trois kilomètres, vous tomberez sur l'autoroute 101 en direction de San Francisco. Vous sortirez à Mountain View et vous couperez en prenant la bretelle pour Sunnyvale. Là, au deuxième feu, vous tournez à gauche, decendez sur 500 mètres et vous apercevrez le restaurant. » Un dernier claquement de langue – un de ses tics – et il avait raccroché.

En fait, les autoroutes apparurent d'une densité de béton et de bitume quasi impénétrable! Résultat : trois quarts d'heure de retard. Dan Hoefler attaquait déjà son T-Bone steak, arrosé d'un martini blanc. Personnage pittoresque que cet ingénieur devenu la mémoire de la Valley... C'est lui d'ailleurs qui a inventé l'expression « Silicon Valley », l'employant pour la première fois en 1971 dans un journal scientifique. Hoefler, barbiche, visage rougeaud, allure débonnaire, publie un petit magazine, *Microelectronic News*, où, sur un ton complice et indulgent, il révèle une minuscule part des affaires, problèmes et drames qui agitent les firmes. Ambitions forcenées, carrières déçues, sociétés en difficulté : Hoefler sait tout de cette comédie humaine qui se joue depuis quinze ans sous ses yeux, et dont il interpelle les principaux protagonistes par leur prénom.

Il parle beaucoup, mais révèle peu. Les serveuses, habillées comme des danseuses des Ziegfeld Folies, mini-jupes à frous-frous, collants noirs, nœuds dans les cheveux, circulent dans cette antre où l'air pulsé couvre le bruit des conversations. La rue où est installé ce bar-restaurant porte un nom évocateur : Semi-Conductor Drive...

L'espionnage? Hoefler admet que c'est un problème. Découvre-t-on beaucoup d'affaires? Il acquiesce. De plus en plus, la drogue fait son apparition. Trafic contre trafic : de l'héroïne en échange de bons procédés, vols ou renseignements. Huit personnages au moins viennent ainsi d'être arrêtés, dont cinq occupaient des postes de direction. Comment l'expliquer? Hoefler, fataliste, hausse les épaules : « La pression, la compétition incessante, qui conduisent les gens à se doper, se droguer, pour conserver l'illusion de rester en forme. »

Il pose soudain son couvert, réfléchit un instant et commence à parler. D'un ton qui, cette fois, n'est plus évasif. « Vous savez ce qui préoccupe actuellement tous les gens, ici? Ce n'est pas l'espionnage avec l'U.R.S.S., mais l'accord conclu avec une de vos sociétés... Matra, je crois. Tout le monde est convaincu, avec le régime que vous avez, que l'on retrouvera bientôt à l'Est les produits vendus à la France! L'Union soviétique, c'est sans surprise, elle a toujours été un adversaire. Mais, *sorry*, désormais, on redoute que la France ne soit plus un allié... »

XV

DOCTEUR FOLAMOUR ET LA GUERRE DES ÉTOILES

Il est convaincu de ne s'être jamais trompé et les faits semblent en apparence lui donner raison. A ses yeux, le combat pour restaurer la grandeur de l'Amérique se livre désormais sur le front de l'infiniment petit : le micro-processeur et, surtout, l'atome et le laser. A soixante-seize ans, Edward Teller est à la fois un personnage prestigieux et haï. Personne ne nie qu'il s'agisse d'un des plus grands savants du XXe siècle. Chacun redoute son extrémisme, sa vision du monde : celle d'un implacable combat où même le pire doit être envisagé, où même l'impensable peut être justifié.

Teller est un produit de la persécution hitlérienne. Juif hongrois expulsé de son pays natal, il fut accueilli et recueilli aux États-Unis alors qu'une grande partie de sa famille mourait dans les camps de concentration. De cette période tragique, il a gardé une gratitude infinie envers sa patrie d'adoption, et une méfiance sans limites devant l'inconstance des démocraties en matière de défense. « La Seconde Guerre mondiale, confie-t-il, fut l'aboutissement d'une course au désarmement que l'Ouest remporta. Ainsi Hitler resta seul armé et obtint un tel succès militaire initial qu'il ne fut arrêté que par ce qu'il faut sans doute appeler un miracle. »

Avec Einstein, Szilard, Wigner, Otto Stern, il est un de ces hommes qui, s'ils n'avaient été contraints de quitter l'Europe pour échapper à la menace nazie, auraient pu écrire un premier chapitre de l'histoire de l'ère nucléaire très différent de celui qui aboutit à Hiroshima.

Au début du printemps 1939, personne ne se doute que le

monde en est déjà aux débuts de la course aux armements atomiques. Aux États-Unis, George Pegram, doyen des facultés de recherches de l'université de Columbia, poussé par deux physiciens, Leo Szilard et Enrico Fermi, écrit au chef d'État major de la Marine américaine pour l'avertir de « la possibilité d'utiliser l'uranium comme un explosif qui libérerait un million de fois plus d'énergie par unité de poids que n'importe quel explosif connu ». Ce message est transmis alors que les recherches s'intensifient en Europe. En France, les membres du Collège de France déposent cinq brevets couvrant l'utilisation de l'énergie nucléaire, le troisième concernant notamment la construction d'une bombe à uranium. Mais surtout, à Berlin, les chercheurs du Kaiser Wilhlem Institute ont découvert la fission nucléaire, ce qui confère aux nazis un avantage qui peut se révéler décisif.

Personne ou presque ne semble alors s'inquiéter du danger considérable que représente l'achat par l'Allemagne de vastes stocks d'uranium. Un seul pays, la Belgique, en contrôle pratiquement les réserves mondiales, grâce à ses mines du Congo. Deux hommes pressentent pourtant le drame qui peut ainsi se nouer : Leo Szilard et Eugene Wigner. Physiciens réputés mais fraîchement émigrés de Hongrie, ils ne jouissent alors d'aucun appui, d'aucune influence politique aux États-Unis.

« Nous étions tourmentés, écrira Szilard, et nous nous sommee mis à chercher par quelles voies nous pourrions prendre contact avec le gouvernement belge pour le prévenir de ne pas vendre d'uranium à l'Allemagne. Je me souvins qu'Einstein connaissait la reine des Belges et je proposai à Wigner d'aller le voir pour lui exposer la situation et lui demander s'il ne pourrait pas écrire à la souveraine. »

Le plus grand physicien vivant, symbole du génie et de l'innocence scientifiques au moment où cette dernière allait prendre fin sous la pression des événements mondiaux, passait alors quelques jours de vacances à Peconic, petite station non loin de Long Island. Szilard le rencontra en cette fin juillet 1939, accompagné d'Edward Teller, considéré alors comme un des plus brillants jeunes esprits de la communauté scientifique.

Einstein approuva l'initiative de ses visiteurs, leur offrit le thé et tous trois discutèrent longuement de la meilleure méthode et de la formulation la plus heureuse, pour cette démarche malgré tout délicate puisqu'elle émanait de trois étrangers. Finalement, Albert Einstein dicta une lettre en allemand – son anglais était exécrable –, et Teller l'écrivit. Le destinataire en était Franklin Delano Roosevelt, Président des États-Unis.

Cette lettre d'Einstein, si controversée par la suite, eut un effet décisif. Elle recommandait la fabrication de l'arme atomique... « J'ai fait une grande erreur dans ma vie en signant cette lettre, confiera plus tard Einstein au prix Nobel Linus Pauling, mais j'avais des excuses : le danger que ce soit les Allemands qui la fabriquent. »

Dès lors, un effort technique presque surhumain va s'engager aux États-Unis. Le 11 octobre, Alexander Sachs, banquier très influent, rencontra Roosevelt et lui remit le message d'Einstein. Comme l'entrevue tirait à sa fin, le Président fit remarquer : « Alexander, ce que vous avez à faire maintenant, c'est de veiller à ce que les nazis ne nous fassent pas sauter. » Puis il fit venir son secrétaire, le général Edwin M. Watson, et lui dit : « Ceci exige qu'on s'en occupe. » Sachs quitta la salle avec Watson et, le soir même, la commission Briggs avait été constituée autour de Lyman G. Briggs, directeur du service américain des Poids et Mesures et chargée d'étudier les possibilités de la fission atomique.

La première réunion eut lieu dix jours plus tard : y assistaient Szilard, Wigner et... Teller. Pour le jeune savant, formé dans les prestigieuses universités de Berlin et Gottingen et qui concevait la science comme une aventure, ses liens avec l'arme atomique étaient indissolublement tissés.

Cette démarche des savants eut un second résultat. L'Union minière belge transféra à New York, dès octobre 1940, la totalité de ses stocks d'uranium. Et lorsqu'en 1944, l'équipe du projet Manhattan, regroupée autour de Robert Oppenheimer, se prépara à réaliser la bombe atomique, une curieuse négociation s'engagea à Londres avec le gouvernement belge en exil. Elle aboutit à un accord provisoire, transformé en accord définitif en décembre après la libération de la Belgique : l'Union minière réservait désormais sa production aux États-Unis qui la lui achèteraient un bon prix. « Quand on comparera les politiques économiques menées en France et en Belgique en 1944-1945, écrit Alfred Grosser qui rapporta cet épisode, il faudra tenir compte de (cet) apport en dollars qui donna au gouvernement belge un atout de taille pour son action sur les finances publiques. »

A la fin de 1944, les travaux engagés dans le plus grand secret sur le plateau désertique de Los Alamos, au Nouveau Mexique, vont aboutir à la bombe d'Hiroshima – l' « explosion plus claire que mille soleils ». Les recherches sur la bombe sont menées avec enthousiasme par les meilleurs scientifiques de l'époque. Pour tous, la cause est claire : l'aventure de l'esprit doit s'appliquer à la lutte contre le totalitarisme.

Ce passage de l'immatérialité du discours scientifique à la conception d'armes nucléaires, Teller l'explique avec franchise. Allure trapue, sourcils charbonneux, le vieux savant parle avec une infinie lenteur, dans cet anglais approximatif et rocailleux typique des émigrés européens de l'entre-deux-guerres. « J'ai fait tout ce que les autres savants ont fait, et il me paraissait évident que cela devait être fait. Pourtant, ce fut une décision difficile et une expérience très pénible. Même pour la Bombe A. Si je m'étais écouté, je m'en serais retourné travailler dans le domaine de la science pure. Mais, à la fin de la guerre, j'ai pensé que le danger était toujours là. Après Hiroshima, Staline a déclaré : " Nous aurons la bombe A, et nous aurons bien mieux encore. " La plupart des scientifiques décidèrent de ne pas prendre au sérieux cette déclaration. Pour moi, je n'ai pas pu m'y résoudre. »

Malentendu, lucidité, solitude sont probablement les trois termes qui définissent le mieux le destin de Teller. Malentendu d'abord, car le terme de « faucon » colle comme une malédiction à la réputation de cet homme qui confiera, à propos de la bombe H dont il est le père : « J'aurais été incomparablement plus heureux si d'autres s'étaient chargés du travail. » Ce qu'il rejette, c'est le sentiment de culpabilité et le désarmement moral vers lesquels va dériver la plus grande fraction de la communauté scientifique américaine après l'explosion du 6 août 1945 sur le Japon, à laquelle lui-même était d'ailleurs opposé.

Une « véritable guerre civile » entre savants fait rage en Amérique dans les années 1947-1949. Teller est dramatiquement isolé face à ceux qui se rangent en masse derrière Oppenheimer et recommandent l'abandon de l'atome militaire au profit de l'atome civil et de la physique fondamentale. Pour lui, cette renonciation est une tragédie : « Ceux qui choisissent cette voie croient qu'ils agissent en accord avec la morale. Je pense qu'ils ont tort. »

Il ne cesse d'alerter sur l'imminence de la menace nucléaire soviétique et de plaider pour la fabrication d'une bombe à hydrogène. En vain. Les hommes politiques refusent de l'écouter, ses confrères d'envisager une arme mille fois plus puissante que la bombe A. C'est le début d'une longue solitude : « J'avais abandonné ma maison, le continent sur lequel j'étais né. J'étais un immigré, et ceux qui se retournaient contre moi étaient mes seuls amis. Ce fut un choc psychologique terrible. »

Le 3 septembre 1949, un avion de reconnaissance travaillant pour le système de détection à longue distance de l'armée de l'air américaine fait une découverte qui bouleverse l'équilibre mondial. Il recueille un échantillon d'air radioactif. L'alerte est donnée et le nuage suspect suivi par les appareils américains, du Pacifique Nord jusqu'au voisinage des îles Britanniques. La C.I.A. informe heure par heure le Président américain sur les renseignements obtenus.

Pour Harry Truman et son entourage, consternés, déjà confrontés à la crise de Berlin, bientôt aucun doute n'est plus permis. Une explosion atomique de la puissance d'une bombe H s'est produite en Russie entre le 26 et le 29 août. Le monopole nucléaire américain appartient désormais au passé et le Président américain écrira dans ses Mémoires cette phrase étonnante de candeur : « Je fus très surpris que les Russes aient fait des progrès beaucoup plus rapides que nous ne nous y attendions. »

L'alliance de la science et de la politique offre ici un parallèle magistral à travers deux destins. Réussite de l'ère stalinienne, la bombe H soviétique est avant tout le succès d'un homme, le premier sur terre à avoir réalisé une réaction thermo-nucléaire : Andreï Sakharov. Le prestigieux dissident soviétique, futur prix Nobel de la Paix, est à l'époque un physicien adulé. Teller, chargé par les autorités américaines de relever son défi, est au contraire un homme plus isolé que jamais de la communauté scientifique depuis qu'il a été prouvé qu'il avait raison. Enrico Fermi, Hans Bette lui refusent leur collaboration. Rien à voir avec le travail d'équipe accompli avec enthousiasme en 1944. Cette bombe maudite, c'est quasiment en paria que Teller la fabriquera. Comme si l'on souhaitait qu'il fût le seul à porter la responsabilité de ce qui apparaît comme honteux, voire criminel.

La première explosion d'une bombe à hydrogène américaine, « le feu du soleil importé sur terre », selon la formule de Dominique Pignon, a lieu le 1er novembre 1952. La déflagration est si puissante qu'une île entière saute, dont il ne subsistera qu'un gigantesque cratère au milieu du corail.

1982. Andreï Sakharov est un proscrit, relégué dans une ville, Gorki, placée sous administration du K.G.B. Le prodige scientifique, fierté du régime soviétique, s'est mué en opposant farouche. Il y a perdu ses amis, ses appuis, les nombreux privilèges dont il bénéficiait. Il n'est plus aujourd'hui qu'un homme malade que l'on tente de tuer par le silence. Son *alter ego* américain, Teller, après trente années d'isolement, est revenu, lui, au tout premier plan. Très exactement à la droite de Reagan dont il partage les idées et les dîners.

Le vieux scientifique éblouit le Président américain par l'originalité de ses idées et la vigueur de sa détermination. Il estime qu'une « civilisation qui renonce à la technologie est une civilisation à l'agonie ». Discours qui va droit au cœur de Reagan, nostalgique d'une Amérique des années 50 qui se serait adaptée à la Guerre des étoiles.

Depuis quinze ans, Teller vit et travaille dans la Silicon Valley. Le laboratoire Livermore, qu'il dirige, est perdu au milieu des vignes et des orangers. Là, dans ce cadre bucolique, entouré d'une équipe de fidèles, Teller élabore ce qui constituera selon lui la « troisième génération d'armes nucléaires après la bombe à fission et la bombe à fusion : le laser ».

Dès 1980, les premiers essais, effectués dans un secret absolu devant des officiels, ont été concluants. Teller a conçu un laser à rayons X, baptisé Shiva, capable de projeter en l'espace de quelques milliardièmes de seconde, sur une cible de quelques millimètres carrés, plus d'énergie qu'il n'en est consommé dans le monde entier au même moment. L'objectif : construire des satellites équipés de laser, capables de frapper et de désintégrer à la vitesse de la lumière – plus de 300 000 kilomètres/seconde –, les missiles ennemis interceptés en plein vol.

« Pourquoi, suggère Teller à Reagan, continuer de fabriquer des armes pour tuer des gens alors que l'on pourrait concevoir des armes pour tuer les armes? Un tel système rendrait inopérant l'arsenal nucléaire ennemi. » Le projet de Teller est grandiose, certains diront délirant. Mais le vieil émigré a toujours conçu la recherche – fût-elle militaire –, comme une aventure. Quand, au début de 1949, on refusait d'écouter ses suggestions, il confia, désabusé : « Aussi longtemps que vous allez de l'avant en apportant des améliorations mineures et en y travaillant avec zèle et acharnement, vous faites du bon travail. Mais si vous réussissez à apporter un peu de progrès réellement important, alors vous avez accompli quelque chose d'immoral... »

Son entêtement et son audace font d'Edward Teller un parfait symbole de la Silicon Valley. Mais, observateur privilégié, il est à la fois enthousiasmé par l'élan créateur qui anime cette zone et frappé par l'inconséquence qui trop souvent y domine.

L'obsession de l'espionnage technologique? Enfoncé dans un fauteuil, l'allure paisible, il éclate de rire : « Il est très dur de retenir des secrets que vous n'avez plus. Aujourd'hui, les Russes peuvent obtenir d'excellentes informations par nos alliés. »

Et puis il y a ces scandales dont Teller n'ignore rien, qui éclatent périodiquement et laissent des traces durables, même s'ils sont vite étouffés. Des « puces » placées au cœur de systèmes aussi sophistiqués que ceux des missiles Cruise, des F 16, des fusées Pershing, s'avèrent déficientes. La raison? Les fabricants de micro-processeurs doivent soumettre leur production destinée au Pentagone à des tests spéciaux, plus sévères, à l'issue desquels ils apposent sur le produit le label J.A.N. *(Joint Army Navy)*. Certaines sociétés, pour gagner du temps, font l'impasse sur ces vérifications et falsifient les documents. Résultat : certaines pièces essentielles sont défectueuses et les « cerveaux » des armes assurant la sécurité de l'Amérique et de ses alliés occidentaux sont irrémédiablement lésés, les rendant inopérantes.

« Mais comment les détecter tant qu'il n'y a pas d'accident? confie un responsable de la N.A.S.A. Tous les jours, nous redoutons un drame : un avion porteur de bombes nucléaires peut s'écraser; nous risquons de frôler une guerre atomique, comme avec ces deux alertes tenues secrètes mais provoquées il y a un an et demi par des puces défectueuses qui valaient chacune 100 dollars pièce! Des éléments déficients ont aussi été découverts dans la navette spatiale, lors des premiers essais.

Que des types puissent, de sang-froid, refiler de telles saloperies me rend vraiment haineux... »

Edward Teller suggère que l'Amérique compense cette vulnérabilité en faisant porter son effort dans un domaine où elle est largement distancée : l'occupation militaire de l'espace. Depuis l'alunissage d'Apollo en 1969, les fonds pour le programme spatial américain n'ont cessé de décroître, laminés par la guerre du Viêt-nam et aujourd'hui par la crise. A l'heure actuelle, l'U.R.S.S. y consacre un budget annuel de 18 milliards de dollars. En termes absolus, il est trois fois plus élevé que celui de la N.A.S.A. et de 30 % supérieur aux budgets spatiaux additionnés de la N.A.S.A. et du Pentagone. Les résultats sont nets : l'Union soviétique a envoyé sept stations spatiales Salyout, qui peuvent servir de plates-formes de lancement pour des armes atomiques. Des cosmonautes – quelquefois plus de cinq à bord –, y ont séjourné six mois, record du monde absolu.

L'an dernier, les cosmonautes russes avaient passé deux fois plus de temps sur orbite que leurs homologues américains. Plus important encore : tandis que les États-Unis lançaient en 1981 dix-huit satellites, l'Union soviétique disposait 125 satellites sur orbite. Au cours des premiers mois de 1982, ils en lançaient 79 autres. En juin 1982, ils établissaient un nouveau record du monde en expédiant, au cours du mois de juin, 15 nouveaux satellites, presque autant en un seul mois que l'Amérique durant toute l'année 1981.

Selon les spécialistes, 69 % d'entre eux ont des objectifs militaires, 15 % supplémentaires servant à des utilisations mixtes, à la fois civiles et militaires, telles que les communications, la reconnaissance et la photographie, les plus perfectionnés pouvant même repérer à terre des éléments dont les dimensions n'excèdent pas 15 cm. Au cours des trois dernières années, Moscou a lancé environ dix fois plus de satellites militaires que Washington. Son avance est, semble-t-il, considérable. Les essais réalisés par ses techniciens ont permis de placer un satellite sur orbite et de le ramener sur terre avant même qu'il ait achevé sa première révolution. Cette technique, baptisée F.O.B.S. *(Fractionnal Orbit Bombardment System)*, vise à utiliser le satellite comme un missile à longue portée tournant autour de la terre jusqu'à ce qu'il atteigne la cible ennemie.

Autre méthode développée par l'U.R.S.S. : les satellites tueurs de satellites. Un des derniers essais connus remonte au 18 juin

1982. Ce jour-là, le satellite-tueur explosa à moins de mille mètres de sa cible, la détruisant totalement. Deux tactiques opposées ont été affinées : l'une vise à faire de ces satellites de véritables « mines dormantes » qui trompent la vigilance en restant pacifiquement sur orbite durant de longues périodes, jusqu'au moment où l'on programme leur mise à feu. A l'inverse, les Russes perfectionnent aussi leur vitesse d'exécution et sont désormais capables de lancer un missile porteur d'un satellite tueur en moins de quatre-vingt-dix minutes. Rapidité qui confère un avantage déterminant : cette méthode permet d'attaquer et de détruire un satellite sans avoir à engager une longue course-poursuite sur orbite; elle diminue également la capacité de l'ennemi à repérer une telle offensive et tenter d'y parer.

Enfin, dans leurs deux centres de recherches de la république musulmanne du Kazakhstan, en Asie centrale, les militaires soviétiques développent leurs travaux sur le rayon laser qui équipera bon nombre de leurs armes dès 1985.

Là encore, comme en 1949, l'intuition de Teller se révèle aussi stupéfiante que terrifiante : il envisage le pire et recommande le plus angoissant. Une légère brise s'engouffre par la fenêtre de son bureau, ébouriffant sa chevelure : « Aujourd'hui, déclare-t-il, l'innovation technologique s'est déplacée du civil vers le militaire. Entre autres choses, ce glissement a changé radicalement la nature de la guerre. » Et d'ajouter : « Un changement qui est plus *senti* que compris par la population. »

Le 15 mars 1982, il dînait à la Maison Blanche. Étrange tête-à-tête que celui de ces deux septuagénaires aux allures si différentes : Reagan, homme de spectacle privilégiant l'apparence et l'effet, et Teller, indifférent aux contingences vestimentaires, personnage secret à la volonté tendue au service de ses idées.

En juillet 1980, au terme de sa présidence, Jimmy Carter avait reçu un rapport alarmant des services spéciaux : les Soviétiques étaient en mesure, à l'aide d'un faisceau laser, de paralyser les cent soixante-dix satellites américains d'observation et de communication, sans lesquels aucune riposte américaine n'est plus possible. Il ne donna aucune suite à l'avertissement. En 1981, après l'arrivée au pouvoir de l'Administration républicaine, Teller tente de vendre au Pentagone son idée de laser. Sans résultat. Au grand déplaisir du secrétaire à la Défense, il s'adresse alors directement à la Maison Blanche et obtient gain de cause. Il propose de construire, avant 1988, 50 satellites alimentés chacun par une bombe atomique et équipés de rayons laser capables de frapper à des milliers de kilomètres. Un barrage quasi étanche, pouvant neutraliser toute attaque ennemie et qui déplacerait le terrain d'affrontement de la terre vers l'espace. Reagan, séduit, va tout simplement en faire la nouvelle option stratégique des États-Unis. Coût minimum du projet : 200 milliards de dollars.

Une semaine avant l'annonce de la décision présidentielle, une opération spéculative se développe. Une firme de la Silicon Valley, Helionetics, qui travaille pour l'armée et fabrique les lasers que Reagan entend acquérir, voit ses actions passer de 13 à 18 dollars; en moins de six jours, 56 000 d'entre elles changent de mains. A l'origine de cette fructueuse opération, William Simon, l'un des plus gros financiers américains, qui succéda à George Schultz comme Secrétaire au Trésor de Gerald Ford. Simon, cinquante-quatre ans, coupe de cheveux stricte, raie nette, lunettes sévères, fut durant de nombreuses années l'un des sept membres du « comité de management » de Salomon Brothers, la plus grosse société d'investissement de Wall Street. Sa connaissance du maquis financier, alliée à un sens aigu des placements efficaces, lui permettent de « peser » plus de 7 millions de dollars de revenus annuels.

Le flair de Simon et son opération à la hausse vont largement bénéficier à Teller qui possède près de 40 000 actions de la firme. Mais cet épisode révèle aussi que les milieux financiers ont fait leurs les choix stratégiques de Reagan.

En juillet 1983, des essais effectués au-dessus du lac de Chine, en Californie, permettent pour la première fois à l'armée de l'air américaine d'abattre, grace à des rayons laser, des missiles air-air se déplaçant à plus de 3 500 km/h.

« Il n'y a pas d'affaires aussi fructueuses que les affaires touchant à la Défense », recommencent à clamer les milieux boursiers, enthousiasmés par l'ampleur des contrats militaires qui ont doublé en 3 ans, atteignant le chiffre vertigineux de 150 milliards de dollars. Les projets considérés comme les plus séduisants concernent les systèmes de communications et les satellites espions.

En octobre 1981, lorsqu'il décide de développer la machine de guerre américaine, le Président républicain prend des options qui surprennent. Sa priorité ne va pas au déploiement des missiles MX ou à la construction du bombardier atomique B1, mais « au renforcement et à la reconstruction de notre système de contrôle et de communications, élément dangereusement négligé dans notre dissuasion stratégique ». 20 milliards de dollars, somme énorme, sont consacrés à cet objectif. En 1983, la somme est portée à 31 milliards de dollars et Weinberger, secrétaire à la Défense, confirme que ce programme, baptisé « 3 C » (Contrôle, Communications et Commandement), constitue la « priorité absolue visant à doter les États-Unis des moyens de mener la guerre ». Il apporte aussi quelques précisions : les réseaux de communications existants seront renforcés, tandis qu'un nouveau système de communications par satellite à très haute fréquence, le MILSTAR, permettra de rester en liaison avec les forces de frappe nucléaires américaines dispersées à travers le monde.

Ces choix ne peuvent déconcerter que si l'on ignore à quel point les trois armes américaines sont, sur le plan des liaisons et de la coordination, une sorte de Babel aux langages obsolètes. Le système WIMEX, dont le coût est estimé à plus de 15 milliards de dollars, assure les transmissions vitales du Pentagone avec ses centres de commandement. Or, les ordinateurs qui le composent sont des Honeywell 600, datant de vingt ans, ne répondant plus à aucun des critères actuels de fiabilité et de rapidité.

Autre problème : le dialogue entre les milliers d'ordinateurs militaires répartis à travers le monde. Des tests de coordination ont été effectués entre l'équipement informatique du commandement atlantique *(Lantcom)*, celui du commandement européen *(Eucom)*, du commandement aérien tactique (T.A.C.), et le commandement central installé au Pentagone. Le taux d'échec atteignit le pourcentage effarant de 85 %!

Dernier handicap : les 130 000 ordinateurs de toutes tailles et de tous poids employés par l'armée de terre, la marine et l'armée de l'air, parlent des langages différents : au total, plus de 400... Situation semblable à celle d'un individu ne parlant que le français et qui aurait à correspondre constamment avec des interlocuteurs perses, arabes ou chinois. Le budget annuel en « logiciels » des 3 armes américaines atteint la somme fabuleuse de 6 milliards de dollars. Cet état de fait absurde, fruit de la longue rivalité entre les trois armes, pourrait s'estomper avec la récente adoption d'un langage unique – A.D.A. – élaboré par une firme française, CII-Honeywell Bull.

C'est sur cette extraordinaire vulnérabilité du système de défense américain que Teller ne cesse d'insister; tout comme il dénonce l'emploi incohérent et désordonné de l'informatique dans le domaine militaire. Le débat ne porte pas sur les moyens de gagner une guerre mais, plus fondamentalement, sur l'aptitude à la mener. La révolution informatique, par la diversité et la complexité qui la caractérisent, heurte de front les normes du domaine militaire qui répugne à la multiplicité des opinions et continue d'exiger des prises de décision concentrées, répercutées hiérarchiquement. Cette révolution se heurte ainsi, par nature et *in fine*, au dernier bastion du gigantisme et du centralisme : l'institution militaire. Étrange paradoxe si l'on se souvient que c'est précisément la course aux armements qui fut l'aiguillon de toutes les innovations technologiques! Faut-il en conclure que ce monde politico-économique nouveau qui se dessine serait réfractaire à la guerre? Il serait probablement plus exact de dire que l'extrême sophistication technologique est un facteur de vulnérabilité face à un monde de la guerre qui demeure, malgré des changements formels, celui de la force brutale et indifférenciée.

Cette fragilité, rien ne l'illustre mieux qu'un effet mystérieusement baptisé « E.M.P. », cauchemar des stratèges occidentaux. Ses effets sont connus, les parades pratiquement nulles. E.M.P. est l'abréviation d' « Electro-Magnetic Pulse », et définit une violente explosion d'énergie électro-magnétique qui peut traverser la moitié d'un continent à la vitesse de la lumière et détruire sur son passage tous les systèmes électriques. Fiction? En juillet 1962, un missile explosa à 400 kilomètres au-dessus de la terre, et se transforma en une boule de feu nucléaire. Une seconde plus tard, les îles Hawaï étaient plongées dans l'obscurité, coupées du reste du monde.

Une attaque « E.M.P. » pourrait constituer le premier niveau d'une agression atomique. Selon une étude de William J. Broad, « une seule charge nucléaire soviétique, explosant dans l'atmosphère à 450 km au-dessus de l'État du Nebraska, propagerait à travers le territoire des États-Unis une onde électro-magnétique qui anéantirait tous les systèmes de communications et paralyserait la Maison Blanche et le Pentagone ».

Le dossier E.M.P. est toujours classé top secret et l'évocation de cette menace est très rarement apparue dans le débat politique. Barry Goldwater, alors candidat républicain à la présidence, l'évoqua en 1964 au cours de sa campagne. Mais trop peu de données étaient alors connues. Si Reagan consacre désormais un tel effort financier au renforcement des communications existantes, c'est parce que les éléments d'appréciation qui lui ont été fournis sont des plus inquiétants.

Ainsi, il est prouvé que plus l'explosion nucléaire est déclenchée à haute altitude, plus la surface terrestre touchée sera étendue. De même, il est admis que tous les objets métalliques attirent l'énergie en fonction de leur taille et de leur poids. Ainsi, un fil de fer barbelé de la longueur d'un terrain de football pourrait capter assez d'énergie « E.M.P. » pour alimenter en électricité, l'espace d'un instant, 1 500 maisons individuelles.

Révélation plus grave : les « chips » et autres merveilles miniaturisées découvertes dans la Silicon Valley sont un milliard de fois plus faciles à détruire que les vieux systèmes. Parce qu'ils sont trop denses, construits d'une seule pièce, alors que les anciens tubes sous vide, par exemple, réunissent, entre les surfaces métalliques, autant d'éléments où l'onde magnétique ne peut circuler.

Enfin, il est désormais manifeste que l'U.R.S.S. considère l'effet « E.M.P. » comme l'un des éléments essentiels d'une offensive nucléaire stratégique. Ses manuels militaires, accompagnés parfois de nombreuses illustrations, l'évoquent abondamment, avec des commentaires tels que celui-ci : « Pour compléter l'effet de surprise en cours d'offensive, une explosion nucléaire à haute altitude détruirait les systèmes de contrôle et de communications, supprimerait les défenses antimissiles, neutraliserait les radars. »

Depuis 1980, des expériences de simulation sont tentées sur la base de l'U.S. Air Force située à Kirkland, près d'Albuquerque, au Nouveau-Mexique. Des appareils, notamment des B-52, sont fixés sur une plate-forme spéciale et soumis à des décharges pouvant atteindre 25 millions de volts. Durant quelques milliardièmes de seconde, les ondes atteindraient même la puissance de 160 milliards de watts, niveau qui permettrait d'alimenter en énergie plus de 180 villes de 400 000 habitants... Là encore, les tests ont souligné la supériorité des fibres de verre classiques dont l'usage en matière de communications-radio a été abandonné et qui, en l'occurrence, se sont révélées infiniment plus résistantes que les fibres optiques actuellement utilisées.

Les États-Unis affrontent ainsi une série de dilemmes qu'ils ne semblent pas encore en mesure de résoudre, cependant que l'U.R.S.S. construit et équipe déjà ses appareils pour résister à cette onde « E.M.P. ».

L'exemple le plus saisissant de ces retards fut administré en 1976 quand un pilote soviétique posa son Mig 25 sur un aéroport japonais. L'appareil, un intercepteur volant à trois fois la vitesse du son, était considéré comme le modèle soviétique le plus perfectionné et le plus dangereux. Certains experts, tel le secrétaire à l'armée de l'air, allaient même jusqu'à le qualifier de « meilleur appareil d'interception produit aujourd'hui dans le monde ». Les Japonais confièrent aux Américains cet exemplaire que George Bush, alors directeur de la C.I.A., qualifia de « bénédiction pour l'espionnage ». Il fut démonté, étudié pièce par pièce... et suscita un énorme éclat de rire parmi tous les responsables militaires. En effet, il était équipé de vieux tubes sous vide, et non de ces pièces miniaturisées installées sur tous les appareils ultra-modernes. Cette caractéristique fut considérée par beaucoup comme la preuve la plus évidente du retard technologique de l'U.R.S.S.

Dans ce concert de sarcasmes, il n'y eut qu'une voix discordante : celle d'Edward Teller, soulignant au contraire que cet équipement, apparemment vétuste, était un signe supplémentaire de la supériorité soviétique : « L'avion, dit-il, a été conçu par quelqu'un d'aussi rusé qu'un renard. » Appréciation considérée d'abord comme hérétique, mais à laquelle le Pentagone finit par se rallier deux ans plus tard.

Si Reagan, à travers Teller, insiste tant aujourd'hui sur un renforcement des communications et sur le rôle primordial de l'espace, c'est parce que 80 % de tous les messages militaires à longue distance sont transmis par satellites. Pendant assez longtemps, il fut admis qu'ils échappaient à l'effet « E.M.P. » Jusqu'au début des années 70 où les travaux de physiciens révélèrent que l'onde électromagnétique ne se déplaçait pas de façon identique dans l'espace et à la surface de la terre, mais avec plus de violence encore, puisqu'elle pouvait frapper le cœur électronique des satellites avec une intensité d'un milliard de volts.

Les média du monde entier ont longuement relaté la chute, en janvier 1983, du satellite russe Cosmos 1402. Ce qui surprit et intrigua, ce fut la maîtrise avec laquelle les Soviétiques contrôlèrent ce retour en catastrophe. Le vendredi 21 janvier, les Soviétiques transmettent deux notes au Secrétaire général de l'O.N.U., Perez de Cuellar. Dans la première, ils fournissent des indications extrêmement précises sur l'heure et le lieu de la chute de leur satellite. Entre 23 heures, le 23 janvier, et 6 heures, le 24, au-dessus de la mer d'Oman. Tous les centres de contrôle suivent l'accélération de la descente. En sept heures, le satellite a parcouru 200 000 kilomètres et l'U.R.S.S. a pu annoncer le point de chute à moins de 1 000 kilomètres près. Perfection dans la maîtrise qui démontre à quel point les ingénieurs soviétiques sont en mesure de télécommander leurs engins.

Cette variété de satellites est désormais considérée comme une menace militaire directe. L'explosion d'un seul d'entre eux, transportant quelques kilogrammes de plutonium, pourrait endommager irrémédiablement les satellites militaires américains et la radiation ainsi émise pénétrerait dans l'atmosphère à la vitesse de la lumière et balaierait toute l'étendue du territoire américain. Pour comprendre l'ampleur du désastre qui s'ensuivrait, il faut lire les lignes suivantes. Elles émanent d'un rapport confidentiel mais officiel et formulent une évaluation modérée des dégâts : « Les lignes téléphoniques seraient réduites au silence, les mémoires des ordinateurs lobotomisées, les forces armées déboussolées. Les appareils civils et militaires, privés de tout contact-radio, devraient effectuer des atterrissages en catastrophe. Cheyenne Mountain, centre nerveux du commandement aérospatial nord-américain, situé dans les montagnes du Colorado, serait privé d'électricité, tandis que les radars deviendraient aveugles... Pis encore, les communications avec le monde extérieur seraient totalement coupées, les flottes de bombardiers B-52 clouées sur leurs bases, leurs systèmes électroniques détruits... Si, par chance, l'un des quatre Boeing 747 spécialement aménagés pour permettre au Président américain et à ses généraux de coordonner une contre-offensive, réussissait à décoller intact, il lui faudrait éviter par miracle l'onde E.M.P. qui détruirait, d'après les tests, au moins 11 500 pièces vitales à l'intérieur de l'appareil. Et même si l'appareil présidentiel échappait à cette onde, la portée de ses contacts-radio serait extrêmement réduite et les satellites qui pourraient être utilisés pour relayer ses messages se révéleraient hors d'usage... »

Dans la Silicon Valley, on étudie cette guerre et on envisage ce type d'affrontement. Comme le dit avec humour un physicien de Berkeley : « Ce sera une guerre des étoiles réglée par Armageddon... »

XVI

I.B.M. CONTRE SMILEY

21 avril 1982 : dans la petite ville anglaise d'Hereford, une jeune fille de quatorze ans, restée seule dans la maison familiale, est agressée à l'heure du déjeuner par un homme armé d'un tesson de bouteille et qui, sous la menace, lui fait subir des sévices sexuels. Le superintendant de la police de Worcester, David Cole, chargé de l'enquête, est immédiatement frappé de la similitude entre cette affaire et d'autres qui ont éclaté au cours des années précédentes. Même scénario : des adolescentes attaquées chez elles par un individu – de toute évidence un exhibitionniste et un voyeur – qui put à chaque fois disparaître sans laisser de trace. Cette fois, cependant, les enquêteurs disposent d'un indice de taille. Un voisin a identifié le véhicule dans lequel l'homme s'est enfui : une Ford Cortina bicolore, dont une des lettres d'immatriculation est un S. Un recensement par ordinateur permet de dénombrer 426 voitures correspondant à ce signalement, enregistrées à Hereford, Gloucester et Worcester. En six jours, les propriétaires de trois cents d'entre elles sont interrogés et mis hors de cause.

Le 27 avril au matin, au cours d'une visite de routine, deux inspecteurs poussent une petite barrière de bois, traversent le jardinet et frappent à la porte de Geoffrey Prime. Ce chauffeur de taxi de cinquante ans, à l'allure calme et à la vie discrète, possède lui aussi un modèle de la voiture identifiée. Après un bref interrogatoire et une prise d'empreintes, les policiers se retirent. Simple formalité.

Mais Geoffrey Prime, impressionné par cette visite, va craquer et, dans le courant de la nuit, livre à sa femme une ahurissante confession : oui, il est bien le maniaque recherché, mais il est beaucoup plus encore : un espion qui travaille depuis plus de douze ans pour l'Union soviétique!

A l'aube, il téléphone au commissariat, avoue être l'auteur des agressions, mais escamote la seconde partie de ses aveux nocturnes. Sa femme ne parle pas.

La police, au cours de ses perquisitions, va découvrir un fichier contenant les noms et caractéristiques de 2 287 fillettes de la région. Elle met aussi la main sur un portefeuille appartenant à Prime et contenant un système de code : il s'agit de morceaux de papier sur lesquels sont consignées des grilles de nombres. Apparemment, elle n'attache aucun intérêt à ce dernier indice et pendant un mois, l'affaire Prime reste une obscure histoire de mœurs.

D'ailleurs, toutes les apparences incitent à ne guère lui accorder d'importance : un personnage médiocre et fâlot, une histoire sordide, dans un environnement banal. Qui aurait pu imaginer qu'à partir d'un cocktail aussi insipide surgirait le plus grave scandale d'espionnage des vingt dernières années, dont l'ampleur compromettra durablement la coopération et l'entente entre l'Agence de Sécurité nationale nord-américaine et son homologue britannique?

Le 23 mai 1982, Rhonda Prime, la femme de l'inculpé, se présente à la police et lui révèle la part cachée de l'étrange confession de son mari. Les services spéciaux, alertés, font preuve d'un surprenant désintérêt. Ils se refusent à poursuivre l'enquête qui reste entre les mains d'une équipe de police locale. Indice après indice, celle-ci va néanmoins reconstituer les éléments d'un étrange puzzle.

Le détail des versements sur les comptes en banque de Prime, l'utilisation qu'il fit de ses cartes de crédit, des vérifications auprès d'agences de voyages permettent d'établir un faisceau de présomptions : Geoffrey Prime a touché d'importantes sommes dont il ne peut justifier la provenance; il a également effectué plusieurs voyages à Vienne et Helsinki dont il ne peut fournir les motifs. Au bout de deux semaines de dénégations, il demande à voir les enquêteurs et leur dit : « Je souhaite maintenant vous dire toute la vérité sur cette tragique affaire. C'est une longue histoire que j'ai à vous raconter. »

Le 17 juin, un homme débarque à l'aéroport de Londres Heathrow du vol Concorde en provenance de Washington. Le directeur adjoint de la N.S.A., accueilli par deux hommes, s'engouffre dans une voiture privée qui gagne la capitale. Quarante-cinq minutes plus tard, il s'arrête devant le 35 Bryanton Square, un immeuble du quartier de Mayfair, et gagne l'appartement numéro 5. Sir Brian John Maynard Tovey, amateur éclairé d'art italien du XVIe siècle et directeur du G.C.H.Q., l'attend depuis près de dix minutes et le reçoit avec une affabilité non partagée.

Tovey, par son physique et son comportement, correspond à merveille au personnage central des romans de John Le Carré, « Smiley ». Même scepticisme raffiné, goût identique pour la tradition. L'inconvénient, mais il est de taille, est que Tovey a la charge d'un organisme qui n'est pas spécialement réputé pour cultiver la nostalgie. Le G.C.H.Q., placé directement sous l'autorité du Premier ministre, a pour mission d'intercepter toutes les conversations émises par télex, télétypes, micro-ondes, qu'il s'agisse de messages commerciaux, d'appels téléphoniques, de communications par satellite. Son centre géant, installé près de Cheltenham, paisible bourgade à cent kilomètres à l'ouest de Londres, dispose de la technologie et des systèmes d'écoute les plus perfectionnés. Il espionne ses partenaires au sein du Commonwealth, mais aussi ses alliés européens. Durant les négociations pour l'entrée de la Grande-Bretagne dans le Marché commun, le G.C.H.Q. capta les messages les plus secrets échangés par les gouvernements de la Communauté européenne, ce qui conféra à Londres un avantage décisif dans les discussions. Moins en vue que les autres agences de renseignements britanniques – M.I. 6 ou Special Branch –, il exerce un rôle pour le moins égal en importance.

Son centre d'écoute de Menwith Hill, dans le Yorkshire, est administré par la N.S.A. : une oreille gigantesque et indiscrète placée au cœur du système de communications britannique et européen. Trois mille six cents appels téléphoniques Londres-Paris peuvent y être captés et enregistrés simultanément. Menwith Hill assure aussi le relais entre Fort Meade en Virginie, siège de la N.S.A., et l'archipel de Diego Garcia, centre électronique en plein milieu de l'océan Indien.

Enfin, élément plus ambigu, le vénérable Bureau des postes britanniques, équivalent de nos P. et T., est d'une coopération exemplaire... C'est lui qui a construit et aménagé la plus grande partie du centre après avoir choisi le site le plus favorable pour capter les communications. Récemment, il a branché sur Menwith Hill quatorze mille quatre cents lignes supplémentaires, lui conférant une capacité d'espionnage accrue.

Depuis 1947, un véritable pacte, sous la forme d'un traité secret entre les gouvernements britannique et américain, lie le G.C.H.Q. à ce qui fut d'abord l'embryon de la N.S.A., puis à l'Agence proprement dite dès sa création en 1952.

La N.S.A., par l'interception des communications entre l'Angleterre et l'Irlande, fournit à son allié britannique des renseignements précieux dans sa lutte contre l'I.R.A. De même, la station d'écoute installée à Hong Kong et dirigée par les Britanniques recueillit des indications qui permirent de préparer les bombardements américains sur Hanoi, puis obtint sur le rapport des forces au sein du Politburo nord-vietnamien des précisions qui furent utiles aux négociateurs américains lors des pourparlers de paix sur le Viêt-nam. La N.S.A. put également prévenir Londres des préparatifs militaires argentins en vue de l'invasion des Malouines en se bornant à constater l'augmentation de volume du trafic militaire radio : les déplacements constants des points de transmission permirent non seulement de connaître les unités engagées, mais d'espionner leurs mouvements.

La puissance conjuguée de ces deux agences occultes leur donne le pouvoir de mettre sur écoute le monde entier. Ce n'est pas là une affirmation exagérée, mais un fait désormais confirmé par certains de leurs anciens collaborateurs, tel le colonel Fletcher Prouty qui fut un cadre important de la N.S.A. : « Il existe trois satellites installés au-dessus de l'Atlantique, chacun pourvu d'environ vingt mille circuits de transmission. Il y a également huit câbles, chacun équipé de cinq mille circuits. Ainsi est assurée la totalité des liaisons transatlantiques. Or, la N.S.A et le G.C.H.Q. espionnent tous ces circuits et les informations sont immédiatement transmises à leurs ordinateurs. »

Les deux centres d'espionnage disposent de listes communes d'organisations et d'individus dont les communications sont automatiquement interceptées : compagnies pétrolières, banques, avocats en renom, journaux, groupes politiques, terroristes présumés et leurs sympathisants, ambassades, missions commerciales, personnalités politiques. Téléphoner d'une cabine publique ne procure aucune protection supplémentaire : tous les téléphones payants installés à travers les États-Unis et l'Angleterre sont répertoriés et surveillés par les deux agences. Un numéro composé avec difficulté déclenchera immédiatement un système d'analyse qui tentera de cerner les raisons de cette hésitation : incapacité à mémoriser, légère atrophie, aberration mentale, désarroi... Les ordinateurs sont également programmés pour détecter les mots sans voyelles, ceux anormalement dépourvus d'un certain nombre de lettres; dans les deux cas, ces mots peuvent révéler un effort visant à coder une information. Les systèmes informatiques installés à Cheltenham sont en mesure d'intercepter puis de sélectionner ces communications au rythme de quatre millions de caractères à la seconde. Pour évaluer une telle rapidité, il faudrait imaginer cinq livres comme celui-ci entièrement lus et classés avant même qu'un individu ait pu prononcer le titre du premier en entier.

Un mois plus tôt, les relations et la coopération entre les deux organismes gardaient encore toutes les apparences de l'efficacité et de la confiance. L'amiral Bobby Inman, qui venait de quitter la direction de la N.S.A., s'était rendu en mai à Londres en visite privée à l'invitation de Tovey qui, au cours d'un dîner, avait alors souligné les « relations spéciales » existant entre leurs services respectifs, reprenant ainsi l'expression qui définit depuis trente ans les liens politiques entre la Grande-Bretagne et les États-Unis.

Depuis lors, tout s'est dégradé et si le numéro deux de la N.S.A., qui a la réputation d'un dur, s'est rendu dans la capitale britannique, c'est que l'exaspération des Américains est à son comble. Entre ses mains, un volumineux rapport qui lui a été transmis par l'antenne britannique de la N.S.A., avec en première page une fiche signalétique complétée d'une photo : celle de Geoffrey Prime.

Le fait divers en apparence anodin a en effet enrayé toute l'efficacité d'un système d'espionnage reposant sur la technologie la plus avancée. Le chauffeur de taxi, maniaque sexuel, se trouve au centre d'un grave malentendu transatlantique. Lorsqu'on tourne les pages du dossier, on découvre, en remontant dans le temps, que Prime, jusqu'à sa démission en 1976, fut au sein du G.C.H.Q. un agent important, chargé de traduire des messages confidentiels, puis chef de section, ce qui lui donnait accès aux documents classés top secret. Il aurait ainsi transmis à l'Union soviétique, au fil des années, tous les plans de l'armement nucléaire occidental.

Au cours de cette réunion clandestine dans le quartier de Mayfair, Tovey et son état-major sont violemment mis en cause par l'Américain pour leur négligence et leur inefficacité. Prime, en effet, put démissionner de son poste sans que les enquêteurs, à l'époque, se fussent penchés sérieusement sur les motifs de cette décision subite.

Mêmes accusations à propos des conditions dans lesquelles s'était effectuée son embauche en 1961. L'année précédente, Prime travaillait à Berlin-Ouest dans la Royal Air Force; il ne cachait pas sa fascination pour l'U.R.S.S. et prit alors contact avec un officiel soviétique pour lui faire des offres de services. De là remonte d'ailleurs sa coopération avec l'Est. Aucun de ces indices ne fut connu ou retenu lors des procédures de contrôle qui précédèrent son admission.

Pour la N.S.A. – qui, depuis la défection en 1960 de ses deux agents Mitchell et Martin, soumet chaque candidat à cinq mois d'enquête et au passage devant un détecteur de mensonges au cours duquel lui sont posées « des questions personnelles embarrassantes » –, le laxisme britannique est plus qu'inadmissible : inexcusable.

Pendant douze années, Prime se rendit sans autorisation en Autriche et en Finlande, ce qui est formellement interdit à un agent; il transmit des centaines de microfilms ultra-secrets, reçut d'importantes sommes d'argent. Il songea même à plusieurs reprises à passer définitivement en Union soviétique où une pension et un grade de colonel lui étaient promis. Tout ceci sans éveiller le moindre soupçon, jusqu'à son lamentable faux pas...

Pour Lincoln D. Faurer, nouveau directeur de la N.S.A., deux constats : « L'Agence britannique est devenue aussi bavarde qu'une vieille concierge », et, selon ses services, « 68 000 fonctionnaires britanniques, potentiellement détenteurs de secrets, ne sont pas sûrs, en raison de leurs sympathies politiques, de liens avec des pays hostiles, de déficiences caractérielles ou de problèmes de mœurs ». De tels chiffres – venant après l'affaire Blunt, ce critique d'art travaillant pour les Soviétiques et qui fut pendant vingt années conseiller de la reine – réveillent la psychose d'une Angleterre souvent considérée comme « la première productrice mondiale d'espions » – espions dont quelques-uns, les « taupes », creuseraient toujours dans les allées les plus proches du pouvoir.

Geoffrey Prime sera condamné le 10 novembre 1982 à trente-huit ans de prison pour – selon les termes du président du tribunal – « une trahison qui a causé des dommages exceptionnels à la Grande-Bretagne, à ses alliés et amis ». Sentence qui ne versera aucun baume sur les plaies américaines. L'Agence de Sécurité nationale qui, paradoxalement, n'a jamais bénéficié, de la part d'un Président américain, d'un soutien aussi inconditionnel que celui que lui apporte Ronald Reagan, affronte en effet de nombreux problèmes logistiques et internes.

A l'antenne de Hong Kong, supervisée par le G.C.H.Q., deux linguistes taïwanais sont passés en Chine populaire. Or, ce centre capte le trafic radio émis du site nucléaire chinois de Lop Noi et des bases d'essai pour missiles installées alentour. A la suite de cette défection, les communistes chinois ont changé les systèmes de codage de leurs communications, rendant beaucoup plus difficile la récolte de renseignements.

L'Agence de Sécurité nationale a également perdu la seule station d'écoute qu'elle considérait comme « irremplaçable » : celle de Kabkad, en Iran, à la frontiète soviétique. Grâce à un équipement qualifié de futuriste, les moindres détails de l'activité du centre d'essai spatial soviétique de Kuryatam, à huit cents kilomètres au nord, étaient immédiatement connus. En cas de lancement d'une fusée, Kabkad envoyait des signaux à un satellite qui les répercutait aussitôt en Alaska où des avions se tenaient prêts à décoller pour suivre la fin de la trajectoire de l'engin russe.

Deux mois après l'arrivée au pouvoir de Khomeiny, cette organisation superbe se disloque. Les employés iraniens de la base se mutinent et prennent en otages les techniciens américains, huit mois avant l'affaire de l'ambassade de Téhéran. Rien n'en filtre alors, mais les États-Unis acceptent de payer 500 000 dollars pour la libération de ces hommes au bout de sept semaines de détention. L'équipement tombé aux mains des Iraniens, qui représentait alors le comble de la sophistication technologique telle qu'on peut la concevoir dans la Silicon Valley, fut expédié pièce par pièce en U.R.S.S., grâce à la complicité de membres du Toudeh, le parti communiste iranien.

Enfin, la N.S.A. doit affronter la dissidence d'une fraction du monde universitaire américain dont elle souhaite contrôler et au besoin interdire la publication des travaux sur les codes secrets protégeant les ordinateurs. Problème qui tourne autour d'une question simple : la cryptologie doit-elle ou non rester un monopole gouvernemental? Chacun est conscient que le formidable développement des réseaux de communications, satellites, faisceaux hertziens, centres informatiques, ordinateurs individuels, ne s'est pas accompagné des mesures de sécurité correspondantes. Aux États-Unis, le montant total des « escroqueries informatiques » visant les banques, les entreprises et le gouvernement s'élève à plus de trois milliards de dollars par an.

Attaquer une banque n'implique plus désormais d'agression physique. Il suffit d'un branchement clandestin, sur un réseau de transmission, grâce à un répartiteur d'immeubles par exemple, pour capter les messages, obtenir les numéros de code, puis pénétrer dans la mémoire centrale de l'ordinateur. Lorsque le programme est mis en marche normalement, il déclenche aussi les ordres illégaux qui permettront l'accès aux secteurs les mieux protégés. Le fraudeur peut alors voler des renseignements ou transférer de l'argent à son crédit. Criminalité en col blanc beaucoup plus efficace que l'autre, car à peine 2 % de ces escroqueries sont connues, les banques ne souhaitant pas trop divulguer ce type d'affaires...

Il n'existait pas de système de code inviolable, jusqu'en 1977, date à laquelle I.B.M., après plusieurs années de recherches dans ses laboratoires de Kingston, met au point le premier code électronique. *« Data Encryption System »* est présumé inviolable. Le Département du Commerce américain l'adopte immédiatement et pousse les firmes privées à en généraliser l'usage. Intérêt louable et fructueux : six sociétés vont fabriquer les « chips » qui composent ce système de codage.

Mais un groupe de scientifiques, animé notamment par un chercheur de Stanford qui travailla pour la N.S.A., Martin Hellman, va révéler alors les termes d'un accord assez scabreux passé entre I.B.M. et l'Agence de Sécurité nationale : le constructeur aurait transféré à la N.S.A. certains de ses secrets de fabrication et, surtout, aurait accepté d' « affaiblir » le code mis en vente afin de permettre à l'Agence de mieux continuer à espionner les utilisateurs, notamment les firmes privées et les gouvernements étrangers...

La protection de cette masse énorme et diverse d'informations ultra-confidentielles, financières, économiques et stratégiques, constitue un enjeu fondamental. L'industrie des communications se développe à une vitesse fulgurante. L'espace se couvre de satellites qui, chaque jour, recueillent et transmettent un flux continu de renseignements vitaux. Les technologies nouvelles remettent en cause les activités traditionnelles, les méthodes de travail et d'échange. L'utilisation des câbles ou des faisceaux hertziens, la possibilité immédiate, pour chaque détenteur de micro-ordinateur, d'être relié à une ou plusieurs banques de données, font voler en éclats toutes les anciennes digues : techniques, psychologiques, mentales. Cette accélération de la circulation de l'information à travers la planète, la multiplicité des réseaux créés pour la relayer, la prolifération de systèmes se fondant sur l'innovation et la rapidité, laissent de côté ce phénomène essentiel : la sécurité.

L'information qui circule ainsi est vulnérable. Des dispositifs ingénieux peuvent permettre de se brancher sur des réseaux, des satellites, et de recueillir et détourner des renseignements qui affaibliront ou ruineront la position d'une firme concurrente, d'un État hostile. S'achève aujourd'hui une préhistoire de l'informatique où dominent encore trop souvent la lutte sauvage et le chaos.

Les dirigeants de la célèbre Federal Reserve Bank de New York se rappellent avec émotion la découverte, à la fin de 1982, d'un vol de stocks de données réputées inviolables, emmagasinées dans leur ordinateur central. En cette période d'instabilité financière pour le monde occidental, où la Fed joue un rôle clé dans l'économie mondiale, obtenir des renseignements sur sa stratégie en matière de taux d'intérêt peut conférer un avantage déterminant, pour une société ou un gouvernement, dans sa politique à moyen terme. Une variation d'1/2 ou d'1/4 de point peut permettre de gagner des millions de dollars en achetant ou vendant des actions. Trente-quatre mille messages transitent chaque heure par les services informatiques de la

Banque. Impossible de surveiller chacun de ceux-ci. Mais le manipulateur qui pénétra ainsi par effraction au cœur du dispositif informatique le fit avec une virtuosité stupéfiante, déjouant les pièges, fournissant les mots de passe, traversant tous les systèmes de défense. Il fallut des mois de « planque », à observer les messages transmis à l'ordinateur central, et l'injection de fausses informations, pour arriver enfin, le 29 novembre 1982, à neutraliser le voleur. Celui-ci ayant gobé les données-pièges, aussitôt un repérage téléphonique permit de détecter le numéro d'appel. Il s'agissait d'une des plus grosses agences de transactions boursières de Wall Street ! L'homme au bout du clavier était un ancien employé de la Fed engagé pour tenter de connaître les objectifs financiers de la banque centrale.

Paradoxe actuel : les plus importantes des informations ne sont plus d'origine officielle, mais de source privée, alors que la cryptographie et le codage continuent d'être considérés comme relevant uniquement du domaine militaire, plus précisément de l'activité de la N.S.A. qui entend exercer plus qu'un contrôle : une tutelle qui, au fil des ans, se révèle de plus en plus pesante.

La National Science Foundation s'intéresse de près aux travaux de cryptologie dont la dimension théorique séduit bon nombre de brillants chercheurs. Elle en finance un certain nombre, elle-même recevant des subsides de la N.S.A. Ces détails n'ont été connus que très récemment et se sont révélés sources de graves embarras pour l'Agence qui voyait démontrer à cette occasion à quel point elle avait étendu ses ramifications.

« Je suis prêt à engager le dialogue avec les chercheurs », déclara avec aplomb l'amiral Inman, directeur de l'Agence, lorsqu'il dut affronter une grave mutinerie de « cerveaux ». Des universitaires dépourvus de docilité avaient appris que leurs crédits avaient été supprimés sans raison. A d'autres il était demandé, « au nom de la sécurité nationale », que leurs recherches fussent classées top secret et ne puissent être utilisées. Ainsi George Davida, professeur d'informatique à l'université de Milwaukee, déposa un brevet pour un système de code utilisant des techniques mathématiques avancées. Sur avis et sous la pression de la N.S.A., la commission des brevets, qui délivre les autorisations, la refusa à Davida, ordonnant que son invention fût conservée secrète. Le professeur protesta, tempêta, arguant que cet ordre « était une atteinte aux libertés démocratiques ». L'amiral Inman rétorqua, laconique : « Vouloir déposer un brevet implique un désir de profit, non une aspiration à la liberté. »

La Maison Blanche trancha. A un groupe de scientifiques venus en délégation, les conseillers de R. Reagan répliquèrent que le Président s'en remettait totalement à la N.S.A. pour évaluer l'intérêt des travaux ainsi que la nécessité de les confisquer et de les classer sans que les intéressés eussent leur mot à dire.

Une mésaventure analogue advint à quatre chercheurs de la Silicon Valley, inventeurs d'un système de brouillage téléphonique vendu 100 dollars pièce et qui aurait permis à chaque acheteur de protéger ses communications d' « interceptions » indésirables. Là encore, la commercialisation du produit fut stoppée, puis interdite, et l'un des quatre chercheurs, Carl Nicolaï, exprima l'exaspération générale en déclarant : « Ceci relève d'un plan global de la N.S.A. visant à réduire les limites de la vie privée de chaque Américain. Ils n'ont cessé d'espionner les communications téléphoniques et ils écartent systématiquement toute invention qui rendrait plus difficile leur travail! »

Presque au même moment, reflétant, plus encore que ses habituelles contradictions, un réel durcissement de la société américaine, une cour d'appel fédérale rendit un jugement surprenant, admettant que l'Agence de Sécurité nationale puisse intercepter des messages échangés entre citoyens américains et correspondants à l'étranger même si les gens placés sur écoute ne sont pas pour autant considérés comme des agents à la solde d'une puissance étrangère. Ce jugement, rendu le 21 octobre 1982, mettait un point final à une affaire en litige depuis plusieurs années et dont le principal intéressé, Abdeen Jabara, représentait des citoyens arabo-américains devant les tribunaux. Depuis 1967, il était placé sur écoute par la N.S.A. et le F.B.I. Un premier jugement, rendu en 1979, avait reconnu que plusieurs communications et messages de Jabara avaient été détournés par l'agence, en violation du quatrième Amendement de la Constitution. La sentence opposée, rendue à la fin de l'année 1982, était d'autant plus inhabituelle que pour la première fois, le gouvernement avait ouvertement reconnu qu'une partie des systèmes d'écoute et d'interception de l'Agence étaient désormais réorientés vers la surveillance intérieure.

Pour un avocat luttant depuis des années contre les débordements des agences de renseignements, il s'agissait « là encore, comme dans le secteur privé, d'obtenir la maîtrise et le contrôle d'informations de toute nature. Telle est désormais la priorité aux yeux du gouvernement, et une liberté totale est donnée à cette fin à tous les grands empires : I.B.M., A.T.T... et N.S.A.! ».

XVII

LE CHOC DES TITANS

On pensait que ce serait un duel ; ce fut pratiquement un duo. Le choc des titans s'est transformé en une rivalité impitoyable, certes, mais où chacun des deux empires qui s'affrontaient entend préserver ses forces et son influence. L'enjeu : le marché mondial des télécommunications, estimé à 75 milliards de dollars par an, chiffre appelé à doubler au cours des trois prochaines années.

Dans cette course pour tisser à travers la planète de nouvelles lignes de communications, routes, voies ferrées et canaux de demain, qui bouleverseront de manière radicale l'environnement industriel et social, on ne retrouve plus, comme au siècle dernier, ces centaines ou milliers de petits entrepreneurs rivaux dans les mêmes objectifs. Cette fois, le combat destiné à façonner un « cerveau global » se livre principalement entre deux firmes géantes dont chacune détient technologies de pointe, ressources humaines et financières.

D'un côté, I.B.M., 340 000 salariés à travers le monde, des actifs atteignent 25 milliards de dollars et un chiffre d'affaires annuel de plus de 23 milliards de dollars. Avec 70 % du marché mondial des ordinateurs, répartis entre les services gouvernementaux, les banques, les agences de renseignement, les services de défense et les centres financiers, c'est tout le système nerveux de l'économie et de la sécurité mondiales qu'I.B.M. est en mesure de contrôler. Son objectif : se lancer désormais dans les télécommunications, industrie dont la croissance est d'une rapidité sans équivalent en termes de profits, d'emplois, d'innovation. Surtout, « l'immense pouvoir économique de l'industrie des télécommunications constitue – selon la formule de Jacques Vallée – le camp de base à partir duquel le pouvoir informatique partira à l'assaut des vieilles structures ».

La rivale d'I.B.M. mérite encore le label, lié à sa fortune et à sa puissance, de « plus grande entreprise ayant jamais existé sur terre ». Il s'agit d'A.T.T., American Telegraph and Telephone : 1 million de salariés, 3 millions d'actionnaires, 51 milliards de dollars de chiffre d'affaires.

Ces deux sociétés sont totalement intégrées à l'économie et à la culture américaines. Leur entrée sur ce nouveau marché augmentera encore leur taille et démultipliera leur influence sur nos sociétés.

Décrire A.T.T., c'est se servir d'un certain nombre de statistiques qui sont autant de superlatifs. C'est d'abord, comme nous l'avons dit, la plus grande entreprise connue, puisqu'elle représente le premier employeur des États-Unis en dehors du gouverment fédéral. Un million trente mille personnes y travaillent, dont 7 452 Smiths, 5 880 Johnson, 3 660 Brown – l'un d'eux est président... C'est aussi la plus riche des sociétés privées. Ses actifs dépassent 126 milliards de dollars, soit plus que les actifs combinés de General Motors, Ford, General Electric, Chrysler et I.B.M., et davantage que le produit national brut de plus de 20 pays. La société gagne 11 000 dollars par minute, 16 millions de dollars par jour, réalise plus d'1 milliard de dollars de chiffre d'affaires par semaine, et les 3 millions de personnes qui se partagent ses 750 millions d'actions – une majorité d'entre elles n'en détenant guère plus de 100 – continuent d'estimer que la prospérité de cette firme est directement liée à ses dimensions.

A.T.T. est présente sur les 50 États du territoire des États-Unis à travers 22 firmes de téléphone. La plus petite, Diamond State, dessert seulement le minuscule État du Delaware. La plus grande, Southwestern Bell, couvre le Texas et la zone Pacifique. Les lignes de ces 22 sociétés transmettent 180 milliards de conversations par an, 18 milliards d'appels à longue distance, 300 millions de conversations avec l'outre-mer.

A.T.T. est un paradoxe, puisqu'il s'agit d'une société privée qui assure, en situation de monopole, un service public : celui du téléphone. C'est aussi une institution américaine : créée en 1877, justement par Graham Bell, l'inventeur du téléphone, elle a épousé la courbe de croissance de l'économie américaine; ses soubresauts aussi.

En 1900, un observateur de Chicago confiait que « l'homme qui sait utiliser correctement un téléphone est une personne rare ». Des consignes d'utilisation étaient données : « Les lèvres ne doivent pas être placées à plus de trois centimètres du récepteur et la voix doit être toujours suffisamment haute pour pallier les baisses de fréquence sur les lignes... » En 1929, la crise oblige la société à licencier plusieurs dizaines de milliers de standardistes. Conséquence indirecte : l'automatisation du réseau téléphonique.

L'empire A.T.T. repose sur plusieurs entités, tel Western Electric, qui fabrique chaque année 15 millions de postes téléphoniques et assez de fil de cuivre pour faire 2 300 fois le tour de la terre. La principale usine de Western Electric est si étendue qu'on n'y circule qu'en voiture. Phénomène sans équivalent dans l'industrie américaine, cette société n'a qu'un propriétaire : A.T.T., qui est aussi son principal client. C'est un peu comme si la compagnie aérienne T.W.A. fabriquait elle-même ses Boeing 747...

Il existe aussi les laboratoires Bell – où fut inventé le transistor en 1956 – qui sont installés à Murray Hill, dans le New Jersey. Quatorze mille chercheurs y travaillent à l'électronique de pointe, au laser, ou encore sur le comportement humain vis-à-vis du téléphone. Ainsi, l'idée de remplacer les cadrans par des touches a été retenue après de multiples expérimentations démontrant que les individus composaient plus efficacement leurs numéros s'ils disposaient de véritables cibles pour leurs doigts. Trente-huit variantes furent testées avant que ce type d'appareils ne soit lancé.

Cent trente-huit millions de téléphones installés sur le territoire des États-Unis appartiennent à A.T.T. Vingt-cinq mille d'entre eux sont placés au Pentagone, qui est le plus important utilisateur au monde avec une facture mensuelle de 725 000 dollars.

Une famille américaine aux revenus moyens passe environ une demi-heure par jour au téléphone. Elle reçoit et transmet 32 appels par semaine, soit un peu moins de 5 par jour. Sur 100 appels, 4 sont destinés à des distances dépassant 122 kilomètres. Les personnes âgées sont celles qui téléphonent le plus : 88 appels en moyenne par semaine, contre 36 pour une famille jeune. Les femmes sont les plus grandes utilisatrices. Sur 32 appels qu'une famille compose, 19 émanent de l'épouse, 10 du mari et 3 des enfants.

Le 27 février 1975, un incendie ravagea le central téléphonique de New York, mettant hors d'usage 170 000 téléphones dans plusieurs quartiers de Manhattan. Ce fut l'occasion d'une enquête serrée des services statistiques auprès des personnes « sinistrées ». 10 % seulement déclarèrent en avoir profité pour écrire davantage de lettres. L'immense majorité d'entre elles reconnurent avoir été « isolées » et « mal à l'aise » et précisèrent que cette vie sans téléphone les avait « frustrées ».

Tout ceci témoigne de l'extraordinaire emprise de cet empire surnommé familièrement par les Américains « Ma Bell » et dont le quartier général se trouve dans un immense building au 195, Broadway. Dans les eaux souvent agitées du monde des affaires, A.T.T. semble un havre de stabilité : peu de révolutions de palais, pratiquement pas d'évictions. Les 39 membres de l'exécutif appartiennent à la société depuis 25 ans. Peu de diplômés d'universités prestigieuses parmi les dirigeants d'A.T.T., mais des hommes formés dans des collèges de province, des individus provenant pour la plupart de petites villes des États-Unis, marqués par le sens des valeurs, un zèle professionnel indéniable et un conformisme à toute épreuve. A.T.T. reflète peut-être plus que toute autre firme les tendances et les mœurs de l'Amérique profonde.

La contrepartie? Un étonnant anonymat. Au cours d'un sondage destiné à évaluer l'impact public de diverses personnalités, de H. Kissinger à B. Streisand, seulement 2 % d'Américains identifièrent en John De Butts, à l'époque président d'A.T.T., le dirigeant d'une puissante société privée. Il est vrai que l'état-major de l'entreprise pourrait reprendre à son compte la confidence faite au début du siècle par le détenteur d'un célèbre empire sidérurgique européen : « Le bien ne fait pas de bruit et le bruit ne fait pas de bien. »

A cet égard, aucune inquiétude. A.T.T. est le plus grand emprunteur aux États-Unis après le Trésor. Ses obligations sur le marché se chiffrent à 52 milliards de dollars, mais la signature de la firme est considérée par les milieux financiers internationaux comme la plus fiable après celle de l'État américain, et bien avant de nombreux gouvernements occidentaux.

Pour en terminer avec la description de cette firme aux multiples ramifications, il convient encore de préciser qu'en son sein sont exercés plus de 6 500 emplois différents. Le total annuel des salaires se monte à 21 milliards de dollars, le plus élevé étant évidemment celui du président : 588 187 dollars (près de 420 millions de nos centimes), et le plus bas : 7 020 dollars (50 000 de nos francs), pour un employé de bureau.

A.T.T. possède également les 1,4 million de téléphones payants que l'on trouve au coin des rues, dans les drugstores, les métros, les autoroutes et même à l'intérieur de la Statue de la Liberté. Des ordinateurs signalent qu'il faut vider ces appareils chaque fois qu'ils contiennent 72 dollars.

A.T.T. se révèle également comme le premier éditeur des États-Unis. Chaque année sont diffusés 120 millions d'exemplaires d'annuaires téléphoniques, soit 400 000 tonnes de papier. Le plus volumineux est celui de Houston, Texas, qui contient 2 899 pages et 939 690 abonnés, dont 8 530 portent le nom de Smith. Le plus mince est celui de Fort Farley, dans le Missouri : trois pages, 282 abonnés, et 4 Smith.

A.T.T., propriétaire de plus de 24 000 bâtiments, en loue 1 000 autres. Il n'est pas d'autre société au monde qui détienne un tel patrimoine immobilier. L'investissement annuel dans l'achat et la construction est de 15 milliards de dollars.

Enfin, la firme entretient un parc de plus de 177 000 véhicules, voitures particulières, camions, 17 avions, plusieurs dizaines d'hélicoptères, une compagnie maritime... et même une ligne de chemin de fer.

I.B.M. et A.T.T. ont longtemps négocié ensemble, comme deux puissances désireuses de s'entendre pour éviter toute friction à la périphérie de leurs empires. Des rencontres informelles entre dirigeants des deux firmes permettaient déjà à la société d'informatique de s'assurer en permanence que ses produits correspondaient bien aux exigences techniques d'A.T.T., qui restait l'un de ses clients. Il y eut même, au cours de l'année 1972, deux rencontres secrètes entre Learson et De Butts, présidents respectifs d'I.B.M. et A.T.T., où Learson exposa nettement à son interlocuteur tout l'intérêt porté par I.B.M. à la poursuite de la croissance d'A.T.T. Peu après, le géant américain des ordinateurs décidait de renoncer au marché américain du téléphone : décision qui surprit, car International Business Machines semblait disposer de tous les atouts pour livrer une concurrence sévère à A.T.T. Mais, justement, le principe des grandes firmes est de dépasser le simple stade de la rivalité d'économie de marché, compétition qui peut s'avérer par trop coûteuse pour chacun des rivaux.

Si les temps ont changé et si I.B.M. et A.T.T. entrent désormais en lice, c'est parce que l'industrie des communications s'est elle aussi considérablement modifiée. De la science informatique et des télécommunications a surgi une nouvelle technologie, celle des *Data Communications*, où les deux géants sont parties prenantes.

Mais rien n'aurait été réalisable ni ne serait aujourd'hui explicable sans l'osmose entre l'Administration républicaine et le monde des affaires. L'accès au pouvoir par la richesse a toujours été une constante de la politique américaine. Mais, lors de la cérémonie d'intronisation de Reagan à Washington, en janvier 1981, le magazine *Fortune* peut décrire avec des accents stupéfaits « les quatre cents jets privés stationnés sur l'aéroport national, les avenues de la capitale envahies de Cadillacs et autres somptueuses limousines circulant pare-chocs contre pare-chocs... ». Ajoutons que les dix principaux membres du cabinet Reagan sont tous multimillionnaires en dollars.

Aussi, lorsqu'en janvier 1982 A.T.T. et I.B.M. virent se clore à leur bénéfice deux longs procès pour infraction à la loi anti-trust, nul ne fut vraiment surpris : Reagan réhabilitait pleinement la libre entreprise. Les trois ministres qui avaient eu à connaître et traiter de ces deux affaires litigieuses étaient le ministre de la Justice, celui du Commerce et le Secrétaire au Trésor. Le titulaire du premier poste, William French Smith, a longtemps siégé aux conseils d'administration de quelques-unes des plus grosses sociétés de la côte Ouest, et ses revenus dépassent les 3 millions de dollars. Le second, Malcom Balbridge, bénéficiait, l'année de sa nomination, d'un revenu annuel de 2,5 millions de dollars. Quant à Donald Reagan, le Secrétaire au Trésor, après une brillante carrière à Wall Street, il « vaudrait » à lui seul plus de 35 millions de dollars.

Le « néo-libéralisme » prôné par ces hommes tend à réduire le rôle des pouvoirs publics en accroissant celui des grandes firmes et en favorisant des regroupements jugés nécessaires par la crise et la compétition internationales.

I.B.M. était depuis longtemps parfaitement installée dans les allées du pouvoir. Même un populiste comme Jimmy Carter comptait dans son entourage immédiat, parmi ses ministres les plus influents, des hommes appartenant à la firme de Thomas Watson : Cyrus Vance, Secrétaire d'État; Harold Brown, Secrétaire à la Défense; Jane Pfeiffer, ministre du Commerce; Patricia Harris, ministre du Logement et du Développement urbain. Pourtant, l'annonce faite le 8 janvier 1982 marque un tournant dans l'histoire industrielle américaine des soixante dernières années. I.B.M. pourra garder intactes ses structures existantes. Depuis 1969, la firme était accusée par le gouvernement fédéral de violer la législation anti-trust et d'avoir profité de sa situation de monopole pour commercialiser certains de ses produits à des prix inférieurs aux coûts de production. Le découpage de la firme en plusieurs sociétés était donc réclamé.

Le gouvernement Reagan, en acquittant I.B.M., estima n'avoir disposé que d'un dossier « très faible », et le ministère de la Justice ne vit « rien d'illégal » à ce que cette firme contrôlât les trois quarts du marché américain des ordinateurs... A l'issue d'un procès qui aura duré près de quatorze années, le bilan juridique et financier était extravagant : 103 041 pages de dossiers, des millions de documents collectés, 928 dépositions et plus d'un demi-million de dollars dépensés par la firme pour assurer sa défense!

Dans le cas d'A.T.T., poursuivie depuis 1974, le verdict rendu le même jour s'avéra aussi bénéfique à la société n° 1 au palmarès mondial des firmes privées. De fait, d'après les milieux d'affaires, la plus grosse société mondiale venait de réussir « un coup de maître en sacrifiant son passé à l'avenir ». En échange du « feu vert » donné à la conquête des nouveaux marchés de la haute technologie, orientés vers l'informatique et les télécommunications, A.T.T. était appelée à se séparer dans un délai de dix-huit mois de ses 22 sociétés téléphoniques locales, représentant les deux tiers de ses actifs, qui deviendraient indépendantes. Sacrifice qui n'était qu'apparent. Les sociétés cédées étaient les moins rentables et A.T.T. conservait intacts ses plus beaux fleurons : son réseau téléphonique à longue distance, qui représente 90 % du marché aux États-Unis;

ses laboratoires de recherche Bell, parmi les plus importants au monde; enfin, l'ensemble de ses activités de production d'équipements, rassemblés au sein de Western Electric.

Surtout, le jugement prononcé rapportait un décret datant de 1956 et qui, pour éviter le démantèlement de Western Electric, confinait A.T.T. au secteur téléphonique en lui interdisant de s'attaquer aux marchés liés à l'informatique...

Après son amputation, la firme d'un million d'employés, aux 126 milliards de dollars d'actifs, est devenue une société de 500 000 salariés aux avoirs de 57 milliards de dollars. Taille qui demeure respectable, puisqu'elle ramène A.T.T. à des dimensions quelque peu supérieures à celles d'I.B.M., tout en gardant intact son potentiel d'avenir.

La société tire probablement beaucoup mieux son épingle du jeu que les usagers qui ne bénéficient aucunement de cette scission. En effet, les responsables des compagnies locales nouvellement indépendantes ont annoncé que les tarifs des communications, n'étant plus subventionnés par les appels à longue distance (jusqu'ici, 37 cents de chaque dollar payé pour une communication outre-mer servaient à soutenir les services téléphoniques locaux), beaucoup plus rentables, allaient être relevés et doubleraient probablement au cours des cinq prochaines années.

Le monde des affaires ne se trompe pas sur l'ampleur du tournant ainsi amorcé par le gouvernement fédéral. Le *Wall Street Journal* écrit : « Le secteur privé a vaincu l'arrogance de l'administration. » Et d'ajouter : « L'accord anti-trust propulse A.T.T. vers l'avenir. »

La nouvelle compétition qui s'amorce exige non seulement une formidable puissance financière et technologique, mais aussi une remarquable rapidité dans le choix des investissements et la définition des nouveaux systèmes de communication à mettre en place. A.T.T. possède indiscutablement des atouts, au premier rang desquels ces 49 milliards de dollars résultant de la vente ou de la cession temporaire des brevets conçus dans ses laboratoires où près de 2 milliards de dollars sont investis chaque année dans la recherche (plus que dans toute la France). Elle est aussi une des rares firmes, avec son concurrent I.B.M. et peut-être également General Electric, à posséder le gigantisme qui lui permet d'intégrer verticalement toutes les activités d'information : fabrication des produits, transmission, osmoses entre l'informatique et la fabrication des équipements de télécommunications.

Mais des handicaps existent. A.T.T., grâce à sa situation de monopole, a connu durant des décennies le privilège d'être à l'écart de la compétition industrielle qui a fait rage aux États-Unis. C'est une firme détentrice d'un marché immense, mais aussi une compagnie assoupie. Elle doit moderniser son réseau de communications, qui vaut 146 milliards de dollars; elle doit aussi galvaniser ses 500 000 salariés pour leur faire retrouver les réflexes du bon fabricant et l'agressivité du vendeur efficace.

A la base de cette nouvelle stratégie, un homme au visage vif, Archie MacGill, un vétéran d'I.B.M. passé à l'adversaire. Les mesures prises? D'abord des incitations financières. Désormais, les commissions sur les ventes représentent près de 50 % du revenu mensuel des cadres.

Autrefois, de même qu'Henry Ford ne produisait qu'un seul modèle, de couleur noire, A.T.T. ne fournissait qu'un seul type de combiné téléphonique : gris. Le changement fut lent et si, au début des années 60, la gamme s'était largement diversifiée en teintes et en formes, elle révélait une nouvelle fragmentation du marché, une aspiration accrue de la clientèle à la diversité et à la personnalisation. Si A.T.T. a épousé cette évolution avec prudence et pondération, cette attitude timorée n'est plus de mise aujourd'hui. Les capacités de vente d'A.T.T. étaient jusqu'ici handicapées par des lignes de produits que de nombreux acheteurs rivaux considéraient comme dépassées. En moins d'un an, 60 000 techniciens ont été reconvertis aux nouveaux objectifs. Des produits ont été lancés en moins de dix-huit mois et A.T.T. a réussi à vendre pour plus de 800 millions de dollars en biens et équipements de communication à des acheteurs étrangers.

En septembre 1982, la société engageait avec le géant Philips des négociations qui se sont conclues le 22 juillet 1983 par la création d'une filiale commune qui produire et vendra des équipements téléphoniques. L'objectif : prendre de vitesse une Europe qui n'est pas encore en mesure de réagir ni de contre-attaquer, conquérir les marchés fructueux des vieilles démocraties avec l'aide du remarquable réseau de distribution dont dispose Philips.

De même A.T.T. paraît le mieux placé face à ses rivaux anglais et français pour installer le nouveau câble transatlantique, baptisé T.A.T.-8, construit pour la première fois en fibre optique et transmettant les messages sous forme de flashes laser. Coût du contrat : entre 300 et 400 millions de dollars.

Aux États-Unis, la presse traditionnelle frémit à l'idée de la concurrence imparable que pourrait lui livrer A.T.T. grâce à de nouveaux réseaux qui diffuseraient des informations à domicile. L'importance des investissements implique des alliances, des regroupements – comme celui opéré entre I.B.M. et Satellite Business Systems. En effet, si les nouvelles technologies sont souvent moins onéreuses à l'usage que les anciens équipements, elles exigent toujours au départ des apports massifs en capitaux. S.B.S. a dû investir plus de 600 millions de dollars dans l'élaboration de son réseau-satellite, avant de récupérer un seul cent de bénéfice. D'où la volonté des entreprises financières de ne se lancer dans ce secteur qu'en effectuant des placements avisés et en élargissant leur champ d'activités.

Ainsi American Express, numéro un mondial du chèque de voyage avec 60 % du marché et un chiffre d'affaires de près de 5 milliards de dollars : associé à I.B.M., American Express vient de monter un réseau d'informations touristiques avec la coopération de Warner Communication, le principal actionnaire d'Atari. A.T.T. a dépensé de son côté plus de 40 millions de dollars pour élaborer un véritable journal électronique dans la région de Miami.

Face aux pressions des deux géants, les sociétés concurrentes se regroupent au sein d'accords de joint-ventures. Ainsi, Tandem Computer, un des principaux fabricants d'ordinateurs de la Silicon Valley, vient de se lier à American Satellite qui possède déjà plusieurs satellites dans l'espace et dépensera 100 millions de dollars en 1984 pour lancer deux autres modèles. Cette firme est elle-même liée par des accords à Continental Telecom et Fairchild Industries, un des plus gros fabricants de micro-processeurs de la Valley, appartenant maintenant au groupe français Schlumberger.

Cette mutation va certainement susciter des bouleversements sur le marché de l'emploi, les systèmes de prix et d'échanges, et affaiblir sans doute également le potentiel technologique de certains pays; il est à craindre que l'Europe, dépourvue de réactions et de stratégie, soit la première touchée. Il est non moins certain que ces systèmes de communications qui vont se développer parallèlement ne seront pas homogènes ; à travers la concurrence sur les prix et la qualité des services, les consommateurs devraient en retirer un certain nombre de bénéfices.

Mais le plus insolite est que nul n'ose prédire les conséquences de l'extraordinaire rivalité ainsi engagée. « Si vous laissez pénétrer librement dans le champ des télécommunications des firmes de la taille d'I.B.M. et d'A.T.T., personne ne peut se risquer à prophétiser ce qu'il en adviendra, confie un expert financier. C'est comme un combat singulier entre Dieu et Dieu! »

CONCLUSION

Nous sommes arrivés au point de fracture avec les cent années d'économie industrielle vécues jusqu'ici. Période trop longue pour ne pas rendre difficiles, lentes, mais aussi extrêmement coûteuses en capital humain, les décisions et adaptations qui s'imposent. La pensée du XIXe siècle, en désarroi, affronte l'univers du XXIe siècle et tente avec peine d'y puiser les moyens de sa survie.

Nous avons, depuis plusieurs années, par une mutation inexorable mais longtemps ignorée, changé de type d'économie. Les signes qui permettent de l'entrevoir sont devenus désormais perceptibles à tous. Le monde industrialisé se scinde et ressemble de plus en plus à une « société duale » : deux pôles coexistent entre lesquels s'accentuent l'écart, l'inégalité dans le développement, l'adaptation, l'innovation.

D'un côté la « crise », avec des systèmes politiques inefficients, des industries en déclin, des administrations pléthoriques, des syndicats corporatistes ou dépassés. Bref, des entités qui furent les créations d'un industrialisme triomphant et qui ne sont plus que les symboles d'un monde agonisant.

Entre elles n'existent que des relations de dépendance, des attitudes de clientélisme : une relation infantile, crispée sur des analyses et des revendications anachroniques, alors que partout s'accélèrent les modifications du paysage socio-économique.

Les caractéristiques traditionnelles de ce paysage volent en éclats : le gigantisme disparaît au profit d'entreprises petites de taille, formidablement novatrices, rapides dans leur adaptation aux besoins et à la conjoncture; le centralisme s'efface; la standardisation, dans les systèmes de production comme dans les modes de vie, n'est déjà plus qu'une référence négative.

« La crise n'affecte pas le capitalisme qui est la pointe extrême de l'économie, déclarait Fernand Braudel. Il n'est pas lié étroitement aux contextes nationaux, mais vit aux dimensions du monde. Le capitaliste est un homme qui traverse la conjoncture... »

Formule définissant parfaitement ce tissu nouveau et dense qui se développe avec un stupéfiant dynamisme en contournant les archaïsmes qui subsistent encore.

Cet autre versant n'est pas seulement celui de la croissance, mais d'une économie nouvelle, reposant sur l'information et l'intelligence. John Naisbitt, conseiller de plusieurs grandes firmes, révèle qu'au cours des années 70, 20 millions d'emplois ont été créés aux États-Unis, mais seulement 5 % dans l'industrie, contre plus de 90 % dans le nouveau secteur du savoir et de l'information électronique. 80 % de ces emplois ont été créés par des compagnies relativement petites et ayant moins de cinq ans d'âge. Au plus fort de l'expansion industrielle des années 50, confie également Naisbitt, 93 000 sociétés nouvelles surgissaient chaque année. En 1982, le chiffre a été de 600 000.

Mais alors que l'ordinateur, loin d'être un adversaire, dépend uniquement de l'intelligence des hommes, à tous les niveaux, les réticences et résistances envers l'informatique, accusée de réduire le nombre des emplois, se prolongent, ignorant les arguments les plus évidents, tel celui réaffirmé inlassablement pas Alfred Sauvy : « Dans tous les pays industriels, il existe bien plus d'emplois qu'avant l'apparition de la machine, il y a deux siècles... Ne licenciez pas, est-il dit partout. Si nous avions suivi depuis deux siècles ce conseil, nous serions tous encore paysans, sans universités, ni hôpitaux, ni retraites. » Il semble d'ailleurs que les dommages spectaculaires causés à l'économie mondiale soient moins dus à « la crise », que personne n'est en mesure de définir, qu'à une crise d'adaptation à cette économie nouvelle.

Jusqu'ici, les attitudes observées n'incitent guère à l'optimisme. Les fusions décidées au sommet entre des entreprises en déclin ne créent ni richesses ni emplois et revêtent la même stérilité que les regroupements de circonstance entre mouvements politiques. Un exemple qui prend valeur de symbole :

celui de l'acier qui exprima si bien la prospérité industrielle, et qui constitue aujourd'hui le chemin de croix des États occidentaux. Nous subventionnons très cher un acier que nous ne vendons plus. Parce que ce matériau, comme l'économie qui l'incarne, est lourd, trop cher, en grande partie périmé, largement supplanté par des produits plus souples, plus légers, infiniment plus résistants et rapides.

Mais, plus grave encore que la crise de l'acier est la sous-information qui l'a sous-tendue. Les dangers de la concurrence n'ont jamais été sérieusement évalués, pas même envisagés; les impératifs du marché, eux, ont été superbement ignorés. Arrogance dont le prix est terrible : des régions sinistrées, des chômeurs meurtris dont l'avenir et la nécessaire reconversion n'ont jamais été pris en compte.

Tout simplement parce que le passé était le seul système de référence des dirigeants de ce secteur, comme il continue de l'être dans l'univers politique.

Or, face à un savoir jusqu'ici trop souvent négligé, inutilisé, la connaissance va être le fondement de la nouvelle économie, et, pour la première fois dans l'histoire d'une société, une majorité de travailleurs produira des informations plutôt que des biens classiques. De même, les nouvelles industries ont comme système d'évaluation constant l'avenir et les moyens de l'anticiper. Attitude indispensable alors que les décisions essentielles devront être prises avec une extraordinaire rapidité.

Les conséquences psychologiques et culturelles en seront probablement très profondes. Nos perceptions du monde s'édifieront et se modifieront à partir des nouveaux acquis qui s'imposeront alors à nos esprits et à nos réflexions.

On peut aussi envisager que la rapidité et la diversité – deux des critères fondamentaux de cette société de demain – aboutiront probablement en tous domaines à un affaiblissement très sensible des grands dogmes classiques. Systèmes idéologiques et engagements traditionnels achèveront leur déclin face à une réalité qui apparaîtra alors à l'individu dans toute sa mobilité et sa complexité.

BIBLIOGRAPHIE

CHAPITRE I

Livres :

GIGON Fernand, *Le Jeudi Noir*, Laffont.
KEVLES Daniel, *The Physicists*, Random House.
MORGAN Jane, *Electronics in the West. The First fifty years*, Palo-Alto.
NOBLE David, *American by Design*, Alfred A Knopf.
SILK Léonard et Mark, *The American Establishment*, Avon Books.
TOFFLER Alvin, *La Troisième vague*, Denoël.

Revues et Articles de presse :

L'Expansion - l'an 2000 de la révolution industrielle, Lefournier Philippe et interview Fernand Braudel.
Géo, février 82.
Lui, octobre 82.
Electronics News, 27 décembre 82.

CHAPITRE II

Livres :

Cités Géantes (ouvrage collectif), Fayard.
HALBERSTAM David, *Le Pouvoir est là*, Fayard.
HANSON Dirk, *The New Alchemists*, Little Brown.

MACCOBY Michael, *The Gamesman*, Simon and Schuster.
OSBORNE Adam, *Running Wild*, Berkeley.

CHAPITRE III

Livres :

ALLEN Gary, *The Rockefeller File*, 76 Press California.
BELL Daniel, *Winding Passage*, Abt Books.
DEAL Terence et KENNEDY Allan, *Corporate Cultures*, Addison Wesley.
DRUCKER Peter, *Managing in Turbulent Times*, Harper and Row.
LEVINSON Charles et LAURENT Éric, *Vodka-cola*, Stock.
MAYER Martin, *The Bankers*, Ballantine Books.
PISAR Samuel, *Coexistence and commerce*, Mac Graw Hill.
SNEPP Frank, *Interval Decent*, Édit. française, Balland.
SUTTON Antony C., *Wall Street and the Rise of Hitler*, 76 Press California.
TOFFLER Alvin, *La Troisième vague*, Denoël.

CHAPITRE IV

Livres :

CAVE BROWN Antony, *Bodyguard of lies*, Édit. française : La guerre secrète, Pygmalion, Gérard Watelet.
CHURCHILL Winston, *Mémoires*, Plon.
EVANS Christopher, *Les Géants minuscules*, Inter Éditions.
GOLDSTINE Herman, *The Computer from Pascal to Von Neumann*, Princeton University Press, 1972.
KAHN David, *The Codebreakers, Hitler's Spies*, MacMillan.
SAMPSON Antony, *I.T.T. l'État souverain*, Alain Moreau.
STEVENSON William, *A man called Intrepid*, Ballantine Books.
TURING Sara, *Alan Turing*, Cambridge, Heffer and Sons.
WINTERBOTHAM F.W., *The Ultra Secret*, Harper and Row.

CHAPITRE V

Livres :

BOWDEN B.V., *Faster Than Thought*, Pitman Publishing.
BRAUN Ernest et MACDONALD Stuart, *Revolution in miniature*, Cambridge University Press.

EVANS Christopher, *Les Géants minuscules*, op. cit.
VON NEUMANN John, *The Computer and the brain*, Yale University Press.
FISHMAN KATHARINE Davis, *The Computer Etablishment*, Mac Graw Hill.
HANSON Dirk, *New Alchemists*, op. cit.
KOESTLER Arthur, *Les Somnambules*, Calmann-Lévy.
MAC CORDUCK Paméla, *Machines Who Think*, Freeman and Co.
SOBEL Robert, *IBM* (Colossus In Transition), Times Book.
TYNE Gerald, *Saga of the vacurum Tube*, Howard & Sams.
VALLEE Jacques, *The Network Révolution*, And/or Press Berkeley.
WIENER Norbert, *The Human Use of Human Beings*, Houghton Mifflin.

Revues :

Electronics, Special 50 th Anniversary, 17 avril 80.
National Géographic, octobre 82.
Popular Computing, février 83.

CHAPITRE VI

Livres :

BAMFORD James, *The Puzzle Palace*, Houghton Mifflin.
HALBERSTAM David, *Les meilleurs et les plus intelligents*, Laffont.
FORESTER Tom, *The microelectronics Revolution*, Mit Press.
OBERG James, *Red Star in Orbit*.
SALOMON Jean-Jacques, *Science et politique*, Le Seuil.
VALLEE Jacques, *The Network Revolution*, op. cit.

Revues et journaux :

New York Times Magazine, 3 octobre 82 : JASTROW Robert.

CHAPITRE VII

Livres :

BAMFORD James, *The Puzzle Palace*, Houghton Mifflin.
DICKSON Paul, *Think Tanks*, New York, Atheneum.
KAHN David, *The codebreakers*, MacMillan.
MARCHETTI Victor et MARKS John, *La Cia et le culte du renseignement*, Laffont.

Security practices, in the National Security Agency – Rapport de la Chambre des représentants, août 62.
WISE David, *The Invisible government*, Vintage Books.

Revues et journaux :

New York Times, 6 août 60, 31 août 60, 7 septembre 60, 11 septembre 60.
Penthouse, novembre 80.
Newsweek, 15 août 60, 19 septembre 60.
New York Times, 7 juin, 9 décembre 73, 22 décembre 1974.
Washington Post, 22 novembre 61.

CHAPITRE VIII

COLBY William, *Honorable Men*, Simon and Schuster.
CROZIER Michel, *Le mal américain*, Fayard.
HALBERSTAM David, *Les meilleurs et les plus intelligents*, Laffont.
HOROWITZ David, *De Yalta au Vietnam*, Bourgois.
MAC COY Alfred, *The politics of Heroin in Southeast Asia*, Harper and Row.
MARCHETTI Victor et MARKS John, *La Cia et le culte du renseignement*, Laffont.
NIXON Richard, *Mémoires*, Éditions Stanké.
THÉOHARIS Athan, *Spying on Americans*, Temple University Press.
WHITE Theodore, *Forfaiture à la Maison-Blanche*, Fayard.
WISE David, *The Politics of Lying*, Random House.

Journaux et Revues :

Foreign Affairs, automne 79 : David KAHN.
Huston Plan, Committee on intelligence US Senate.
Neesweek, 14 septembre 1981.
New Statesman.
New York Times, 22 décembre 1974.
New York Times, 7 juin 1973.
Penthouse, Tad SZULC, septembre 1975.
Ramparts, août 1972.
Washington Post, 16 septembre 71, 5 décembre 1973, 6 et 7 août 75, 5 décembre 75.

CHAPITRE IX

Livres :

DULLES Allen, *The Craft of Intelligence,* Signet Books.
LEVINSON Charles et ÉRIC Laurent, *Vodka-cola,* Stock.
MORGAN Dan, *Les Géants du grain,* Fayard.

Revues et journaux :

Covert Action, décembre 80.
Foreign Affairs, automne 79, David KAHN.
Science, 29 juillet 77.

CHAPITRE X

Livres :

ASTRE G., *Situation de l'idéologie aux U.S.A.,* Lettres modernes.
ELIADE Mircea, *Rites and symbols of initiation,* Harper and Row.
JACOBY Michael, *The Gamesman,* Bantam Books.
MOLNAR Thomas, *Le modèle défiguré,* Presses universitaires de France.
OLSHAKER Mark, *The Instant Image,* Stein and Day.
SMITH Hedrick, *Reagan the man, the President,* MacMillan.

Revues et Journaux :

Autrement : La Californie (article sur Jerry Rubin), 81.
La Recherche, avril 83.
Fortune, 4 octobre 82.

CHAPITRE XI

Business Week, The US décline, microprocessors, a revolution for growth. *Special Report,* mars 79, Robots join the labor force; *Special Report,* juin 80.
CLEERY R.H., *Policy change in managment,* Michigan State university.
DEAL ET KENNEDY, *Corporate Cultures,* Addison Wesley.
NAISBITT John, *Megatrends,* Warner Books.

OSBORNE Adam, *Running wild,* Berkeley.
SOBEL Robert, *IBM,* Colossus in transition.
TOFFLER Alvin, *La Troisième vague.*

Revues et Journaux :

La Recherche.
Libération, 21 janvier 83, Michel LEPINAY.
Pour la Science, février 83.
Wall Street Journal, 18 janvier 83.
Science Digest, décembre 82.
Time, 3 janvier 83.
Business World, printemps 83.
Business Week, Special Report (A New Era for Management), 25 avril 83.
Business Week, 22 novembre 82.
New York Times : Supplement Office Today.

CHAPITRE XII

Livres :

BODEN Margaret, *Artificial Intelligence and Natural Man,* Basic Books.
CLAIR-LAMBERT Denis, *Le mimétisme technologique des Tiers Mondes,* Economica.
ETRILLARD Gilles, SUREAU François, *A l'Est du monde,* Fayard.
FEIGENBAUM Eward, MAC CORDUCK Paméla, *The fifth Generation,* ADDISON Wisley.
HANSON Dirk, *New Alchemists,* Little Brown.
ROSS Alan, *Minds and Machine,* Prentice Hall.
OUCHI William G., *Theory Z,* Avon Books.
TANNER Richard et ATHOS Pascale, *The Art of Japanese Management,* Penguin Books.
VOGEL Ezra, *Le Japon médaille d'or,* Gallimard.
WEIZENBAUM Joseph, *Computer Power and Human Reason,* Freeman and Co, San Francisco.

Revues et Journaux :

Asia Week, 4 juin 82.
Asia 2000, août-septembre 82.
Business Week, 18 octobre 82.
Electronic News, 27 décembre 82.
Far Eastern Economic Review, 11 juin 82 : *Japan 82, The Trade war.*
Fortune, 4 octobre 82.

International Herald Tribune, 9 novembre 82.
L'Expansion : L'an 2000 de la révolution industrielle.
Le Monde, 30 décembre 81.
Newsweek, Focus, juin-juillet 80.
Omni, octobre 82.

CHAPITRE XIII

Livres :

FEIGENBAUM Edward et MAC CORDUCK Pamela, *The Fifth Generation*, opus cit.
VOGEL Ezra, *Le Japon médaille d'or*, Gallimard.

Revues et Journaux :

Computer World, 7 septembre 81.
International Herald Tribune, 26 juin 82 et 8 juillet 82.
Wall Street Journal, 28 avril 81, 28 septembre 82.
Fortune, 27 février 78.
New York Times, 28 et 29 septembre 82.
San Francisco Examiner, 23, 24, 27 juin 82.
San José Mercury, 8 octobre 82.

CHAPITRE XIV

Livres :

BROWNSTEIN Ronald et EASTON Nina, *Reagan's Ruling Class*, Pantheon Books.
JUDET Pierre, *Les nouveaux pays industriels*, Éditions Ouvrières.
MACY COX Arthur, *La roulette russe*, Seghers.

Journaux et Revues :

Asia Week, 5 novembre 82.
New York Times, 1er octobre 82.
San José Mercury, mai 82.
Popular Science, octobre 82.

CHAPITRE XV

Livres :

CLARK Ronald, *Einstein*, Stock.
GROSSER Alfred, *Les Occidentaux*, Fayard.
SALOMON Jean-Jacques, *Science et politique*, Le Seuil.
STEVENSON William, *A man Called Intrepid.*
TRUMAN Harry, *Mémoires*, Plon.
JUNGK Robert, *Plus clair que mille soleils*, Arthaud.

Revues et Journaux :

Libération, Edward Teller, entretien avec Dominique Pignon, 6 octobre 81.
New York Times Magazine, 3 octobre 82.
Science 83, février.
Le Monde, 5 mai 79.
International Herald Tribune, 2 juin 83.
New Scientist, 16 décembre 82.
Infoworld, 11 et 18 octobre 82.
Science et Avenir, mars 83.

CHAPITRE XVI

Livres :

LAURIE Peter, *Beneath The city Streets*, Granada.
PARKER Don, *Crime by Computer*, Scribner's Sons.
WHITESIDE Thomas, *Computer Capers*, Mentor Library.
FISHMAN Katharine Davis, *Computer Establishment.*

Revues et Journaux :

New Statesman, 2 février 79, 16 et 23 mai 80, 18 juillet 80.
Covert Action, décembre 80.
Sunday Times, 14 novembre 82.
Guardian, 25 novembre 82.
Science, 29 juillet 77, 30 septembre 77, 29 août 80, 28 mai 82.
Newsweek, 16 février 81.
International Herald Tribune, 8 novembre 82, 4, 5 décembre 82.

Business Computers, septembre-octobre 82.
New York Times, 10 mars 81, 5 décembre 81, 28 septembre 82.

CHAPITRE XVII

Livres :

BROOKS John, *Telephone*.
KLEINFIELD Sonny, *The Biggest Company on Earth*, Holt, Rinehart and Winston.
SMITH Anthony, *Geopolitics of Information*, Oxford university Press.

Revues et Journaux :

Fortune, 25 février 80.
Science, Ma Bell Eyes new Markets.
Science, Electronics and Employment displacements Effects.
Electronic News, 30 mars 81.
Science, 8 août 80.
Monde Diplomatique, octobre 81.
Popular Electronics, octobre 82.
Science Digest, décembre 82.
Atlantic Monthly, mai 79.
Business Week, 11 octobre 82.
High Technology, septembre-octobre 82.

Table des matières

Cet ouvrage a été réalisé sur
SYSTÈME CAMERON
par la Société Nouvelle Firmin-Didot
Mesnil-sur-l'Estrée
pour le compte des éditions Fayard
en octobre 1983

35-57-7039-01
ISBN 2-213-01262-8
Dépôt légal : octobre 1983
N° d'édition : 6675 – N° d'impression : 0156
imprimé en France

35-7039-7